FEMINISMO NO BRASIL

fe
ni
n
nob

BRANCA MOREIRA ALVES

JACQUELINE PITANGUY

ni-
ão
rasil

MEMÓRIAS DE QUEM FEZ ACONTECER

© Bazar do Tempo, 2022
© Branca Moreira Alves e Jacqueline Pitanguy, 2022

Todos os direitos reservados e protegidos
pela Lei nº 9610 de 12.2.1998.
É proibida a reprodução total ou parcial
sem a expressa anuência da editora.

Este livro foi revisado segundo o Acordo
Ortográfico da Língua Portuguesa de 1990,
em vigor no Brasil desde 2009.

EDITORA
ANA CECILIA IMPELLIZIERI MARTINS

COORDENAÇÃO EDITORIAL
CRISTIANE DE ANDRADE REIS

COPIDESQUE
CLARICE GOULART

REVISÃO
LAURA VAN BOEKEL

PROJETO GRÁFICO
SÔNIA BARRETO

DIAGRAMAÇÃO
SUSAN JOHNSON

FOTOS
ACERVO CNDM E CLAUDIA FERREIRA

CIP-BRASIL. CATALOGAÇÃO NA PUBLICAÇÃO
SINDICATO NACIONAL DOS EDITORES DE LIVROS, RJ

P758f

    Pitanguy, Jacqueline, 1945-
      Feminismo no Brasil: memórias de quem fez acontecer /
Jacqueline Pitanguy, Branca Moreira Alves. - 1. ed. - Rio de Janeiro: Bazar do
tempo, 2022.

      352 p. ; 20 cm.
      Inclui bibliografia
      ISBN 978-65-86719-96-3

      1. Feminismo - História - Brasil. 2. Direitos das mulheres - Brasil. I. Alves,
Branca Moreira. II. Título.

22-76112   CDD: 305.4209   CDU: 141.72(09)(81)

Gabriela Faray Ferreira Lopes - Bibliotecária - CRB-7/6643

Rua General Dionísio, 53, Humaitá
22271-050 – Rio de Janeiro – RJ
contato@bazardotempo.com.br
www.bazardotempo.com.br

para Mariska

Às precursoras, conhecidas ou incógnitas,
que, pelos séculos afora, ousaram rebelar-se.
Pelo que lhes devemos.
A todas que compartilharam essas lutas.
Suas vozes, de alguma maneira, estão aqui, presentes.
A nossas filhas e netas, e suas gerações de mulheres,
diferentes das que lhes antecederam,
mas próximas no que ainda persiste na desigualdade.
A nossos filhos e netos, e suas gerações de homens.
Que sejam diferentes das que lhes antecederam
e tragam a esperança da igualdade.
À luta, essa nossa companheira.

AGRADECIMENTOS

A Heloisa Buarque de Holanda, que acompanhou e apoiou a construção destas memórias coletivas, e a suas alunas Giulia Ribeiro, Júlia de Cunto, Pê Moreira, pelas entrevistas e pesquisa no Arquivo Nacional.

A Andrea e Rafael Pitanguy de Romani, Luiza Vianna de Mello Franco e Susan Besse pela leitura cuidadosa e pelas sugestões.

A Branca Vianna e Flora Thompson Devaux, pelas informações que, gentilmente, nos forneceram de sua pesquisa para o *podcast* Praia dos Ossos.

SUMÁRIO

PREFÁCIO — 15

CAPÍTULO I
A MONTAGEM DO PATRIARCADO: ELES FALAM — 19

CAPÍTULO II
AS PRIMEIRAS VOZES: TOMAMOS A PALAVRA — 39

CAPITULO III
SUFRAGISMO: VOTAMOS — 53

CAPÍTULO IV
FEMINISMO, UMA REVOLUÇÃO NA DÉCADA DAS REVOLUÇÕES: VOTAR NÃO BASTA — 79

CAPÍTULO V
UMA HISTÓRIA CONTADA: BRASIL, NOSSAS VIVÊNCIAS, NOSSOS OLHARES — 93

CAPÍTULO VI
CRIAMOS ESPAÇOS DE PODER: FEMINISMO E ESTADO, CONSELHOS ESTADUAIS — 201

CAPÍTULO VII
FEMINISMO E ESTADO: CONSELHO NACIONAL DOS DIREITOS DA MULHER (CNDM) — 221

CAPITULO VIII
AS MULHERES NA CONSTITUIÇÃO: INSCREVEMOS NOSSOS DIREITOS — 253

CAPITULO IX
RESISTIMOS: OS LIMITES DO ESTADO — 281

AS ENTREVISTADAS — 299

AS AUTORAS — 323

REFERÊNCIAS BIBLIOGRÁFICAS — 327

IMAGENS — 333

Este livro traz depoimentos de companheiras atuantes na luta pelos direitos das mulheres e pela democracia no Brasil. Apresentamos cada uma delas com uma pequena biografia ao fim desta edição.

PREFÁCIO

Em 1981, publicamos o livro *O que é feminismo*, como parte da coleção Primeiros Passos, da editora Brasiliense. Nele recuperamos alguns momentos da presença da mulher na história ocidental, tão pouco estudada pelas ciências sociais. Traçamos um esboço de sua condição, das primeiras vozes isoladas de insurreição à luta organizada pelo direito de voto e às formas contemporâneas de organização do feminismo, suas reivindicações e seus objetivos. Na introdução, à época, escrevemos: "É difícil estabelecer uma definição precisa do que seja feminismo, pois esse termo traduz todo um processo que tem raízes no passado, que se constrói no cotidiano e que não tem um ponto pré-determinado de chegada. Como todo processo de transformação, contém contradições, avanços, recuos, medos e alegrias."

Quarenta anos depois, voltamos ao modelo daquele livro. Hoje o feminismo está em voga, no Twitter, no Instagram, no Facebook. Mas há uma história antiga, que nasce com os mitos da origem do mundo, atravessa revoluções, que se descobre nos anos 1960/1970, e que não cabe em 280 caracteres, nem em uma foto e nem em um like.

É um pouco dessa história que contamos aqui, porque narrá-la nos ajuda a compreender os mecanismos pelos quais o sistema patriarcal resiste e sobrevive, e, em nome da moral e da família, dos costumes, da "ordem natural" e da "vontade de Deus", ameaça as conquistas das mulheres, retira-lhes direitos, atuando abertamente ou movendo-se pelos bastidores do poder político, de meandros jurídicos, interpretações religiosas e valores culturais.

Este novo livro relata os primeiros anos do movimento feminista da "segunda onda" no Brasil pelas memórias de algumas de nós, que, nos anos 1970 e 1980, participamos, no Rio de Janeiro, dessa "onda", que culminou com a inscrição da igualdade entre homens e mulheres na Constituição de 1988. Trata-se de uma história que viaja pelo Brasil da ditadura e se encerra na democracia pré-internet, nas páginas da Carta Constitucional, escrita com nossa luta. Estamos conscientes de que este livro está ancorado a um tempo histórico e de que falar de feminismos significa reconhecer que se trata de um movimento em constante transformação, com as lutas de feministas negras, de mulheres indígenas, de movimentos LGBT, movimentos que se internacionalizam, se reconstroem e que escapam a estas páginas. A categoria mulheres é plural, pois raça e etnia, classe social, orientação sexual, entre outros fatores, são marcadores sociais fundamentais de desigualdades e estratificações entre nós, mulheres. Essa diversidade não impediu, no entanto, que criássemos consensos e avançássemos como força política.

O feminismo, como movimento político e razão de ser, construiu agendas sobre as quais se assentaram novas leis e políticas públicas, novos valores e novas teorias, que explicam as grandes transformações resultantes desse movimento. As feministas foram às praças públicas, ao Congresso Nacional e às Assembleias locais, aos Tribunais Superiores e aos sistemas de segurança, justiça, saúde e educação. Criaram programas de governo e órgãos governamentais federais, estaduais e municipais; trabalharam com sindicatos, partidos, associações de classe, universidades; dialogaram com a grande mídia.

As estratégias utilizadas pelo feminismo, narradas neste livro, dependem do contexto, do objetivo a ser alcançado, da força relativa dos diversos atores envolvidos, que definem alianças ou trincheiras de luta. O feminismo no Brasil não foi e não é um movimento anarquista e, nesse sentido, mesmo mudando o significado da política – ao afirmar que o pessoal é político – e a experiência do masculino e do feminino na sua vivência cotidiana e no mundo, usou os instrumentos e instituições tradicionais da política para combater o caráter desigual e patriarcal.

Na denúncia do patriarcado como epicentro do poder, o feminismo desvendou a sua engrenagem, que, com eficiência e flexibilidade, operou ao longo da história e opera, ainda hoje, com perverso vigor. E foi mais além: ressignificou o conceito e a experiência do feminino e do masculino, inaugurou o conceito de gênero, introduziu a sexualidade e a reprodução na gramática dos direitos humanos, revelou a esfera simbólica da violência contra a mulher e a violência física, sexual, moral e psicológica no âmbito das relações conjugais e de convivência íntima, denunciou a discriminação da mulher no trabalho, na política, na educação, na família.

O relato desta luta viaja pelo Brasil da ditadura, pela redemocratização do país, pela Constituição de 1988, promulgada em um momento marcante da história das mulheres brasileiras, e se encerra em 1989.

A luta continua.

a mo
patria
les
falan

CAPÍTULO I

A MONTAGEM DO PATRIARCADO: ELES FALAM

> "Que as esposas aprendam em silêncio a sujeição."
>
> Carta de São Paulo aos Efésios,
> Novo Testamento, 5:23-24.

O malefício da mulher se confunde com a origem da humanidade. Segundo a Bíblia, teria havido em algum momento, na origem da vida, um casal: Adão, criado à imagem e semelhança de Deus, e Eva, nascida da sua costela para ser sua companheira – pois ele, apesar de viver em um lugar idílico idealizado por Deus e chamado Paraíso, andava triste. Por algum tempo não definido, os dois viveram felizes em um lindo pomar cheio de árvores frutíferas, entre as quais havia uma macieira, que Deus não permitia ser tocada. Então, um dia, apareceu uma serpente e enganou Eva, que induziu seu companheiro a comer uma maçã, desobedecendo à proibição divina. Por sua causa, este, que teria sido o primeiro casal humano, foi expulso do Paraíso.

Embora sem testemunhas, pois ainda não haviam nascido Caim e Abel – e os primeiros registros da Bíblia vêm de 1500 a.C. –, essa cena tem sido recontada através dos tempos nos livros sagrados, na literatura, em pinturas e esculturas que não deixam esquecer a causadora do sofrimento humano.

A maldição de Eva contamina todas as seguintes gerações de suas filhas. Afinal, o que se sabe é que, por sua culpa e, por conseqüência, de todas as de seu sexo, a humanidade perdeu o Paraíso.

Não é apenas na tradição judaico-cristã que a figura da mulher é maldita, já que os aspectos de perigo e contaminação ligados ao feminino se repetem em quase todas as religiões. Nos grandes mitos fundadores da origem da humanidade, a mulher é sempre a que transgride, acarretando maldições e castigos.

O mito grego de Pandora, a primeira mulher, criada por Zeus, que, por curiosidade, abre a caixa proibida e deixa escapar o mal, segue o mito bíblico da expulsão do Paraíso.

Em diferentes civilizações, sempre se fez presente a associação da mulher ao mal, ao perigo, à contaminação, à subalternidade. São muitos os exemplos que ilustram essa constatação:

"As cinco piores enfermidades que afetam a mulher são desobediência, descontentamento, calúnia, ciúme e estupidez (...). A estupidez do caráter da mulher é tal que ela deve, em toda instância, duvidar de si mesma e obedecer a seu marido." (Manual de casamento de Confúcio [551-479 a.C.], filósofo chinês)

"A glória do homem é o conhecimento, mas a glória da mulher é renunciar ao conhecimento." (Provérbio chinês)

"Existe um princípio bom que criou ordem, luz, e o homem, e um princípio mau que criou caos, escuridão, e a mulher." (Pitágoras [c.570-495 a.C.], filósofo e matemático grego)

"Concluímos então que é uma lei geral que deve haver naturalmente elementos que comandam e naturalmente elementos que são comandados (...). O poder do homem livre sobre o escravo é um tipo de poder; o do macho sobre a fêmea é outro." (Política, de Aristóteles [384-322 a.C.], filósofo grego.)

"Uma mulher está sob a guarda de seu pai durante a infância, sob a guarda de seu marido durante a juventude, sob a guarda de seus filhos em sua velhice; ela não deve jamais conduzir-se à sua vontade." (Artigo 45 do Código Hindu de Manu, Lei Brâmica, redigido entre os séculos II a.C. e II d.C.)

"Eu lhe agradeço, Ó Senhor, por ter-me criado homem e não mulher." (Livro de orações cotidianas masculinas do judaísmo ortodoxo)
"Criador dos céus e da terra, ele lhes deu esposas dentre vós para multiplicar-lhes; e gado macho e fêmea. Nada pode ser comparado a Ele." (Corão, livro sagrado do islã)
"Que as esposas aprendam em silêncio a sujeição (...). Eu não suporto que uma mulher usurpe a autoridade dos homens, mas que esteja em silêncio (...). Esposas, submetam-se a seus maridos (...) pois o marido é a cabeça da esposa, como Cristo é a cabeça da igreja." (Carta de São Paulo aos efésios, Novo Testamento, 5:23-24.)
"Como pode ele ser limpo se nasceu de uma mulher?" (Livro de Jó, 4:4.)
"Toda feitiçaria origina-se do desejo carnal, no qual a mulher é insaciável (...). Se hoje queimamos as bruxas, é por causa de seu sexo feminino." (H. Kramer e J. Sprenger, inquisidores, no manual de caça às bruxas *Malleus Maleficarum*, c. 1486.)
"Mulher tem fraqueza de entendimento.'" (Brocardo 121 das Ordenações Filipinas, código de leis português incorporado à legislação brasileira no Império.)
"Deus criou Adão Senhor de todas as criaturas vivas, mas Eva arruinou tudo." (Martinho Lutero [1483-1546], fundador do protestantismo no século XVI.)
"Toda a educação das mulheres deve ser relacionada ao homem. Agradá-los, ser-lhes útil, fazer-se amada e honrada por eles, educá-los quando jovens, cuidá-los quando adultos, aconselhá-los, consolá-los, tornar-lhes a vida útil e agradável – são esses os deveres das mulheres em todos os tempos e o que lhes deve ser ensinado desde a infância." (*Émile*, Jean-Jacques Rousseau [1712-1778], filósofo do Iluminismo, que influenciou o pensamento europeu por todo o século XIX.)
"A natureza criou as mulheres para serem nossas escravas (...). Elas são nossa propriedade (...). Elas nos pertencem, como a árvore que frutifica pertence ao jardineiro. Que ideia louca demandar igualdade para as mulheres! (...). As mulheres não são nada mais

que máquinas de produzir filhos." (Napoleão Bonaparte [1769-1821], responsável pelo Código Civil que definiu a incapacidade legal da mulher casada, contrariando o estabelecido na legislação da Revolução Francesa, que igualava, em termos legais, a mulher a seu marido.)

"A diferença intelectual entre homens e mulheres é demonstrada pelo fato de que os homens são superiores em qualquer empreitada a que se arrisquem, seja a reflexão profunda, o raciocínio, a imaginação, e até o uso dos sentidos e habilidades manuais." (Charles Darwin [1809-1882], um dos fundadores da ciência moderna.)

"A grande questão que nunca foi respondida, e que eu não fui capaz de responder apesar de meus trinta anos de pesquisa da alma feminina é: o que quer a mulher?" (Sigmund Freud [1859-1939], pai da psicanálise.)

"A mulher, como pessoa, goza de uma dignidade igual à do homem, mas Deus e a Natureza deram-lhe tarefas diferentes que aperfeiçoam e completam o trabalho confiado ao homem." (Papa João XXIII, pontificado de 1958 a 1963.)

"As mulheres são normalmente mais pacientes para trabalhar com tarefas desinteressantes e repetitivas (...). As mulheres normalmente têm a passividade como própria de sua personalidade (...). Acredito que as mulheres são feitas instintivamente para ter mais prazer na vida – não apenas sexualmente, mas em suas ocupações e maternalmente – quando não são agressivas. Em outras palavras, acredito que, quando as mulheres são encorajadas a serem competitivas, muitas tornam-se desagradáveis." (Dr. Benjamin M. Spock [1903-1998], pediatra autor de *Meu filho, meu tesouro*, um dos livros mais vendidos de todos os tempos, que influenciou gerações.)

"A única posição da mulher no SNCC (Student Non-violent Coordinating Committee) é de bruços." (1966, Stokely Carmichael [1941-1998], líder do Movimento pelos Direitos Civis nos Estados Unidos, um dos fundadores dos Black Panthers.)[1]

---

1   R. Morgan (ed.), *Sisterhood is Powerful: an anthology of writings from the women's liberation movement*, p. 31-36, no capítulo nomeado "Conheça seu inimigo".

"Acompanhe-o nas opiniões (...). Esteja sempre do seu lado, cuidando dele, animando-o (...), reconhecendo seus gostos e desejos." (*Jornal das Moças*, 27 de outubro de 1955.[2] Essas recomendações reproduzem, um século e meio depois, os conselhos de Rousseau.)

Repetida através dos séculos por religiosos, filósofos, cientistas, juristas, escritores, políticos, por homens de diferentes ocupações e funções, essa ladainha insistente revela justo aquilo que quer ocultar: que a sujeição da mulher não é natural, e que, portanto, precisa ser reiterada e justificada. Diante da presença massiva desses discursos, indagamos: Este teria sido o lugar da mulher em todas as sociedades?

Desmistificando a ideia de que a sujeição da mulher seja um destino irrevogável, a-histórico e universal, a posição da mulher na Gália e na Germânia, civilizações compostas por diferentes tribos que ocupavam regiões da Europa antes das invasões do Império Romano, mostra o contrário. Essas eram sociedades, cujo regime comunitário designava às mulheres um espaço de atuação semelhante ao dos homens. Conjuntamente faziam a guerra, participavam dos conselhos tribais, ocupavam-se da agricultura e do gado, construíam suas casas. As mulheres atuavam também como juízas. Cronistas romanos, como Tácito e Estrabão, registram com surpresa a posição da mulher nessas sociedades.

Da mesma forma, os cronistas europeus do século XVI, chegando à América do Norte, se surpreendem com a relevância da posição da mulher entre os iroqueses e hurons. Nessas sociedades de caçadores e coletores, não havia uma divisão estrita entre economia doméstica e economia social. Inexistia o controle de um sexo sobre o outro na realização de tarefas ou na tomada de decisões. As mulheres participavam ativamente das discussões em que estavam em jogo os interesses da comunidade.

---

2 Citado por C. Bassanezi, "Mulheres dos Anos Dourados", p. 628.

O certo é que a subordinação e desqualificação da mulher é uma construção social. Assim, à medida que se desenvolve a agricultura, a propriedade privada, em que foram sendo criadas cidades e estas se uniram para formar Estados com governos, leis, comunicação, escolas, o poder de reprodução das mulheres adquire importância econômica, e, em consequência, passa a ser controlado com seu enclausuramento na domesticidade e sua exclusão do domínio público, território reservado aos homens.[3]

Ao longo da História, guerras definiram limites sempre contestados; dinastias se sucederam; religiões foram criadas; ciências, filosofia, política, literatura tornaram mais complexa a vida humana – ou do humano definido como masculino. Onde estavam as mulheres? O que faziam, o que pensavam, o que diziam, o que lhes era prazeroso ou dolorido?

Não sabemos porque, para os que se dedicaram a recuperar a história da humanidade, elas não eram sujeito, não sendo, portanto, dignas de registro. Como bem diz a historiadora Gerda Lerner, "Nenhum homem foi excluído do registro histórico por conta de seu sexo, enquanto todas as mulheres o foram."[4]

Metade da humanidade passada em branco, ou registrada através do olhar masculino. Segundo Simone de Beauvoir, "A humanidade é masculina e o homem define a mulher não em si mesma mas em relação a ele; ela não é considerada um ser autônomo."[5]

Recuperar a história das mulheres, mantida invisível, é, portanto, parte indispensável à luta por revelar, entender e superar a discriminação. Com base no conhecimento do passado, toma-se consciência dos artifícios para tornar senso comum a dimensão universal dessa posição de subalternidade atribuída às mulheres,

---

[3] F. Engels, *A origem da família, da propriedade privada e do Estado*.

[4] G. Lerner, *The Creation of Feminist Consciousness: from the Middle Ages to Eighteen-seventy*, p. 4-5.

[5] A. Rossi (org.), *The Feminist Papers: from Adam to de Beauvoir*, p. 675, citação de *O segundo sexo*.

das formas de que se reveste hoje e da necessidade de traçar estratégias de luta para o futuro.

Uma luta que se faz com indignação – inevitável à medida em que se vai revelando o tamanho da oposição masculina à igualdade da mulher – e que atravessa os séculos como camaleão, tomando infinitas formas, evidentes ou sutis.

Conhecer essa história é entender a persistência do poder exercido pelos homens e a resistência das mulheres.

Foi exatamente com esse objetivo que historiadoras feministas, a partir da década de 1960, começaram a trazer à tona esse passado até então submerso. Justamente porque as mulheres não ficaram caladas através tempos, é necessário revelá-las, assim como o seu cotidiano e narrar não apenas a sua história, como também a história da construção da ideologia da submissão feminina, que justifica a inferiorização em todos os aspectos da cultura, na ciência, na religião, na literatura, na política, pelos séculos e ainda hoje.

O Código de Hamurabi, da Mesopotâmia, primeiro código de leis que sobreviveu até nossos dias, datado de aproximadamente 1700 anos antes de Cristo, confirma o lugar destinado à mulher, com maior ou menor grau de violência explícita ou sutil pelas épocas seguintes: ao pai é atribuído poder total sobre seus familiares; a mulher é considerada propriedade em igualdade a servos, escravos, gado, podendo o pai vender sua filha ou prostituí-la. A sexualidade feminina era uma mercadoria, um produto de troca, e seu valor era preservado pelo controle exercido sobre o seu corpo. E a dupla moral sexual formalizada no adultério feminino que era punido como crime de maior gravidade que o masculino.

Para garantir a submissão da mulher, ela foi afastada da educação formal. Em lugar de honra estavam apenas as sacerdotisas – como as religiosas monásticas mais tarde – mas essas eram mantidas igualmente afastadas da vida pública. A Bíblia, fundamento religioso da civilização judaico-cristã, escrita de 1500 a 45 a.C. por cerca de quarenta autores, reinterpreta as culturas da Mesopotâmia e do Egito,

preservando em seus símbolos e preceitos a família patriarcal com todas as suas consequências. Ali também o corpo da mulher é punição ou troféu para a pacificação do inimigo, como relatado no livro do Gênesis 19, em que o patriarca Lot oferece as filhas virgens para apaziguar a turba que queria violar o preceito sagrado da hospitalidade, exigindo que lhe fossem entregues os hóspedes que ele abrigava: "Irmãos, não sejam tão vis. Vejam, eu tenho duas filhas que não conhecem homem. Deixe-me trazê-las e façam com elas o que lhes pareça a seus olhos, mas não a esses homens que estão sob meu teto."
A pura descrição arrepia!

É na Grécia Antiga, cerca de quinhentos anos antes de Cristo, que se reconhece, pela primeira vez na história ocidental, que os indivíduos têm direitos frente ao Estado, inclusive o de participar do governo. Inauguram-se ali dois princípios fundamentais, o de democracia e o de cidadania. Entretanto, é preciso sempre perguntar: quem são os cidadãos e quem são os excluídos? Em função de que critérios é demarcado o espaço da exclusão?

Na democracia ateniense, modelo e aspiração das revoluções liberais do século XVIII, para ser sujeito de direitos, e, portanto, cidadão, era preciso ser homem e não mulher, ateniense e não estrangeiro, livre e não escravo. Entretanto, se um escravo poderia eventualmente tornar-se um homem livre, o mesmo não poderia acontecer à mulher, condenada à subalternidade em função de seu sexo, reclusa ao espaço da domesticidade. Não por acaso, justamente as funções ligadas à subsistência eram desvalorizadas, enquanto a filosofia, a política e as artes, reservadas aos homens, eram consideradas nobres.

Essa "natureza" submissa era construída isolando-se a mulher em lugares próprios – o gineceu. Afastada da educação, proibida de participar da experiência grega de formação de um corpo de leis e de um sistema político/filosófico que viriam a ser o fundamento do pensamento civilizatório do Ocidente, ela passava a vida reclusa.

Os gregos não criaram esses espaços, apenas os nomearam. Eram pré-existentes e permaneceram nas culturas posteriores, com diferentes nomes: conventos e haréns – além do espaço doméstico, sempre considerado o da mulher por natureza. Apenas as hetairas, cortesãs, recebiam uma educação formal, mas unicamente para o prazer e entretenimento de seus clientes, ocupação que persistiu e apenas mudou de nome ao longo dos tempos. As gueixas, também educadas para agradar os homens, constituem uma versão japonesa das hetairas.

Herdeiros da civilização grega, os romanos garantiram a subordinação da mulher em seus costumes e sua legislação. O exercício do poder político formal lhe era vedado; também no espaço doméstico a mulher era desprovida de poder e regida pela instituição jurídica do *pater familias*. Como no Código de Hamurabi, era outorgado ao homem todo o poder, inclusive de morte, sobre a mulher, os filhos, servos, escravos. Na divisão social do trabalho, é limitada às funções domésticas, enquanto o homem mantém o monopólio da vida pública e política. Sua exclusão legal é consequência desse lugar inferior, que lhe é impingido em uma sociedade regida pela superioridade masculina e se perpetua nos códigos posteriores de países ocidentais até pelo menos meados do século XX, e que, ainda hoje, persiste em vários países, sejam eles herdeiros do sistema legal romano ou não.

Mas, ao longo da história, as mulheres resistiram. Embora existam poucos registros, sabe-se que as mulheres nem sempre aceitaram em silêncio os argumentos que procuram assegurar esse lugar de sujeição, como mostram as reivindicações de mulheres romanas que, no ano 195 a.C., dirigiram-se ao Senado protestando contra sua exclusão do uso dos transportes públicos. Conhecemos esse episódio pela fala de seu opositor, o senador Marco Pórcio Catão (234-149 a.C.): "Lembrem-se do grande trabalho que temos tido para manter nossas mulheres tranquilas e para refrear-lhes a licenciosidade, o que foi possível enquanto as leis nos ajudaram. Imaginem o que sucederá, daqui por diante, se tais leis forem revogadas e se as mulheres se puserem, legalmente considerando, em pé de igualdade com os homens! Os senhores sabem como são as mulheres: façam-nas suas iguais, e imediatamente elas quererão subir às suas costas para governá-los!" Entretanto, nos primeiros séculos da Idade Média, enquanto não haviam sido reintroduzidos os princípios da filosofia grega e da legislação romana – o que ocorre do século XIV em diante –, as mulheres tinham alguns direitos garantidos pela lei e pelos costumes. Podiam exercer quase todas as profissões, participar das corporações de ofícios, com algumas restrições, assim como as viúvas podiam fazer, mas por tempo limitado, e tinham o direito de propriedade e de sucessão – direito que lhes era negado em Roma. Há exemplos de mulheres participando politicamente em assembleias, com direito a voto. Muitas tinham uma profissão, ou um negócio, sem a tutela dos maridos. Mesmo quando o sistema produtivo artesanal, organizado nas corporações de ofício, era dominado pelos homens, há registros de artesãs que chegaram a ocupar funções diretivas nessas poderosas corporações. Essas configurações seriam uma decorrência do fato de que a população masculina estava ausente ou decrescia em consequência das guerras e das Cruzadas contra os mouros. Na falta de homens, as mulheres tinham de assumir seu lugar.

A reintrodução do Direito Romano no século XIV, nas sociedades ocidentais, a redescoberta e crescente influência dos filósofos gregos – Aristóteles principalmente – e o fim das Cruzadas, resultando no retorno dos homens, recolocam as mulheres no espaço da domesticidade e da submissão.[6]

No campo da educação, embora como exceção, há registros de mulheres frequentando universidades. Assim, em Frankfurt, no século XIV, quinze mulheres estudaram Medicina e exerceram a profissão, enquanto, em Bolonha, algumas formaram-se em Medicina ou Direito.

---

6 Movimento semelhante aconteceu na Segunda Guerra Mundial, quando as mulheres foram chamadas ao mercado de trabalho. É bem conhecida a peça publicitária estadunidense *Rosie the riveter*, mostrando uma mulher operária com os dizeres "We can do it", "Nós podemos". Porém, com o retorno dos soldados, a mensagem mudou, indicando que voltassem ao espaço doméstico.

A participação da mulher em atividades lucrativas na Idade Média não lhe conferia, no entanto, prestígio, já que o trabalho, as artes e o conhecimento não eram considerados instrumento de ascensão social. O poder, monopólio da nobreza e do clero, baseava-se na posse da terra e na ascendência espiritual.

Não por coincidência, no momento em que a medicina e as ciências passam a ser valorizadas – a Renascença –, passa a haver perseguição às práticas femininas concernentes ao campo da saúde, como os tratamentos à base de ervas e os atendimentos aos partos. Essas atividades, que, na Idade Média, eram exclusivas das curandeiras e parteiras, tornam-se monopólios masculinos. Verdadeira conquista de território, que vem justificada pelo novo discurso cientificista. Assim Ambroise Paré (1510-1590), reconhecido cirurgião e cientista da corte francesa do século XVI, considerado o pai da Medicina Legal, vê no organismo feminino a prova da inferioridade da mulher: "Porque o que o homem tem externamente a mulher o tem internamente, tanto por sua natureza quanto por sua imbecilidade, que não pode expelir e por para fora estas partes." Paré assim explica a menstruação: "Porque as mulheres são de temperatura fria, em relação aos homens, a sua alimentação não se transforma num sangue bom, tanto que a maior parte se torna indigesta e se transforma em menstruações, das quais a mulher sadia se purga e se limpa."[7]

Outro cientista influente, o religioso, escritor e médico francês do século XVI François Rabelais, apoia essa descrição, concluindo que o corpo "histérico" da mulher só pode conduzi-la à desordem moral.

Esse padrão dominante na história ocidental, da hierarquia dos homens frente às mulheres, é exacerbado em certos períodos e locais, como na perseguição às mulheres associadas à figura da bruxa.

---

7 A. Parré. *Traitant de la Génération de l'Homme recueilli des anciens et modernes.*

O SEXO BRUXO

> "Se hoje queimamos as bruxas,
> é por causa do seu sexo."
>
> Heinrich Institor Krämer e
> Jackob Sprenger

SOMOS PERIGOSAS

Há um longo período na história ocidental, do século XIV ao século XVII, em que a perseguição à mulher alcança uma magnitude impressionante. Hoje diríamos que, nesses anos, ocorreu um genocídio feminicida, pois as mulheres foram perseguidas e mortas em função de seu sexo. Esse período tem início com a instauração da Inquisição pela igreja Católica, com o objetivo de dominar o universo religioso da Idade Média e do início do Renascimento, ainda impregnado do paganismo greco-romano e germânico, assim como de uma diversidade de seitas religiosas que se pretendiam alternativas à ortodoxia da igreja, que as considerava como perigosas heresias.

A Inquisição opera sobretudo na Europa, mas os tribunais inquisitoriais também se estendem ao continente americano. Seu objetivo é proceder à identificação e perseguição de hereges, de judeus, de cristãos-novos – que são os judeus que se convertem ao catolicismo para fugir à perseguição –, de homossexuais e de uma categoria instituída pelos tribunais inquisitoriais: a figura da bruxa, construída com base na crença de que havia uma natureza feminina impura, desordenada e maléfica, associada ao mal e ao perigo.

A partir do século XIV, e mais precisamente durante o século XV, a crença na bruxaria como intermediação com o demônio é ordenada em um complexo de tratados demonológicos, nos quais ela é sistematizada em categorias teológico-jurídicas. A literatura referente à bruxaria europeia é unânime em apontar a inexistência de informação documental registrada pelas "próprias bruxas": suas vozes aparecem unicamente nos documentos acusatórios, através de delações e de confissões obtidas com o uso da tortura. A história da bruxaria é, assim, a história de uma perseguição implacável pelos tribunais inquisitoriais, que levou milhares de mulheres a serem queimadas como bruxas.

"À ordem de seu Bispo (1515), Genebra queimou, no espaço de três meses, nada menos que 500. O Bispado de Bamberg queima, de uma só vez, 600 e o de Wurtzburg, 900. (...) Remy, no seu livro dedicado ao Cardeal de Lorena (1519), dá como certo o fato de ter queimado, em dezesseis anos, 800 feiticeiras. (...) Esta comissão (do parlamento de Bordéus, em 1609) julgou em quatro meses umas 60 ou 80 feiticeiras e examinou 500 igualmente marcadas com o sinal do diabo."[8]

"Na quinta-feira, XVI dia do dito mês de setembro, ela foi julgada e condenada (diante do tribunal do Príncipe Soberano de Neuchatel) a ser levada ao local de execução dos malfeitores e a ser queimada viva, de forma a que seu corpo se transformou em cinzas a fim de que, quando soprem os quatro ventos, eles as levem (as ditas cinzas) de maneira que não reste nenhuma memória dela."[9]

A construção da bruxaria se apoia na perseguição a práticas como o pacto com Satã, a relação sexual com o demônio, o voo noturno, as cerimônias e orgias nas florestas, assim como os malefícios causados pela bruxa. São assim elaborações teóricas e fantasiosas do fim da Idade Média, pois, até o século XV, era rara a perseguição à feitiçaria. O fundamental para a definição de bruxaria na Europa era comprovar o contato com o demônio, comprovação esta feita por meio de ardis. Essa ocorrência principal, caracterizante do delito, se acompanha de circunstâncias complementares: o lugar e a forma

---

8 M. Jules, *Sobre as feiticeiras*, p. 180-184, 190.

9 Sentença do processo de Claude Brunye de 1568. Citado por: R. Muchembled, *La Sorcière au Village*.

de contato, o transporte ao local (o voo), os sinais ou marcas comprobatórias do encontro com satanás, os malefícios decorrentes do evento, entre outros.

A sistematização da estrutura teórica da demonologia, que estabelecia, inclusive, a hierarquização do reino de satanás, se completa nas duas últimas décadas do século XV. Datam daí dois documentos que marcam o início da caça às bruxas como um fenômeno sistemático e centralizado, diverso, portanto, da esporadicidade com que se caracterizava até então. Trata-se da *Bula Summis Desiderantes Affectibus*, promulgada pelo Papa Inocêncio VIII, em 1484, que trata da reorganização da Inquisição na Alemanha, e do tratado demonológico *Malleus Maleficarum*, de 1486, obras dos dominicanos Heinrich Institor Krämer e Jackob Sprenger.

A bruxaria, magia herética e maléfica que corresponde ao estabelecimento de uma relação com o sobrenatural satânico, passa a adquirir, sobretudo a partir do século XV, conotações sensuais. As bruxas, supostamente dotadas de sexualidade insaciável, copulariam com o demônio em *sabbats*, cerimônias orgiásticas realizadas nas florestas. A cópula com o demônio, a forma que este tomaria durante o ato sexual (*incubus* ou *succubus*), a possibilidade de que as bruxas engendrassem crianças concebidas pelo diabo são preocupações fundamentais da teoria demonológica: "Com relação às bruxas que copulam com o Demônio, existe também muita dificuldade em considerar os métodos pelos quais tais abominações são consumadas. De parte do Demônio: em primeiro lugar, de que elementos é feito o corpo por ele assumido; em segundo lugar, se o ato se acompanha sempre de ingestão de sêmen recebido de outro; em terceiro lugar, com relação ao tempo e ao lugar, se acaso ele comete este ato mais freqüentemente em um tempo do que em outro; em quarto lugar, se o ato é invisível para qualquer um que esteja por perto..."[10]

10 H. Kraemer e J. Sprenger, *Malleus Maleficarum*, p. 44.

O advento da imprensa favoreceu a difusão destas obras, que se multiplicaram pela Europa em inúmeras edições.

No modelo demonológico, importa não apenas a definição da bruxa como criatura maléfica, mas, sobretudo, o caráter coletivo deste malefício. Os tratados demonológicos falam, assim, de seitas, de grandes movimentos sociais organizados que, enquanto tais, ameaçariam a ordem "natural" e social. É difícil compreender como essa perseguição se manteve por tanto tempo, atravessando séculos de grandes mudanças na organização social e política da Europa. Alguns autores afirmam que épocas de grandes transformações, incertezas e temores são favoráveis para o surgimento de bodes expiatórios, aos quais são atribuídas as responsabilidades pelas desordens sociais. Assim, como afirma Trevor-Hoper: "Quando dominada por um grande medo, a sociedade procura, naturalmente, pelo estereótipo do inimigo e, desde que a bruxa se tornou o estereótipo, a bruxaria será a acusação universal."[11]

No século XVI, a igreja Católica Romana enfrenta um poderoso movimento de separação, a Reforma Protestante, liderada por Martinho Lutero, um monge alemão que contestou a prática da venda de indulgências pela igreja Católica, publicando suas 95 teses contra a igreja Romana, dando início ao Protestantismo. Calvino, um teólogo francês, foi outra figura importante na Reforma Protestante, tendo uma influência marcante na Suíça, onde viveu durante muitos anos, fugindo de perseguições na França.

Entretanto, a perseguição à bruxaria se verificou com igual intensidade nos países protestantes, pois, tanto Lutero quanto Calvino aderiram à proposição de que a bruxaria era real e herética. Apesar de ter-se insurgido contra os privilégios da igreja, Lutero também perseguiu os judeus e acreditou na bruxaria, fundamentando-se na Bíblia para legitimar a perseguição. Assim, a caça às bruxas conti-

---

11 T. Hoper, "Witch and Witchcraft: an Historical essay".

35

nuava a ocorrer na Alemanha. E, como já comentamos, a Inquisição não se restringiu ao continente europeu, tendo chegado às colônias nas Américas, inclusive ao Brasil. Também em nosso continente ocorreram processos inquisitoriais contra judeus, cristãos-novos, homossexuais e mulheres acusadas de bruxaria.[12]

O estabelecimento da bruxaria como realidade permitiu que, nesses séculos, as ideias de desordem e desvio com ela se confundissem. Era a bruxa o estereótipo social do medo e do perigo. Entretanto, a bruxaria não tem um caráter genérico de sinalização de todo mal: ela é o mal específico da mulher.

De Pandora a Eva, a mulher, em diferentes culturas, associada à origem do mal, inspira medos diversos no homem.

Nas palavras de Tertuliano, presbítero, cristão convertido, que viveu no fim do século II e início do III, autor do primeiro grande corpo de textos cristãos em latim: "Tu deverás usar sempre o luto, cobrir-te de farrapos e machucar-te pela penitência a fim de repares o erro de teres feito com que o gênero humano se perdesse (...). Mulher, tu és a porta do diabo."[13]

Ao atribuir à mulher o papel principal de protagonista na intermediação com o sobrenatural maléfico, o modelo demonológico não "criou" o medo da mulher nem a imagem de um sexo feminino perigoso, desordenado, impuro; a vertente tão somente apropriou-se dessa imagem, largamente alardeada em trechos da Bíblia, na cultura greco-romana e por grandes teólogos como Santo Agostinho e Santo Inácio, e forneceu provas de sua veracidade através da ação punitiva dos tribunais.

---

12 Uma peça teatral famosa, do dramaturgo Arthur Miller, foi encenada e transformada em filme, dando grande visibilidade à Inquisição nos Estados Unidos. No Brasil, o antropólogo Luiz Mott estudou e divulgou a presença da Inquisição na colônia e sua perseguição aos homossexuais, enquanto a historiadora Anita Novinsky abordou a perseguição aos cristãos-novos Cf. Luiz. Mott, *Bahia, Inquisição e Sociedade*, 2010; A. Novinsky, *A Inquisição*. Cf. também A. Miller, *As bruxas de Salem*.

13 Citado por J. Delimaux, *La Peur en Occident*, p. 311.

Ao afirmarem, no *Malleus Maleficarum*, que "deve-se dizer a heresia das feiticeiras e não dos feiticeiros, pois estes pouco valem"; que "se hoje queimamos as mulheres é por causa de seu sexo"; que "existe um defeito na formação da primeira mulher, pois ela foi feita de uma costela torta, colocada em oposição à do homem, e que ela é assim um ser vivo imperfeito, sempre enganador", Kramer e Sprenger apenas explicitavam mais nitidamente uma relação entre mulher e malefício própria à cultura judaico-cristã.

Se a bruxaria era a categoria de acusação por excelência, esta não era, portanto, "neutra": a mulher e a bruxa se confundiam, não só em termos concretos – calcula-se que, para cada dez pessoas punidas ou processadas por feitiçaria, nove eram mulheres – como pela própria elaboração teórica dos requisitos necessários ao estabelecimento da intermediação com o reino de satanás.

Ao lado da igreja, também a Medicina – apoiada na ciência aristotélica, na qual o calor vale mais que o frio e o seco mais que o úmido, sendo o sexo feminino mais frio e úmido que o masculino – contribuiu significativamente para a construção do estereótipo da inferioridade da mulher.

O discurso médico vai de par com o discurso da Inquisição e institui a bruxa na curandeira, na parteira. De fato, era a mulher que exercia, basicamente, a cura das populações camponesas, no alívio das dores e sintomas da gestação e do parto, através do manejo das ervas e poções. A terapia médica secular era então praticada, basicamente, pelos marginais à igreja: os judeus, as mulheres. Segundo o *Malleus*, as parteiras superavam, em maldade, a todas as mulheres.

A história da bruxaria confunde-se, assim, com a história da Medicina como instituição. A Medicina dos séculos XV, XVI e XVII bipolariza e contrasta o corpo do homem e da mulher enquanto perfeito *versus* imperfeito, e, em uma disputa de hegemonia, instaura o saber da curandeira como perigoso e maléfico. Essa competição entre médicos e curandeiras é estabelecida muito antes do advento da tecnologia médica moderna, na qual a Medicina é, então, de cunho essencialista, apoiada na lógica e não na observação. Inversamente, as curandeiras possuíam uma base empírica de conhecimentos de ervas e plantas.

A Medicina trabalhava junto aos inquisidores. De fato, os médicos eram frequentemente chamados para opinar se determinada doença ou calamidade era ocasionada por fatores naturais ou maléficos, bem como para procurar no corpo suspeito o sinal do demônio – uma marca qualquer que servisse como prova do pacto. Valiam-se, também, da introdução de longas agulhas no corpo da pessoa acusada, à procura de regiões indolores, que seriam marcas do contato com o demônio.

A fabricação da bruxa pelo discurso demonológico ocorre, portanto, no marco de uma luta pelo monopólio da legitimidade de conhecimentos por parte da igreja (saber de intermediação com o sobrenatural) e da Medicina (saber de cura), e a história da caça às bruxas vai de par com a demarcação histórica das esferas de atuação institucional desses saberes.

A bruxa como símbolo do perigo, da desordem, do poder maléfico e da impureza constituiu, por mais de três séculos da história europeia, uma de suas principais categorias políticas de acusação. Mas não se encerrou aí. A figura da bruxa associada ao perigo e à maldade continua presente nos dias de hoje, nos contos infantis, na linguagem cotidiana com a qual ofendemos uma mulher: "ela é uma bruxa".

Ao representar uma sinalização do mal, a imagem metafórica da bruxa contribuiu para a percepção social da mulher como perigo que ainda persiste.

as pri
vozes
toma
palav

CAPÍTULO II

AS PRIMEIRAS VOZES: TOMAMOS A PALAVRA

> "A história das mulheres
> é a história de descobrirem
> uma voz."[14]
>
> Georges Duby e Michele Perrot

Através da história, vozes isoladas conseguiram romper o silêncio forçado e publicar, denunciar, resistir como lhes foi possível no espaço restrito e subjugado de sua condição. Historiadoras, escritoras, filósofas, religiosas deixaram em seus escritos sua revolta, com maior ou menor ousadia. Repetidamente vemos mulheres que, com inimagináveis esforços, conseguem se educar e produzir intelectualmente apesar dos obstáculos e das proibições. Muitas seguem escrevendo e publicando, sujeitas a críticas e acusações, outras são silenciadas frente a forças bem maiores do que podem enfrentar.

O único registro histórico de um centro para a formação intelectual da mulher é da Grécia Antiga: a escola fundada por Safo, poeta nascida em Lesbos no ano de 625 a.c. Os fragmentos conhecidos de seus poemas, cantando os deuses e o amor, justificam que esteja entre os grandes nomes da literatura grega.

Os monastérios femininos que proliferaram durante a Idade Média foram o lugar de refúgio e proteção para as mulheres e o único onde elas podiam se ilustrar. São muitos os exemplos de

---

14 G. Duby e M. Perrot, *A History of Women in the West*, vol. I, p. 13.

conventos formados por mulheres nobres, abadessas, místicas, muitas das quais santificadas. Ali, foram fundadas as primeiras escolas femininas regulares e de alguma duração, e vários desses mosteiros se tornaram centros de estudo e produção literária, musical e científica. Neles, as religiosas podiam aprender matérias que lhes seriam inacessíveis fora daquele espaço. Latim, grego, hebraico, ensinados para o estudo da Bíblia e de textos religiosos; música, poesia, história, ciências. Seus escritos eram publicados e era-lhes possível corresponder-se com os pensadores de sua época, envolvendo-se inclusive em debates filosóficos e religiosos.

Toda essa produção, entretanto, perdia-se no tempo, pela descontinuidade desses lugares de estudo. Enquanto as universidades repassavam de geração a geração a produção masculina, o que permitia aos estudiosos aprender, dialogar, criticar e crescer com o pensamento dos antecessores, no caso das pensadoras femininas, cada geração, ignorando o passado, devia pensar de novo num eterno "reinventar da roda".

Hildegard von Bingen (1098-1179), para nomear apenas uma das muitas religiosas que puderam florescer nesses locais especiais, era de origem nobre, votada à vida monástica desde seu nascimento. Fundou um convento que se tornou um centro de estudos. É considerada uma das maiores compositoras da história da música europeia, pelas inúmeras composições que produzia para os cultos diários. Foi também escritora, poeta, filósofa e cientista, praticando Medicina em seu convento.

Já no século XV, a escritora francesa Christine de Pisan (1364-1430) pode ser considerada uma feminista pioneira, no sentido de ter defendido os direitos da mulher, sua educação e igualdade perante a lei. Viúva aos 25 anos de idade, foi a primeira mulher a ser nomeada poeta oficial da corte e a poder viver de sua produção literária, tendo publicado livros de história, contos e poemas que lhe permitiram sustentar a mãe, os dois irmãos e os três filhos.

Tendo escrito, em 1405, o que seria talvez o primeiro tratado feminista, o livro *A cidade das mulheres*, ela relata como chegou à consciência da injustiça dos homens ao ler seus escritos sobre as mulheres, e pergunta: "Como pode ser que tantos homens diferentes (...) sejam tão propícios a expressar (...) tantos horríveis insultos sobre as mulheres (...). Parece que todos falam por uma e a mesma boca."[15]

De Pisan reclama, como tantas o fariam ainda, da injustiça da diferença entre a educação dos meninos e a das meninas: "Os homens mantêm que a mente da mulher só pode aprender poucas coisas (...). Se fosse costume mandar as meninas à escola e ensinar-lhes as ciências, como se fazem com os meninos, elas aprenderiam da mesma forma que estes e compreenderiam as sutilezas das artes e ciências, tal como eles."[16] Argumentos pró e contra repetidos através dos séculos. Nesse contexto, ela imagina a cidade das mulheres como um refúgio onde viveriam aquelas que quisessem, ousassem e pudessem escapar dos ataques e calúnias dos homens.

A vida da pensadora mexicana soror Juana Inés de la Cruz (1651-1695) exemplifica os sacrifícios exigidos das mulheres com aspirações intelectuais. Aos três anos, aprendeu a ler; aos seis, aprendeu latim e descobriu seu mundo na biblioteca de casa. Seu desejo de conhecimento era tal que, aos dezesseis anos, solicitou permissão a sua mãe para se vestir de homem e assim poder cursar a universidade – permissão negada. No entanto, sua extraordinária inteligência chamou a atenção da esposa do vice-rei, que a empregou como dama de companhia e poeta oficial da corte. Assim, ela produziria, além de poemas, peças teatrais.

Desejando ter tranquilidade para seguir seus estudos e escritos, soror Juana decidiu, então, ingressar em um convento. Ali, enquanto durou a proteção dos vice-reis, foi-lhe permitido ter livros

---

15   G. Lerner, *The Creation of Feminist Consciousness: from the Middle Ages to Eighteen-seventy*, p. 258.
16   *Ibid.*, p. 193.

e continuar a escrever. Apesar disso, seu confessor a censurava e chegou ao cúmulo de recusar-lhe absolvição. Soror Juana defendia-se, argumentando que seu talento lhe havia sido dado por Deus e que em seus estudos não buscava publicidade: "Quem terá proibido as mulheres a se dedicar a estudos privados e individuais? Não têm as mulheres uma alma racional, assim como os homens? Então, por que não podem as mulheres usufruir de conhecimentos, assim como eles? Qual a revelação divina, qual a lei da igreja, qual o julgamento que terá formulado lei tão severa para nós mulheres"?[17]

Com a morte de sua protetora, soror Juana sucumbiu à pressão do confessor e das autoridades eclesiásticas e foi obrigada a humilhar-se perante a comunidade religiosa e pedir perdão. Assinou com o próprio sangue – quanto de simbolismo há nesse gesto! – o compromisso de dedicar-se aos votos religiosos e renunciar a quaisquer outras aspirações. Morreu dois anos depois.[18]

A vida monástica simboliza a renúncia à sexualidade, à maternidade, ao convívio conjugal, preço a pagar para ter acesso à educação. Mas, mesmo naquele espaço de reclusão, as mulheres permaneciam sujeitas à autoridade masculina, que as confinava na ignorância e obediência. Pagar este preço para ter acesso à educação nunca foi exigido aos homens.

Também na religião protestante, mulheres que ousaram estudar e apresentar-se em público foram condenadas. Um desses exemplos está nos Estados Unidos do século XVII, período que antecede a Revolução de Independência, já impregnado por ideias de insubordinação. Foi nesse contexto que surgiu a figura de Ann Hutchinson, uma das primeiras vozes de insurreição feminina que a história estadunidense registra. Profundamente religiosa, Ann congregou em torno de si uma comunidade masculina e feminina que se reunia para ouvir suas pregações. Afirmava que o homem e a mulher

17 Ibid., p. 34.
18 Ibid., p. 35.

foram criados iguais por Deus, contrariando assim os dogmas da superioridade masculina. Acusada pelos pregadores calvinistas de "Ter abandonado seu lugar (...), ter sido mais um marido que uma esposa, um pregador que um ouvinte, um magistrado que um súdito" e de "ter mantido reuniões em sua casa (...), um fato intolerável diante de Deus e impróprio para seu sexo", foi condenada, em 1637, ao banimento da província de Massachusetts.[19]

Mais um século, e a luta pela libertação das colônias estadunidenses faz do princípio básico de igualdade a expressão primeira de sua Declaração de Independência: "Todos os homens foram criados iguais." Na ocasião, Abigail Adams escreveu a seu marido John Adams, que participava, na Filadélfia, do congresso que iria declarar a Independência: "Espero que no novo Código de Leis (...) vocês se lembrem das mulheres e sejam mais generosos que seus antepassados (...). Se não for dada especial atenção às mulheres, estamos resolvidas a nos rebelar e não nos consideraremos obrigadas a cumprir leis, diante das quais não temos nem voz, nem representação."[20]

A resposta sarcástica de John Adams vem reafirmar a exclusão das mulheres, assim como de negros e indígenas, da ideia de igualdade definida pela Declaração de Independência, fazendo reverberar, mais uma vez, a pergunta que é ainda hoje pertinente: quem são os cidadãos, quem são os excluídos, e em função de que critérios?

"Quanto ao seu extraordinário código de lei, eu só posso rir. Nossa luta, na verdade, afrouxou os laços de autoridade em todo o país. Crianças e aprendizes desobedecem, escolas e universidades se rebelam, índios afrontam seus guardiães e negros se tornam insolentes com seus senhores. Mas a sua carta é a primeira intimação de uma outra tribo, mais numerosa e poderosa do que todos estes

---

19 S. Rowbotham, *Women, Resistance and Revolution: a History of Women and Revolution in the Modern World*, p. 17.

20 M. Schneir, *Feminism: the Essential Historical Writings*, p. 2.

45

descontentes (...). Esteja certa, nós somos suficientemente lúcidos para não abrir mão do nosso sistema masculino."[21]

Na França, nesse mesmo século marcado por revoluções, as mulheres participavam ativamente, ao lado dos homens, no processo de organização da Revolução Francesa, muitas vezes liderando as marchas, acreditando nos mesmos princípios de liberdade, igualdade e fraternidade. Foi nesse momento histórico que o feminismo adquiriu características de uma prática de ação política organizada. Reivindicando seus direitos de cidadania frente aos obstáculos que os contrariavam, o movimento feminista na França assumiu um discurso próprio, que afirmava a especificidade da sua luta. Mulheres organizavam-se em clubes femininos e, como os homens, publicavam panfletos e petições, que distribuíam e encaminhavam à Assembleia Nacional. Inúmeras brochuras denunciavam sua situação, abordando os temas do trabalho, da desigualdade legal, da participação política, da prostituição. Elas enchiam as galerias, acompanhavam as votações e reivindicam o direito de participação plena naquele fórum, assim como mudanças na legislação civil e política, pois consideravam-se cidadãs, companheiras de lutas ao lado dos homens.

Elas também peticionaram a revogação de institutos legais que submetiam o sexo feminino ao domínio masculino. Reivindicaram, assim, a mudança da legislação sobre o casamento, que, outorgando ao marido direitos absolutos sobre o corpo e os bens da mulher, aparecia-lhes como uma forma de despotismo incompatível com os princípios gerais da Revolução Francesa. Obtiveram vitória importante com o novo Código Civil, que deu à mulher casada os mesmos direitos que ao marido. pôde escolher com quem casar, inclusive mais de uma vez, porque lhe foi concedido o direito a pedir divórcio. São direitos realmente revolucionários, já que até então pai e marido eram senhores absolutos sobre o corpo e os bens da mulher

21 Ibid., p. 3

– direitos mantidos por apenas dez anos, e que serão banidos mais tarde com o Código Civil de Napoleão, baseado no Direito Romano.

Em 1789, as mulheres apresentam à Assembleia Nacional um documento no qual afirmam, sem meias-palavras, sua revolta: "Destruístes os preconceitos do passado, mas permitistes que se mantivesse o mais antigo, que exclui dos cargos, das dignidades das honrarias e, sobretudo, de sentar-se entre vós, a metade dos habitantes do reino (...). Destruístes o cetro do despotismo (...) e todos os dias permitis que treze milhões de escravas suportem as cadeias de treze milhões de déspotas."

Elas permaneceram, entretanto, excluídas das conquistas políticas que lutaram por obter. Seus companheiros formavam um rígido anteparo[22] contra os direitos políticos da mulher, com declarações como a do revolucionário Chaumette, em 1791, logo após a proibição da organização dos clubes femininos, justificando-a: "Desde quando é considerado normal a uma mulher abandonar o cuidado piedoso de sua casa, o berço de seus filhos, para ouvir discursos no recinto público?" No ano seguinte, outro revolucionário bastante popular, Santerre, reclama: "Os homens deste bairro, ao retornar à casa depois do trabalho, preferem vê-la em ordem a ver suas mulheres retornarem de uma assembleia, onde nem sempre adquirem gentileza de espírito, e essa é a razão pela qual lhes desgostam essas assembleias que têm lugar três vezes na semana."[23]

Sempre o doméstico, a prisão da mulher.

Seus clubes foram extintos em outubro de 1793. Apenas dois anos depois, a repressão tornou-se maior: foram proibidas de frequentar a Assembleia Nacional e até de se reunir em grupos de mais de cinco.

---

22 Exceção feita por alguns, como Condorcet, que afirma em 1790: "Ou nenhum indivíduo da espécie humana tem direitos genuínos, ou todos têm os mesmos direitos."
23 G. Fraise e M. Perrot, *A History of Women: Emerging Feminism from Revolution to World War*, vol. IV, p. 39.

A Declaração dos Direitos do Homem e do Cidadão, de 1789, estabeleceu os direitos civis conquistados na Revolução Francesa. Mas a palavra "homem" significava, como na Declaração da Independência Estadunidense, exatamente isso: pessoas do sexo masculino, e, implícito, de raça branca. Olympe de Gouges tornou esse fato claro. Escritora conhecida por sua defesa dos ideais revolucionários, sentindo-se profundamente decepcionada ao constatar que esses não incluíam preocupações com relação à situação da mulher, publicou em 1791, a Declaração dos Direitos da Mulher e da Cidadã, parafraseando a Declaração dos Direitos do Homem e do Cidadão, artigo por artigo. Sua leitura nos dá a dimensão de uma utopia de igualdade legal que só seria vislumbrada um século e meio mais tarde, com a garantia ao direito de voto em alguns países – direito que por si só não significaria a igualdade, mas, sim, a continuação da luta.

A Declaração de Olympe de Gouges tem início com a frase: "Oh homem, és capaz de justiça? Qual é o direito soberano que tens para oprimir meu sexo?" Como a Declaração dos Direitos do Homem, o documento demanda a igualdade de direitos, inclusive ao voto, declarado no artigo VI: "A lei dever ser a expressão da vontade geral; todas as cidadãs e cidadãos devem contribuir pessoalmente ou através de seus representantes; à sua formação: todas as cidadãs e todos os cidadãos, sendo iguais aos seus olhos, devem ser igualmente admissíveis a todas as dignidades, lugares e empregos públicos, segundo suas capacidades e sem outras distinções, a não ser aquelas decorrentes de suas virtudes e de seus talentos."

No artigo X, a Declaração afirma: "Ninguém deve ser castigado por expressar suas convicções fundamentais. A mulher tem o direito de subir ao cadafalso; tem também o direito de subir à tribuna."

E conclama, em sua conclusão: "Mulher, desperta. O toque do esclarecimento e da razão ecoa no universo; reconheça teus direitos."[24]

---

24 L. Kelly, *Las Mujeres de la Revolución Francesa*, tradução de Aníbal Leal do original *Women of the French Revolution*, p. 80-81.

Olympe "subiu ao cadafalso" sem ver reconhecido o direito de "subir à tribuna": foi guilhotinada em 3 de novembro de 1793, condenada por seus escritos políticos, aos quais não renunciou. A sentença que a condenou acusava-a de querer ser um homem de Estado, tendo esquecido as virtudes próprias a seu sexo. Eram os mesmos argumentos utilizados um século e meio antes contra Ann Hutchinson.

O acesso à educação, da qual a mulher foi alijada desde a Antiguidade, foi também uma demanda permanente, que ainda é essencial na luta por igualdade. As estatísticas mostram que, em muitas partes do mundo, as mulheres continuam a enfrentar maiores barreiras que os homens para ingressar na escola, cursar a universidade e optar por determinadas carreiras.

Na Inglaterra, Mary Wollstonecraft publicou, em 1792, o livro *Reivindicação dos direitos da mulher*, que se tornou logo popular ao refutar as teses de Rousseau (1712-1778) segundo as quais as mulheres deveriam ser educadas apenas para dar prazer e cuidar do homem. Defendendo que sua educação deveria, sim, habilitá-las a prover ao próprio sustento, ela apresenta o exemplo de médicas, administradoras de fazendas e comerciantes. Como Olympe de Gouges, defende o direito das mulheres a escolher "seus representantes, ao invés de serem governadas arbitrariamente sem influir diretamente nas deliberações do governo."[25] E pergunta: "Quantas gerações serão necessárias para fazer surgir o vigor e o talento de uma posteridade livre de escravas abjetas?"[26]

A utilização de argumentos supostamente naturais ou biológicos para legitimar a inferioridade da mulher e impedir-lhe o acesso à educação em condições iguais à dos homens atravessa os séculos. Assim, na Idade Média, dominada pela espiritualidade e religião, teólogos argumentavam que a alma feminina era mais imperfeita e demorava mais tempo para ser formada que a do homem. Alguns até se perguntavam se a mulher tinha alma. No Renascimento, com

---

25 M. Wollstonecraft, *A vindication of the rights of women*, p. 68.
26 M. Schneir, op.cit., p. 16.

a valorização da experimentação e da ciência, argumentava-se que o cérebro da mulher era menor e pesava menos que o do homem e, portanto, ela seria dotada de menos inteligência. Na Idade Moderna, já não se nega que ela tenha alma ou inteligência, mas é ainda considerada mais emocional que o homem, o que justificaria a conclusão de que não seria apta a exercer funções que exijam decisões racionais. Já neste século, em 2005, Larry Summers, então presidente da Universidade Harvard, afirmou que as mulheres seriam geneticamente menos aptas para as ciências que os homens, que seriam por natureza mais capazes.[27]

A construção social da inferioridade e subalternidade da mulher persistiu em diferentes modos de produção, seja no sistema de manufatura, seja no fabril, que se instalou com a revolução industrial do século XIX na Inglaterra, espalhando-se pelo continente europeu e pelos Estados Unidos. A consolidação do sistema capitalista trouxe consequências tanto para o processo produtivo quanto para a organização do trabalho como um todo, em especial para a mão de obra feminina. O sistema de produção fabril, o desenvolvimento tecnológico e a introdução, cada vez mais significativa, da maquinaria, afetaram o trabalho feminino, transferindo para as fábricas tarefas antes executadas a domicílio, aumentando enormemente o contingente feminino entre a mão de obra operária.

Compartindo com os homens as terríveis condições de trabalho vigentes naquele período, em jornadas de quatorze, dezesseis e até dezoito horas diárias, as mulheres, assim como os menores, sofreram ainda uma superexploração advinda das diferenças salariais. Em Paris, por exemplo, os salários femininos eram de em média 2,14 francos, e os masculinos, de 4,75; na Alemanha, na indústria de papel, os homens ganhavam de 18 a 20 marcos, e as mulheres, de 9 a 12; em Massachusetts, EUA, na indústria de calçados, os salários

---

[27] Essa declaração foi alvo de protestos e considerada um dos motivos de sua destituição do cargo.

eram de 37 dólares para as mulheres e 75 para os homens. A justificativa era de que as mulheres teriam quem as sustentasse.[28]

O século XIX foi marcado pelas lutas operárias, e nelas, como na Revolução Francesa, participaram as mulheres lado a lado com os homens. Socialistas como as francesas Pauline Roland, Jeanne Deroin e Flora Tristan uniram a luta geral pelos direitos do trabalhador à luta específica das mulheres por igualdade legal. Mas a desvalorização da força de trabalho feminina acarretava um rebaixamento do nível salarial geral. Dessa forma, os movimentos operários masculinos, em vez de se juntarem a elas na luta, repudiavam sua entrada no mercado de trabalho e fechavam-lhes as portas dos sindicatos.

Flora Tristan instigava seus companheiros socialistas: "Trabalhadores, em 1791 vossos pais proclamaram a imortal Declaração dos Direitos do Homem, e é graças a essa solene Declaração que sois hoje homens livres e iguais perante a lei. Toda honra a vossos pais por esse grande triunfo, porém falta para vós, homens de 1843, uma tarefa não menor a cumprir. Livrai por sua vez as escravas que ainda existem na França: proclamem os Direitos da Mulher, nos mesmos termos de vossos pais."[29]

Ao longo da história, as mulheres resistiram e demandaram seus direitos. Mas estavam, ainda, isoladas. Até que, a partir da Revolução Francesa e principalmente no século XIX, entraram em massa na arena pública do movimento operário e na luta por direitos civis e políticos. As reivindicações por melhores condições de trabalho, pelo direito de voto e pela reforma da legislação patriarcal estão na origem da luta organizada pelos direitos da mulher durante os anos 1800.

---

28 As diferenças salariais, assim como sua justificativa – embora não explicitada –, persistem ainda hoje em todas as partes do mundo capitalista. Avanços pontuais não eliminam a ideologia que sustenta essa realidade.

29 Em S. Rowbotham, *Women, Resistance and Revolution: a History of Women and Revolution in the Modern World*, p. 37.

sufrag
votar

CAPÍTULO III

SUFRAGISMO: VOTAMOS

> "A história da oposição masculina à emancipação das mulheres é mais interessante talvez do que a história mesma da emancipação."
>
> Virginia Woolf em *Um quarto só seu*

Uma história não pode ser contada sem a outra. Luta e oposição estão imbricadas. A disputa pelo direito de voto foi longa, demandou enorme capacidade de organização e infinita persistência e tornou-se um movimento amplo a começar nos Estados Unidos e na Inglaterra, expandindo-se depois pelo mundo ocidental. Chegou a reunir, nos momentos de ápice da campanha, na primeira década do século XX, milhões de mulheres oficialmente registradas, além de um número desconhecido de simpatizantes[30], o que faz do sufragismo um movimento político de massa a não ser ignorado. Entretanto, foi preciso esperar pelas historiadoras feministas para recuperá-lo e dar-lhe a devida importância.

A negação do direito ao voto é a expressão máxima da subalternidade civil da mulher. Lê-se a história dessa luta e da resistência enfrentada como uma sequência de batalhas em campos de guerra: a organização, a persistência, a confrontação, as campanhas, marchas, prisões, greves de fome, a alimentação forçada, os gestos de

---

30 Uma dessas simpatizantes, não diretamente engajadas na luta, foi a mãe de Bertha Lutz, o que nos leva a concluir que a líder do movimento brasileiro pelo sufrágio certamente foi influenciada pelo exemplo materno.

55

provocação como em luta de guerrilha, as mães seguidas por filhas em uma corrente de gerações.

Para narrar essa história, partimos de 1848, ano em que um inédito encontro de mulheres que reivindicavam seus direitos iniciou nos Estados Unidos a luta sufragista, que se espalharia pelo mundo nas décadas seguintes. Um pequeno grupo de mulheres abolicionistas, convencidas de que as lutas pela libertação de escravizados e a da mulher eram uma só e deveriam caminhar juntas, convocou em Seneca Falls, Nova York, uma convenção de dois dias para, como diz o texto publicado em jornais locais, "discutir a condição social, civil e religiosa e os direitos da mulher". A ideia caiu em campo fértil, pois a convocação foi um sucesso: cerca de trezentas pessoas compareceram ao evento, sendo a maioria mulheres. A Declaração de Princípios, plagiando a Declaração de Independência estadunidense, tinha início com a frase: "Acreditamos serem essas verdades evidentes: que todos os homens e mulheres foram criados iguais." Seguiam-se as resoluções, aprovadas por unanimidade, com exceção de uma, que, por sua ousadia, dividiu a audiência: "Fica resolvido: que é dever das mulheres deste país assegurar para si o direito sagrado do sufrágio." Pela primeira vez essa demanda era posta como um claro objetivo político.

Dessa reunião é dada a partida à luta sufragista. Desde Seneca Falls, a emancipação da mulher deixou de ser uma aspiração de algumas vozes isoladas para se tornar uma bandeira de milhões de mulheres, em diversos países, por várias gerações.

As organizadoras não podiam ter ideia da enorme oposição que enfrentariam e do quanto haveriam de sofrer – elas e as gerações que as seguiram – por uma causa que visava apenas assegurar direitos já reconhecidos pela ideologia liberal que, desde o século anterior, inspirara revoluções – sendo a sua própria Revolução de Independência a pioneira. Não se davam conta, talvez, de que desafiavam uma das mais poderosas estruturas de poder da história da humanidade: o patriarcado.

O movimento, tanto nos Estados Unidos como na Inglaterra, organizou-se das mais diferentes formas: em sociedades, associações, clubes, partidos, editoras. Não foi um movimento que defendesse uma só ideologia. Havia grupos socialistas e progressistas que denunciavam as condições de trabalho, a desigualdade na educação, a legislação civil e de família, a religião; outros, conservadores, concentravam-se na luta pelo direito ao voto sem criticar a estrutura patriarcal; havia grupos religiosos de diferentes denominações, e outros que, ao lado do direito ao voto, defendiam a proibição do consumo de bebidas alcoólicas.

O que os unia era, unicamente, a luta sufragista.

Mas as sufragistas andavam em corda bamba: por mais razoáveis que fossem suas reivindicações, estavam sempre extrapolando os limites estreitos dentro dos quais podia mover-se a mulher vitoriana.[31, 32] Na tentativa de convencer os legisladores, elas abriam mão de agendas polêmicas. Deviam mostrar-se bem-comportadas, sem demandas que pudessem alarmar a opinião pública e alijar os possíveis aliados no parlamento. Afinal, era deles que dependiam para que se realizasse a reforma legal pela qual lutavam.

O movimento entra no século XX exaurido por múltiplas campanhas infrutíferas, em uma história de frustrações e derrotas, com um final feliz sempre postergado. Foi inimaginável o esforço de persistência e coragem dessas gerações de mulheres estadunidenses e inglesas que se dispunham a enfrentar um público frequentemente hostil nas campanhas de *lobby*[33] em infindável repetição.

---

31 Por vitoriano se entende o período entre 1837 e 1901, correspondente ao reinado da rainha Vitória na Inglaterra, marcado por grandes conquistas militares e econômicas e por uma pauta puritana de moral e costumes que regia o comportamento social e a sexualidade.

32 L. B. Tanner (ed.), *Voices from Women's Liberation*, p. 43.

33 Por *lobby* se entende uma atividade de pressão ou influência para alcançar um objetivo, geralmente político.

O cansaço com a sucessão de fracassos e a indiferença de sucessivos governos leva a que, na Inglaterra, a partir de 1903, um grupo decida chamar a atenção do público e de autoridades promovendo o que hoje chamaríamos de "guerrilha urbana": prática de danos a bens materiais, com o cuidado, porém, de evitar atingir pessoas. A tática realmente chamou a atenção, pois as militantes – denominadas "suffragettes" para diferenciá-las dos grupos bem-comportados das "sufragistas" – passaram a ser presas e, na prisão, ao fazer greve de fome, eram muitas vezes submetidas à tortura da alimentação forçada, o que acabou por angariar-lhes a simpatia do público.

Por influência das inglesas, também nos Estados Unidos, a partir de 1910, um grupo de suffragettes passa a organizar passeatas, marchas em Washington, e inaugura-se, no movimento estadunidense, a prática do piquete em frente à Casa Branca – o que a princípio provocou apenas curiosidade, mas logo as tornou alvo de violência por parte do público e da polícia. As estadunidenses não praticaram atos de vandalismo como se viu na Inglaterra, mas, ainda assim, em sua repressão, repetiram-se nos Estados Unidos as prisões e os maus-tratos que a mídia britânica divulgava. Em pouco tempo, também as americanas, como as inglesas, tinham suas mártires. Afinal, não estavam desobedecendo a lei alguma e apenas demandavam um direito básico à participação política em uma sociedade que se dizia democrática. Também nos Estados Unidos a repressão injustificada angariou-lhes a atenção e simpatia do público.

Enquanto isso, os grupos sufragistas tradicionais, bem--comportados, cuidaram de desvincular-se em ambos os países dessas táticas tão pouco "femininas", que consideravam prejudiciais à respeitabilidade arduamente conquistada.

Foi preciso que as inglesas e as estadunidenses comprovassem competência, coragem e patriotismo por sua participação nas frentes de batalha e no esforço doméstico durante a Primeira Guerra Mundial (1914-1918), para que o voto fosse finalmente conquistado.

Além das funções que já exerciam no setor de serviços como comerciárias, secretárias, empregadas domésticas, as mulheres assumiram postos antes exclusivamente masculinos, trabalhando como mecânicas nas fábricas de veículos e de aviões, nas fábricas de armamento e munições, como motoristas de caminhão e dos transportes públicos, ou operadoras de rádio, enfim, em uma infinidade de setores deixados disponíveis pela ausência dos homens. Além disso, estavam com eles nas zonas de combate como médicas, enfermeiras, motoristas de ambulâncias.

Essa jornada, construída com diversas formas de luta e que se estende por mais de setenta anos[34], é a medida da resistência ao mais elementar e indiscutível direito de cidadania, aspiração inscrita nos documentos fundadores das revoluções do fim do século XVIII.

---

34 Nos Estados Unidos, de 1848 até 1919, quando se conquistou o voto universal; na Inglaterra, da década de 1860 a 1918, ano da promulgação do voto qualificado, limitado às mulheres proprietárias maiores de anos e com títulos universitários, enquanto na mesma lei os homens maiores de 21 ganhavam o voto universal; e finalmente em 1929 voto universal nas mesmas condições dos homens.

A LUTA PELO VOTO NO BRASIL

> "Alguém precisa contar essa história porque nós não tivemos tempo."
>
> Bertha Lutz

Entre os costumes trazidos da Europa e implantados no Brasil, estava a manutenção do status inferior da mulher: de um lado, a mulher branca, membro subalterno da classe dominante, cuja castidade era condição essencial para cumprir sua função de procriadora no casamento; de outro, a mulher negra, indígena ou mestiça, explorada como braço escravizado e objeto sexual.

No Brasil colonial, as meninas de classe alta, e apenas elas, eram educadas em casa ou nos conventos, e sua educação restringia-se à alfabetização – e muitas vezes nem isso –, à religião e às "prendas domésticas". É de 15 de outubro de 1827 a primeira lei educacional do Brasil independente. O currículo dos meninos é descrito no artigo 6º: "Ler, escrever as quatro operações de aritmética, prática de quebrados, decimais e proporções, as noções mais gerais de geometria prática, gramática da língua nacional, e os princípios de moral cristã e da doutrina da religião católica e apostólica romana, proporcionados à compreensão dos meninos; preferindo para as leituras a Constituição do Império e a História do Brasil." O das meninas, mais completo que durante a colônia, porém mais reduzido que o dos meninos, descrito no artigo 12º: "Além do declarado no artigo 6º, com exclusão das noções de geometria e limitando a instrução da aritmética só às quatro operações, ensinarão também as prendas que servem à economia doméstica."[35]

---

[35] *Coleção de Leis do Brasil*, p. 71, vol. 1, parte 1. Atualizamos a citação com grafia moderna.

A lei proposta pela Câmara dos Deputados não continha diferença curricular entre o ensino masculino e o feminino e também não incluía o ensino das "prendas domésticas". O Senado, uma casa mais conservadora, as incluiu depois de um debate revelador do tamanho do preconceito. A proposta do senador Marquês de Santo Amaro, o único favorável à extensão, às meninas, do currículo oferecido aos meninos, foi ridicularizada. Diz ele: "A oposição que se manifesta não pode nascer senão do arraigado e péssimo costume em que estavam os antigos, os quais nem queriam que suas filhas aprendessem a ler." Justifica o senador Visconde de Cayru sua opinião: "A questão é se as meninas precisam de igual grau de ensino que os meninos. Tal não creio. Para elas, acho suficiente a nossa antiga regra: ler, escrever e contar (...) não estão fora do seu alcance e lhes podem ser de constante uso na vida. O seu uso da razão é mui pouco desenvolvido para poderem entender e praticar operações ulteriores e mais difíceis de aritmética e geometria. Estou convencido de que é vão lutar contra a natureza." Usa ainda o argumento, tantas vezes exposto no passado e repetido no futuro, da desordem pessoal e do perigo social que uma mulher culta poderia oferecer: "A história tem aplaudido as Aspásias, Cleópatras, Isabéis e Catarinas. (...) Todavia, não eram famosas pela moral." Ele também busca um exemplo recente: "Bastará nomear a famosa inglesa Mary Wollstonecraft, que fez a obra *Reivindicação dos direitos da mulher*. Ela foi condenada por adúltera." E completa sua indignação: "Se formos nesse andar, não causará admiração que também se requeira que as mulheres possam ir estudar nas universidades, para termos grande número de doutoras."[36]

Apesar do conservadorismo com relação à educação feminina, essa primeira lei educacional do Império foi inovadora por ter estabelecido um currículo mínimo nacional e por ter exigido concurso público para o magistério, assim como um piso salarial que não

---

36 Informações disponíveis nos arquivos do Senado Federal na web: <www12.senado.leg.br>.

diferenciava o salário das professoras em relação ao dos professores. Exigência que se tornou letra morta por um decreto de 1831, que permitia às províncias contratar mulheres, sem concurso, com salários mais baixos.

Em 1835, é fundada em Niterói a primeira Escola Normal, exclusivamente masculina.[37] As meninas tiveram de esperar pela equivalência curricular até 1854, quando o Decreto nº 1331 permitiu a unificação dos conteúdos: em seu artigo 50, o documento confirma a igualdade curricular – mantendo o ensino separado por sexo –, mas não deixa de acrescentar que para as meninas "se ensinarão bordados e trabalhos de agulha mais necessários."[38] A matéria Economia Doméstica, que incluía bordados, permaneceu no currículo das escolas femininas privadas até, pelo menos, meados dos anos 1960.[39]

As restrições ao acesso da mulher ao ensino superior, formador da classe dirigente e intelectual, perduraram por séculos. Durante a colônia e até à vinda da corte portuguesa, instituições de ensino superior eram proibidas. Quem tinha recursos enviava os filhos – apenas os homens – para as universidades europeias, de Coimbra em especial. As primeiras instituições de ensino superior foram fundadas por d. João VI logo após sua chegada ao Brasil, já em 1808: a Escola de Cirurgia da Bahia e a Escola Anatômica, Cirúrgica e Médica do Rio de Janeiro. As Faculdades de Direito de Olinda e de São Paulo foram fundadas já depois da Independência, em 1827.

Foi por um decreto imperial de 1881 que passou a ser permitido a mulheres frequentar o ensino superior. As falhas em sua educação eram, no entanto, o óbvio empecilho para uma competição

---

37 F. Fernandes, *A história da educação feminina*.

38 Cf. *Legislação Informatizada*, Decreto nº 1331 de 17 de fevereiro de 1854, portal da Câmara dos Deputados na web.

39 As autoras confirmam que, no ginásio, quando frequentaram escolas religiosas femininas no Rio de Janeiro, cursaram Economia Doméstica, em que se aprendia bordado. Ficaram exímias no ponto de cruz.

em igualdade de posições. Não havia escolas preparatórias para as mulheres e a maioria dos municípios oferecia ainda para as meninas apenas cursos de alfabetização.

Nesse mesmo ano de 1881, Ambrozina de Magalhães foi a primeira mulher a cursar o ensino superior, matriculando-se na Faculdade de Medicina do Rio de Janeiro. Em 1887, é permitida a entrada de mulheres na Universidade da Bahia. A primeira mulher a cursar Direito foi Maria Augusta Saraiva, que, em 1897, matriculou-se na Faculdade de Direito do largo de São Francisco (Rio de Janeiro). Exerceu a profissão, tendo sido a primeira brasileira a atuar no Tribunal do Júri. Mais de meio século transcorreu para que uma mulher negra, Enedina Alves Marques, filha de uma empregada doméstica, se formasse, em 1945, aos 32 anos, na Faculdade de Engenharia Civil da atual Universidade Federal do Paraná (Ufpr). Enedina enfrentou duplo preconceito, pois foi a única negra e única mulher em sua turma.

Se, no Brasil, o lapso entre a primeira universidade e a permissão para que nelas ingressassem mulheres foi de setenta anos, somente em meados do século XX, as grandes universidades europeias e estadunidenses admitiram mulheres em termos iguais aos colocados aos homens. A Universidade de Oxford, fundada em 1096, admitiu mulheres como ouvintes na década de 1880, mas, apesar de lhes permitir passar por exames, só começou a lhes outorgar diplomas em 1920. Ainda assim, o número de mulheres aceito na universidade era limitado por cotas, eliminadas em 1957. A Universidade de Cambridge, fundada em 1209, admite mulheres a partir de 1869, mas também apenas como ouvintes, e somente lhes permitirá a obtenção de diplomas em 1948, mantendo o sistema de cotas até a década de 1960. A Universidade de Harvard, fundada em 1636, admite mulheres em 1920 na Escola de Educação, mas na Medicina apenas em 1945, embora uma mulher tenha pleiteado acesso quase um século antes, em 1847. Sua solução para a demanda pela admissão de mulheres foi criar um anexo em 1878, o Harvard Annex, que, em 1894, se tornou o Radcliffe College, com os mesmos cursos e professores, mas com um diploma próprio. O diploma passou a ser registrado como expedido por Harvard na década de 1960. A Universidade de Sorbonne, fundada em 1257, só admitiu mulheres em 1866.

Nestes séculos de silêncio, uma mulher como Nísia Floresta Brasileira Augusta, nascida Dionísia Faria Rocha (1810-1885), é uma incrível exceção, por isso mesmo referida por todas as pessoas que estudam a história da mulher brasileira. Casou-se aos treze anos e, um ano depois, separou-se. Aos dezoito, órfã de pai, é obrigada a sustentar a mãe e os três irmãos como professora. Casa-se novamente em 1832, ano em que publica seu *Direitos das mulheres e injustiça dos homens*, feito em tradução livre de Mary Wollstonecraft, com a inclusão de suas opiniões sobre o direito da mulher à educação e ao trabalho.[40]

Nísia Floresta adotou as ideias avançadas da época e era abolicionista, republicana e feminista. Foi jornalista, escritora, poeta e pedagoga, tendo fundado e dirigido colégios femininos, nos quais punha em prática suas ideias de emancipação. Entre suas frases, destacamos a seguinte: "O homem, ainda semi-selvagem, arrogou a si a preeminência da força física e tudo lhe foi submetido, a moral, assim como a inteligência da mulher, que ele quis permanecesse sempre inculta, para que mais facilmente desempenhasse a humilhante missão a que se destinava."[41] Ela viveu muitos anos na Europa,

---

[40] Inicialmente, *Direitos das mulheres e injustiça dos homens* foi registrado como uma tradução livre da versão francesa de *Vindication of the Rights of Woman*, de Mary Wollstonecraft. E apenas em 1996 constatou-se sua maior proximidade com a obra *Woman not Inferior to Man*, de Sophia (pseudônimo de Mary Wortley Montagu). Mas, como expõe Constância Lima Duarte no texto de abertura da edição brasileira, essa dúvida sobre em qual obra Nísia realmente se baseou não diminui a importância do seu feito, "[..] o mais importante é constatar que uma jovem nordestina estava ciente das vindicações sobre educação feminina que circulavam no estrangeiro, e teve a brilhante iniciativa de incluir a mulher brasileira nesse debate".

[41] A. da Câmara Cascudo, *História de Nísia Floresta*, p. 127-128.

onde frequentou os meios literários e filosóficos, tendo sido amiga de escritores como o português Alexandre Herculano e o filósofo francês Auguste Comte. Faleceu na França, em 1885.[42] Outras mulheres procuraram escapar dos preconceitos que marcavam o destino das brasileiras ainda no século XIX. Violante Bivar e Velasco, nascida em 1817, em Salvador, funda, em 1852, o primeiro jornal redigido por mulheres, o *Jornal de senhoras*. Francisca Senhorinha da Motta Diniz, nascida em São João del Rei, funda, 21 anos depois, em 1873, outro jornal todo editado por mulheres, *O sexo feminino*, abolicionista, republicano e sufragista. Josefina Álvares de Azevedo, em 1878, inaugura a revista *A família*, e escreve e encena, em São Paulo, a peça *O voto feminino*. Passa da escrita ao ativismo e se une ao debate sobre o direito de voto junto à Assembleia Constituinte em 1891, declarando: "Queremos o direito de intervir nas eleições e eleger e ser eleitas como os homens, em igualdade de condições."[43] Ela teria de ter vivido mais 41 anos para presenciar esse momento!

A primeira eleitora no Brasil teria sido a dra. Isabel de Mattos Dillon, baiana, nascida em 1861, dentista – o que por si só já a distingue entre suas contemporâneas. Ela requereu em 1880 seu alistamento apelando para a Lei Saraiva, que dava aos detentores de títulos científicos o direito de voto, tendo ganhado em segunda instância. Candidatou-se ao primeiro Congresso Nacional Constituinte da República (1890-91) em um gesto simbólico porque sabia não ter chance de vencer: "entendo que um governo democrático não pode privar uma parte da sociedade de seus direitos políticos, uma vez que as mulheres não foram francamente excluídas da Constituição vigente",[44] disse, usando o mesmo argumento que seria mais tarde

---

42 N. Telles, "Escritoras, escritas, escrituras", in Mary del Priore (org.), *História das Mulheres no Brasil*, p. 405.
43 V. Barros, *Precursoras Brasileiras*, p. 164.
44 M. Coelho, *Evolução do Feminismo: subsídios para sua História*, p. 212-213.

repetido incansavelmente pelas sufragistas: a constitucionalidade do voto, já que as mulheres não estavam incluídas no rol das exceções.

Desde a 1ª Constituinte, os opositores utilizavam-se dos argumentos muitas vezes repetidos ao longo dos séculos: as "qualidades naturais" da mulher, sua "missão sublime", e a proteção da família. Diz o constituinte Muniz Freire: "Estender o direito de voto à mulher é uma ideia imoral e anárquica, porque no dia em que for convertida em lei ficará decretada a dissolução da família brasileira." E Serzedelo Correia: "(...) a sua única missão deve consistir em ser o anjo tutelar da família."[45]

No debate estritamente jurídico, os opositores utilizavam sofismas tais como a chamada *mens legis*, ou seja, a interpretação de que o legislador constituinte não tinha a intenção de permitir o voto feminino e tão claro seria isso que nem teria cogitado a necessidade de incluir a mulher na lista daqueles impedidos de votar; enquanto os favoráveis resolviam conforme a letra da lei, ou seja, que ao estipular a Constituição que "são eleitores os cidadãos maiores de 21 anos" e não incluir a mulher no rol dos impedidos, entendia-se pela regra gramatical que o plural masculino incluia o feminino e assim estavam as mulheres aptas a votar. Assim, o constituinte Almeida Nogueira, defensor do sufrágio feminino, argumenta: "responderei com uma consideração de ordem gramatical, e é que sempre o legislador emprega o masculino (...) por ser uma convenção gramatical."[46]

Em meados da década de 1910, duas outras feministas entram nessa luta. A primeira: Myrthes de Campos, advogada, primeira mulher aceita no Instituto da Ordem dos Advogados. Ela requereu seu alistamento eleitoral utilizando-se do mesmo argumento usado pela primeira eleitora, a dra. Isabel de Mattos Dilon, e depois ainda tantas

---

45 *Anais do Congresso*, p. 456-457 e 500.
46 Jornal *O país*, 18 maio 1928.

vezes mais repetido: que a Constituição não negava à mulher esse direito, pois não a incluía na enumeração dos impedidos de votar.

O requerimento foi indeferido, em um exemplo a mais do vaivém da matéria desde o debate na Constituinte, atrasando em pelo menos quarenta anos, a contar da Constituinte de 1891, o direito de voto, e criando grande confusão porque, durante todo esse tempo, o alistamento era concedido ou indeferido caso a caso. Por exemplo, na comarca de Minas Novas, Minas Gerais, três mulheres votaram em 1905: Alzira Vieira Ferreira Netto, Cândida Maria dos Santos e Clotilde Francisca de Oliveira.

A segunda sufragista foi Leolinda Daltro, pioneira na forma de atuar por ter criado a primeira organização sufragista e inaugurado a tática do *lobby*. Tendo tido seu alistamento também indeferido, ela reconheceu que a estratégia caso a caso era infrutífera, longa e cansativa. Funda então, em 1910, o Partido Republicano Feminino, com o objetivo de ressuscitar no Congresso o debate que estava esquecido desde a Constituinte. Em novembro de 1917, organiza uma passeata no Rio de Janeiro com 84 mulheres, a primeira de que se tem notícia, causando repercussão pelo inusitado fato de mulheres estarem desfilando em praça pública.

Em 1919, o senador Justo Chermont apresenta um projeto que institui o voto feminino. Utiliza, contudo, os velhos argumentos: "Prestando a devida homenagem à principal missão da mulher sobre a terra – os misteres da maternidade – penso que eles não são incompatíveis com os seus deveres sociais e com os direitos políticos que o regime democrático lhes deve garantir."[47] Na ocasião, Leolinda Daltro leva ao Senado um grupo grande de mulheres para assistir à votação do projeto.

A lei especificava que, para se alterar matéria constitucional, era necessário que o projeto de reforma passasse, nas duas casas, por

---

47 A. de Athayde, *Perfil da mulher brasileira*, p. 121-122.

três discussões, sendo referido, em cada uma delas, pelas respectivas Comissões de Constituição e Justiça. Tratava-se, assim, de um processo longo, sujeito, dado os azares da política, a rolar durante anos pela Câmara e pelo Senado. Foi exatamente o que ocorreu com o voto feminino, considerado erroneamente matéria constitucional. Discutido e aprovado pela primeira vez, em ambas as casas, em 1921, o projeto veio a ser novamente debatido, apenas pelo Senado, em 1927, sem chegar a ser votado.

O movimento que se delineou em meados da década de 1910-1920 e levou a luta do voto até o seu fim seguiu a corrente "bem-comportada" das sufragistas estadunidenses e inglesas, com campanhas de imprensa e *lobby* com o Congresso.

O debate pelo direito de voto das mulheres toma novo impulso a partir da década de 1920 com a atuação de Bertha Lutz, jovem recém-formada em biologia que, em 1918, manifesta, pela primeira vez em público, suas ideias feministas. Em carta publicada na *Revista da semana*, ela reconhece a incompreensão que o sufrágio feminino ainda enfrentava, e propõe a formação de uma associação a fim de "canalizar todos esses esforços isolados para que seu conjunto chegue a ser uma demonstração". Trata-se de uma carta cuidadosa, em que Lutz revela a preocupação permanente do movimento: a necessidade de legitimar-se aos olhos do público procurando desvincular-se das "suffragettes", aquelas militantes que utilizavam as táticas de confrontação que dividiram o movimento estadunidense e inglês. Preocupa-se em dizer que não propõe "uma associação de suffragettes para quebrarem as vidraças da Avenida".

Na carta, Bertha Lutz deixa transparecer ainda sua irritação com o tratamento dispensado a seu sexo, afirmando que o homem, sob a capa do respeito, "mal esconde a tolerância e a indulgência, como se se tratasse de uma criança mimada."[48] Vemos já delinea-

---

48   *Revista da semana*, 28 dez 1918.

dos os argumentos da futura campanha e o espírito combativo que a levaria a liderar o movimento sufragista com a perseverança e a obstinação típicas de quem está resolvida a alcançar sua meta. Assume-se como feminista através dos artigos que passa a publicar a convite da mesma *Revista da semana*.

Em 1919, ela cria a Liga pela Emancipação Intelectual da Mulher, também referida pela imprensa como Liga pela Emancipação da Mulher, de curta duração, substituída em 1922 pela Federação Brasileira pelo Progresso Feminino.

Bertha Lutz relata como despertou seu interesse pela causa da mulher. Filha de pai brasileiro e mãe inglesa, passou parte de sua adolescência na Inglaterra: "Sempre me interessei muito, porque quando estive na Inglaterra, antes da Guerra, vi a campanha feminista e achava muito interessante. Minha mãe não participava, mas eu disse que queria ir também. Ela disse: 'Você não pode ir. Elas têm razão, mas você não pode ir porque você não é inglesa, e a campanha está muito braba, de vez em quando elas são presas, e você, como vai ficar?, uma menor que não é inglesa...' e não me deixava ir (...). Depois, quando voltei da Europa, eu não gostava da atitude aqui... Quando eu fiz o concurso, os jornais foram me perguntar se eu era feminista ou se trabalhava porque precisava. Eu respondi que não precisava, que trabalhava porque era feminista e achava que a mulher deve trabalhar como os homens, tem a mesma capacidade e os mesmos direitos. Eu estava esperando a ocasião para começar."[49]

A organização da Liga foi produtiva porque permitiu congregar os esforços, exatamente conforme Bertha Lutz sugeria em sua carta. Logo iniciou o trabalho de *lobby* ao enviar uma carta aos deputados Bethencourt Filho e Nogueira Penido – assim como aos

---

[49] Todas as falas pessoais de Bertha Lutz são de entrevistas concedidas a Branca Moreira Alves para sua tese de mestrado, defendida em 1976, no Instituto Universitário de Pesquisas do Rio de Janeiro (Iuperj) publicada, em 1980, pela Editora Vozes, com o título *Ideologia e feminismo: a luta da mulher pelo voto no Brasil*.

demais membros da Comissão de Constituição e Justiça –, que haviam apresentado a emenda à Lei Eleitoral permitindo o alistamento de mulheres maiores de 21 anos. A fundamentação e o desenvolvimento da questão seguem uma sequência lógica, já exposta nos movimentos anteriores dos EUA e da Inglaterra. A argumentação da carta mostra o grande avanço da mulher em todos os setores da vida social; inclui a lista cada vez maior de países em que já se garantia o direito de voto, "incluindo as grandes potências Grã-Bretanha, Estados Unidos, Alemanha"; tenta dissipar os temores dos recalcitrantes comprovando que nos países onde a mulher vota essa atividade se caracteriza "pela ação construtiva e pelo interesse que dedica aos problemas de importância prática, principalmente as questões de ordem moral e social";[50] reitera que os deveres familiares não serão esquecidos; enfatiza os benefícios da atividade da mulher para a maternidade e infância; e refuta os argumentos jurídicos contrários.

A década de 1920 foi um período conturbado, prenúncio das transformações que viriam a se cristalizar no período subsequente, posterior à Revolução de 1930. A classe operária se organizava, os intelectuais rompiam com valores tradicionais, a classe média buscava uma forma de ter representados seus interesses. Em 1922, teve lugar em São Paulo a Semana de Arte Moderna, que revolucionou o pensamento artístico brasileiro; foi fundado o Partido Comunista; e estourou a primeira revolta tenentista, no forte de Copacabana.

A 9 de agosto desse mesmo ano, foi fundada a Federação Brasileira pelo Progresso Feminino (FBPF). Sua origem liga-se à viagem de Bertha Lutz aos EUA, como representante oficial do Brasil na Conferência Pan-Americana de Mulheres – indicação que comprova seu reconhecimento como feminista. Ali conheceu Carrie Chapman Catt, presidente da National American Women's Suffrage

50 *Correio da manhã*, 31 jan. 1921.

Association (Nawsa), principal organização sufragista no evento e que mantinha a luta por direitos civis mesmo após a conquista do direito ao voto. Conta Bertha: "Quando acabou a reunião, eu pedi à líder americana, mrs. Catt, que me ajudasse a fazer um estatuto porque eu queria começar uma associação. Então ela fez o estatuto da FBPF. E disse: 'Se você quiser fazer um congresso, eu vou.' Eu perguntei a ela como é que se fazia um congresso, e ela disse: 'Vocês fazem assim: vocês convidam um político de proeminência para a sessão de abertura e outro para a sessão de encerramento. Nós dirigimos, eu falo, você fala, mas precisa ter um homem de projeção para dar importância.'"[51]

Assim foi feito: a líder estadunidense veio ao Brasil, o congresso foi aberto pelo vice-presidente da República Estácio Coimbra e encerrado pelo senador Lauro Muller. Assim, diretamente inspirada pelo movimento americano, foi fundada a principal organização que levaria a luta até o fim.

A conferência teve o efeito de trazer o debate ao público por meio da discussão e das notícias na imprensa. Com isso, a campanha continua e a organização cresce. Formam-se filiais nos estados e associações profissionais e assistenciais, que também se unem à FBPF, que chegou a congregar doze associações de mulheres. Segundo Maria Luiza Bittencourt, advogada, militante sufragista do núcleo da Bahia, haveria "um núcleo ativo de umas trinta em cada e um grupo flutuante de umas sessenta em cada".[52] Não se conhece o número exato de militantes sufragistas atuantes nessas associações, mas o total não passaria talvez de umas mil mulheres. Apesar de poucas, porém, sua força política era significativa por sua posição social. Circulavam nas mesmas rodas da diminuta elite da época, educadas nos mesmos colégios das esposas, filhas, parentes, ou vizi-

---

51 Branca Moreira Alves, entrevista pessoal, op.cit., p. 111.
52 Ibid.

nhas nos bairros nobres do Rio. Muitas eram esposas de parlamentares ou proprietárias de grandes fazendas onde o voto se fazia "no cabresto", em aberto, e sua influência sobre os empregados lhes dava um status a ser respeitado pelos candidatos locais, como era o caso de Maria José de Mesquita e sua filha Jerônima de Mesquita, feministas e sufragistas. Sua entrada livre nesses meios dava a seu trabalho de *lobby* uma força para além do mero número de militantes.

Conta Bertha Lutz: "Começou assim: o senador Chermont apresentou no Senado um projeto de voto para a mulher. Na Câmara havia uma lei, e dois deputados aqui do Distrito Federal apresentaram uma emenda em que as mulheres podiam votar. Então já tinha esses dois projetos. Eu tinha conhecido, em Paris, dona Jerônima Mesquita, uma mulher extraordinária. Ela me disse: 'Se você algum dia quiser fazer qualquer coisa pelas mulheres no Brasil, pode me chamar.' Então eu procurei dona Jerônima Mesquita e disse: 'Tem um projeto no Senado e eu acho que a gente deve tentar ajudar, porque senão podem derrubar.' Eu fui com ela ao Senado. Foi a primeira vez que nós começamos. E conversamos lá com o Chermont, cuja mulher era muito feminista, ajudava, conversava, convidava pessoas para almoçar ou jantar, para fazer propaganda. Resolvemos falar também com o líder da maioria, senador Bueno Brandão. Ele era da mesma zona de Minas que a família de dona Jerônima. A mãe dela tinha uma fazenda muito grande, ele contava muito com o eleitorado."[53]

Mantém-se a pressão sobre o Congresso, visando colocar em discussão projetos que vinham sendo apresentados por políticos favoráveis ao voto, sempre subsidiados em seus argumentos pelas sufragistas. Até que, em 1927, o senador Juvenal Lamartine, do Rio Grande do Norte, faz incluir na Constituição Estadual o direito de voto, justificando-o com o antigo e repetido argumento gramatical

---

53 *Ibid.*,p. 123.

– de que o plural masculino inclui o feminino: "No Rio Grande do Norte, poderão votar e ser votados, sem distinção de sexos, todos os cidadãos que reunirem as condições exigidas por esta lei."[54] O fato teve repercussão nacional e internacional. Logo uma mulher se inscreveu e tornou-se a primeira eleitora do estado: Celina Guimarães Viana.

Após a alteração na legislação, Bertha Lutz, buscando incentivar uma candidatura feminina, acompanhou o senador Juvenal Lamartine em sua visita ao Rio Grande do Norte, em 1928. Ali conheceu e se impressionou com Alzira Soriano, jovem viúva que, aos 32 anos, administrava a fazenda do pai, um forte líder político, e convenceu-a a se candidatar à Prefeitura de Lajes. Alzira elegeu-se com 60% dos votos, a primeira prefeita não apenas brasileira, mas também em toda a América do Sul. Exerceu o mandato até a Revolução de 1930, apesar dos ataques sofridos, em um tempo e um local em que o lugar da mulher considerada "decente" era em casa. "Assim, neste ambiente de liberdade e trabalho, de patriotismo e tolerância, tornou-se realidade o nosso sonho de igualdade política", disse em seu discurso de posse.[55]

Esta foi uma vitória que pode ser vinculada diretamente ao movimento sufragista. Lamartine fora um dos primeiros políticos contactados em 1922, convertendo-se em um dos mais importantes defensores da causa através do trabalho das feministas. Ele prometera fazer destacar do projeto de reforma eleitoral a emenda sobre o voto feminino, para que ele próprio desse parecer e apressasse a votação em separado. Indicou também os deputados que deveriam ser acionados pelo *lobby*. O projeto foi aceito em primeira discussão a 10 de outubro de 1922. Porém, com a eleição de Arthur Bernardes para a Presidência da República, conhecido opositor do voto femi-

---

54   Ibid., p. 117.
55   Alzira Soriano voltou à política como vereadora, em 1947, pela União Democrática Nacional (UDN), cargo que exerceu por três mandatos.

nino, mais uma vez foi postergada a decisão, na espera de melhores ventos. O mesmo se passou por décadas nos Estados Unidos, na Inglaterra, como em tantos outros países. Outros interesses eram priorizados.[56]

Animadas com o sucesso no Rio Grande do Norte, algumas mulheres começam a requerer seu alistamento em outros estados, sendo seus pedidos deferidos ou não conforme a opinião pessoal dos juízes. Nada melhor para a causa, já que a controvérsia é discutida na imprensa, tornando a campanha cada vez mais conhecida. Assim, a própria confusão gerada vem fortalecer os argumentos favoráveis. Assim, quando a Revolução de 1930 é vencedora, já havia eleitoras em dez estados.

Com o Governo Provisório, renovam-se as esperanças, e as feministas, nunca desanimando, voltam à carga. Getúlio Vargas nomeara uma comissão para estudar a reforma eleitoral e foi indicado para presidi-la um jurista, Carlos Maximiliano, contrário ao voto feminino. Conta Bertha Lutz: "Então nós fomos reclamar. O secretário do Getúlio era primo da Carmen Portinho. Então nós tínhamos um meio de agir junto a Getúlio. Mandamos dizer a ele que não queríamos o voto qualificado, queríamos o voto geral. Ele foi apresentado à Carmen pelo Gregório Porto, primo dela.

Ele disse:

– Dra. Carmen, eu sou a favor das mulheres porque elas fizeram metade da Revolução.

E ela disse:

– É por isso que o senhor só quer dar metade do voto?

– Como metade do voto?

---

[56] Apenas como exemplo, na França, país da revolução que redigiu em 1789 a Declaração dos Direitos do Homem e do Cidadão, as mulheres só tiveram o direito ao voto em 1944 por um decreto de Charles de Gaulle – chefe do governo provisional no exílio –, e votaram, pela primeira vez, em abril de 1945, após o fim da ocupação alemã.

Ela disse:

– Pois é, quer dar voto qualificado, para certas classes, outras não. Nós não queremos assim. Ou tudo ou nada!'

Estavam decididas que naquele momento seria ou tudo ou nada, ou a pressão continuaria. Deram a Getúlio um xeque-mate, e nisso mostraram-se mais determinadas que as inglesas, que, apesar de tão aguerridas, aceitaram o voto qualificado e por isso ainda tiveram de esperar mais onze anos pelo voto em igualdade de condições com os homens. A resposta de Getúlio foi: "Está bem, eu falo na Comissão para dar tudo".[57]

A estratégia política de *lobby*, de mobilização da opinião pública em campanhas pela imprensa, foi, afinal, vitoriosa. Assim se promulgava o Código Eleitoral com a reforma eleitoral demandada pelos movimentos políticos desde Rui Barbosa até os tenentes da década de 1920, e são aprovados o voto secreto e o voto feminino (Decreto nº 21.076 de 24 de fev. de 1932), mantidos pela Constituição de 1934.

A médica Carlota Pereira de Queiroz torna-se a primeira mulher eleita deputada federal no Brasil. Elegeu-se por São Paulo para a Assembleia Constituinte de 1933-34. Promulgada a Constituição, candidatou-se para a Câmara dos Deputados nas eleições de 1934, sendo novamente eleita.

Seguindo sua trajetória política, também Bertha Lutz candidata-se à Câmara dos Deputados em 1934, pelo Distrito Federal, sendo eleita como suplente. Assumiu o cargo em 1936 após a morte do deputado titular.

A primeira mulher negra a exercer um cargo legislativo foi Antonieta de Barros, eleita deputada estadual em 1934, por Santa Catarina. Filha de uma lavadeira e ex-escrava, e de um funcionário dos Correios, cursou a Escola Normal Catarinense. Escreveu no jornal da escola, antecipando sua futura carreira de jornalista. Foi pro-

---

57   Ibid., p. 125.

fessora e participou ativamente da vida cultural de Santa Catarina, tendo fundado o jornal *A semana* e sendo considerada a primeira mulher negra a trabalhar na imprensa catarinense, em que escrevia sobre educação, política, condição feminina e preconceito. Engajou-se na luta pelo sufrágio feminino e correspondia-se com a FBPF. Sofreu diversos episódios de racismo, como aquele em que, em 1951, o historiador Oswaldo Rodrigues Cabral qualificava suas ideias como "intriga barata de senzala".[58]

Os mandatos dessas três pioneiras foram interrompidos pelo golpe de Getúlio Vargas, que instaurou, em 1937, o Estado Novo.

Foram quarenta anos de enfrentamento, diante de uma oposição que repetia sofismas jurídicos e argumentos moralistas para impedir ou retardar o exercício desse elementar direito de cidadã: votar e ser votada.

A emergência, nesse momento histórico, de um grupo de mulheres de classe média com uma consciência feminista deve ser compreendida considerando-se os parâmetros sociais nos quais elas se inserem. Muitas delas são mulheres que, além de terem tido acesso à educação escolar, seguiram para a universidade, vindo a ser pioneiras nas áreas ditas "masculinas", como Direito, Engenharia e Medicina.

Não há dúvida de que o movimento sufragista brasileiro foi composto fundamentalmente por mulheres brancas da classe média e da burguesia. Seu campo de batalha era unicamente o nível jurídico, em que se colocavam obstáculos à sua participação social e política. O sufrágio, segundo acreditavam, lhes abriria as portas do poder político, que pertencia, com exclusividade, aos homens brancos de sua classe.

Para a mulher trabalhadora (aqui entendida nas diversas categorias de atividades consideradas femininas, como operárias, comer-

---

[58] Se a história das mulheres foi silenciada, a das pessoas negras e, principalmente, a da mulher negra, foi ainda mais esquecida. A vida extraordinária de Antonieta de Barros foi recentemente recuperada pela pesquisadora Jeruse Romão em *Antonieta de Barros: professora, escritora, jornalista, primeira deputada catarinense e negra do Brasil*.

ciárias, ou em cargos administrativos como secretárias e telefonistas, nos serviços, ou como costureiras e trabalhadoras domésticas), massacrada por uma dupla exploração, a bandeira sufragista não teria o mesmo signficado. Seu campo de batalha primordial era o econômico, onde mais concretamente se colocava sua exploração. Importante lembrar que as primeiras décadas do século XX coincidem com uma primeira onda de imigração de trabalhadores europeus para o Brasil, o fortalecimento da consciência de classe e do sindicalismo, inclusive com uma importante influência do movimento anarquista e com a entrada significativa das mulheres na produção fabril, particularmente na indústria têxtil, além de estarem também presentes como mão de obra agrícola. Na fala de Elaine Borba, líder operária, vemos um comentário sobre a separação entre as partes: "Elas [as sufragistas] não se misturavam muito com as nossas mulheres. Não tinham aquele sentido de fazerem uma luta ampla, porque elas se resumiam nelas. Achavam que quem devia ter direito eram elas."[59]

Elena Rocha, ligada ao Partido Comunista, via o sufrágio como um estágio, em que "a igualdade da mulher viria como consequência de uma transformação social mais ampla". Afirma então que seu interesse era trabalhar por essa transformação, mas que isso não poderia ser feito dentro do próprio movimento sufragista, porque este era muito limitado.[60]

Seja ou não um movimento pouco inclusivo, essa é mais uma página da história dos direitos das mulheres ausente dos livros escolares. As feministas dos anos 1960 em diante reconheceram a importância de se "contar essa história", como pediu Bertha Lutz.

---

59 Ibid., p. 160. Elaine Borba foi o pseudônimo usado nesse livro para proteger a identidade de Eva Salem Fausto naqueles tempos de ditadura.

60 Ibid., p. 159. Elena Rocha foi, pela mesma razão acima, o pseudônimo usado para proteger Eloísa Prestes Pinheiro.

femi
revolu
vota
nao ba

CAPÍTULO IV

FEMINISMO, UMA REVOLUÇÃO NA DÉCADA DAS REVOLUÇÕES: VOTAR NÃO BASTA

"O patriarcado, reformado
ou não, continua sendo
o patriarcado."

Kate Millett[61]

Uma vez atingido seu objetivo, o movimento sufragista estava fadado a desaparecer, por ter uma meta que, uma vez alcançada, teria como consequência a desmobilização. Assim, as décadas de 1930 a 1960 representam um período em que, formalmente, as reivindicações das mulheres na maioria dos países ocidentais tinham sido em parte atendidas: podiam votar e ser votadas, ingressar nas instituições de ensino superior, participar do mercado de trabalho. Tudo, entretanto, com restrições e desigualdades sociais, raciais, legais, salariais.

Fez-se um hiato entre a mobilização das sufragistas e o renascimento de um movimento de massa pelos direitos das mulheres. Não que tenha sido suspensa a luta por avanços legais, porém já não havia a mesma sensação de urgência, nem o mesmo nível de participação, organização e visibilidade.

No entanto, nesse período são publicados alguns estudos que começam a corroer a estrutura ideológica que fundamentava a posição subalternizada da mulher.

[61] Sua tese de doutorado, publicada como *Sexual Politics* em 1970, tornou-se um dos clássicos do início da chamada "segunda onda" do feminismo.

A antropóloga estadunidense Margaret Mead pesquisou, em 1928, os povos Arapesh, Mundugumor e Tchambuli, da ilha de Nova Guiné, e seus estudos resultaram em um trabalho pioneiro sobre cultura e personalidade, posteriormente publicado em livro intitulado *Sexo e temperamento em três sociedades primitivas* (1935). Nele, a pesquisadora verificou que a atribuição de papéis sociais entre homens e mulheres diferiam entre cada povo – em algumas dessas sociedades cabia aos homens a colheita e às mulheres o plantio, em outras ocorria o inverso, por exemplo. O estudo mostrou que seja qual for a atividade, quando realizada pelo homem é sempre mais valorizada. Suas pesquisas foram fundamentais para o que seriam no futuro os chamados "estudos de gênero", que demonstram existir uma intermediação da cultura e do poder na forma como o sexo biológico se traduz na atribuição de papéis sociais diferentes, hierárquicos e desiguais, entre homens e mulheres.

A pesquisa de Margaret Mead teve grande repercussão justamente por demonstrar que papéis sociais podem ser intercambiáveis – por não serem determinados exclusivamente pela biologia –, e por questionar, em consequência, a rigidez dos padrões culturais quanto ao papel da mulher, tido como universal e imutável. Essa foi uma constatação importante para a luta das mulheres, pois o patriarcado se apoia na afirmação de que os papéis e a posição atribuídos a homens e mulheres, e as desigualdades decorrentes deles, derivam de características inatas e predeterminadas, resultantes da natureza, da biologia, de uma essência masculina e feminina, e que seriam, assim, imutáveis. Mead então constata:

"Comparando a forma como [essas tribos] dramatizaram as diferenças sexuais, é possível obter uma maior compreensão sobre quais elementos são socialmente construídos, originalmente irrelevantes para o fato biológico do sexo-gênero. Nossa sociedade usa fartamente esse enredo. Designa papéis diferentes aos dois sexos, atribui a eles, desde o nascimento, uma expectativa de comportamentos diferentes (...) baseada no comportamento que se crê ser inato e, portanto, apropriado para um sexo ou para outro."[62]

Na França, a filósofa Simone de Beauvoir, em *O segundo sexo*, publicado em 1948, demonstra também as raízes culturais da desigualdade sexual, com uma análise em que trata de questões relativas à biologia, à psicanálise, ao materialismo histórico, aos mitos, à história, à educação. No livro, ela afirma: "Legisladores, religiosos, filósofos, escritores, e cientistas se esforçaram para demonstrar que a posição subordinada da mulher é desejo divino e é um benefício na terra. As religiões inventadas pelos homens refletem esse desejo de dominação. Usaram a filosofia e a teologia, como nas citações de Aristóteles e São Tomás de Aquino. Desde a Antiguidade, satiristas e moralistas deliciaram-se em revelar as fraquezas da mulher."[63]

Em sua famosa frase "Não se nasce mulher, torna-se mulher", Beauvoir aponta essa mediação entre biologia e cultura como fizera Margaret Mead anos antes. Tira conclusões políticas dessa constatação e afirma ser necessário estudar a forma pela qual a mulher realiza o aprendizado de sua condição, observando como ela a vivencia, qual é o universo a que está circunscrita para, com base no conhecimento do processo de construção de sua identidade, entendê-la e superá-la.

Assim como Margareth Mead, Simone de Beauvoir, ao afirmar que existe um processo social de construção da identidade feminina, lança, também ela, as bases do conceito de gênero. Seus estudos constituem um marco, na medida em que delineiam os fundamentos da reflexão e da luta feminista que ressurgirá a partir de 1960.

Na década de 1960, novas frentes se abrem em um contexto político de enfrentamento ao colonialismo e ao imperialismo, com a or-

---

[62] M. Mead, *Sex and Temperament in Three Primitive Societies*, tradução livre. Citada em *The Feminist Papers*, editados por A. S. Rossi, p. 659.

[63] *O segundo sexo*, tradução livre. Citada em *The Feminist Papers*, editados por A. S. Rossi, p. 681.

ganização de movimentos estudantis, antirracistas e por direitos civis, justiça social, democracia, pela paz e pelo desarmamento nuclear.

São anos conturbados, de intensa revolta política, tomada de consciência e questionamento dos limites da democracia liberal. Uma nova geração de mulheres, nascida já com o direito de voto garantido, passa a questionar as bases culturais de sua posição na sociedade, ao mesmo tempo em que participa desses movimentos contestatórios. O feminismo dos anos 1960 reflete esse ambiente em que movimentos políticos de diversas origens demandam uma mudança social radical.

Na Igreja Católica da América Latina, a Teologia da Libertação interpreta o cristianismo apoiada na premissa de que o Evangelho afirma a opção preferencial pelos pobres e a sua libertação da injustiça social. Essa mensagem igualitária conquista os jovens do Brasil e de diferentes países do continente, que passam a integrar movimentos e partidos políticos que priorizam a justiça social, a reforma agrária e os direitos trabalhistas.

O mundo vivia o contexto da Guerra Fria, que opunha os Estados Unidos à União Soviética, confronto que atingiu seu auge no episódio do projeto de instalação de mísseis soviéticos em Cuba, em 1962, e que perdurou de 1945 até a queda do muro de Berlim, em 1989. As duas grandes potências investem em aumentar seus arsenais nucleares e ampliar sua zona de influência no mundo, o que coloca a América Latina diretamente sob o domínio dos Estados Unidos, sempre contestado pelos movimentos de esquerda.

A luta contra o imperialismo estadunidense tem seu ponto alto com a Revolução Cubana, de 1959, e se estende pela região. Nessa década e no início dos anos 1970, diversos países, inclusive o Brasil, sofrem golpes de Estado, apoiados pelos Estados Unidos, que visam assegurar sua hegemonia. Na América Latina, os ideais da revolução cubana se espalham, conquistando a juventude. Che Guevara, assassinado em 1967, na Bolívia, transforma-se em um símbolo de resistência e utopia.

O panorama político é também convulsionado em outras partes do mundo. As antigas colônias europeias na África e na Ásia conquistam, uma após outra, sua independência, em sua maioria com lutas sangrentas, que opõem movimentos nacionalistas locais à política colonialista de países europeus.

Na França, a revolta estudantil de maio de 1968 questiona a estrutura hierarquizada da educação, ocupa as universidades e ganha os jovens em diversas partes do mundo. O forte movimento operário francês, em adesão, ocupa as fábricas e convoca, por meio de seus sindicatos, uma bem-sucedida greve geral, com a participação de milhões de trabalhadores.

Também, em 1968, o fim da *Primavera de Praga*, curto período de liberalização democrática na Tchecoslováquia, esmagado por tropas soviéticas, contribui para a efervescência política daqueles anos.

No Brasil, vivíamos o endurecimento do regime militar e manifestações populares contra a ditadura. Na América Latina, os ideais da revolução cubana continuavam vivos entre a juventude e setores de esquerda. Difundia-se a agenda revolucionária, privilegiando alianças com as classes trabalhadoras urbanas e o campesinato. Ainda no ano de 1968, se realiza o Encontro Episcopal Latino-Americano (Celam) em Medellín, que condena o desrespeito aos direitos humanos e a injustiça social. O evento influencia as Comunidades Eclesiais de Base, organizações que, ligadas à já mencionada Teologia da Libertação, e com a participação de inúmeros estudantes, atuam na defesa dos direitos sociais e das instituições democráticas. Entretanto, no que se refere à pauta de moral e costumes, o Celam é totalmente conservador e patriarcal: reitera o valor da família tradicional, da moralidade, se posiciona contra o divórcio e o que chama de "desordens sexuais".

Já os Estados Unidos convivem com grandes mobilizações de milhares de estudantes contra a guerra do Vietnã, ao lado de movimentos pacifistas e contraculturais, como o movimento hippie. Essa década se distingue também pela força e pelo impacto político do movimento pelos direitos civis que revelou, à sociedade americana e ao mundo, a profundidade do racismo vigente naquele país. Ainda nesse mesmo ano de 1968, o grande líder negro estadunidense Martin Luther King Jr. é assassinado, provocando ondas de protesto em todo o país.

Os estados do Sul viviam ainda sob o regime de segregação racial, que atingia todas as esferas da vida: planejamento urbano, serviços públicos – transporte, justiça, segurança, educação, saúde –, mercado de trabalho e organização social em espaços públicos como igrejas, restaurantes, cinemas, teatros. Além disso, a população negra era submetida à constante violência e ameaça dos grupos de supremacia branca como a Ku Klux Klan, apoiados pelo racismo do sistema de justiça e da polícia. As mulheres negras participaram ativamente da luta pelos direitos civis nos Estados Unidos, com precursoras como Rosa Parks, presa, em 1955, no Alabama, por "desobediência civil", ao se recusar a ceder seu assento no ônibus a um homem branco. Seu gesto é considerado um dos estopins do movimento pelos direitos civis da população negra, que toma o país e revela a extensão e profundidade do racismo na sociedade americana.

Foi nesses movimentos pelo fim da Guerra do Vietnã e pelos direitos civis que as mulheres estadunidenses, brancas e negras, fizeram seu aprendizado. Aí estavam elas, politizadas, engajadas, lutando e sofrendo a repressão lado a lado com os homens. Acreditavam no discurso da igualdade. Entretanto, foram aos poucos percebendo o muro que as separava dos companheiros. Estavam juntos nessa vanguarda revolucionária, mas a liderança não era sua, o discurso não era seu, a estratégia era definida por eles. Eram vistas como subalternas, e a missão esperada de seu engajamento limitava-se a fazer o café e rodar o mimeógrafo. Os líderes, quando questionados, reagiam condescendentes ou agressivos, desconsideravam as companheiras e suas demandas.

Em uma conferência, em Chicago, sobre "novas políticas", as participantes tentaram incluir uma resolução que propunha salário igual por trabalho igual e direito ao aborto. Sua proposta foi recusada, e quando uma delas, Shulamith Firestone[64], subiu ao pódio em protesto, a pessoa que presidia a mesa "literalmente deu uns tapinhas na sua cabeça e disse: 'Relaxa, menina. Nós temos coisas mais importantes que fazer aqui do que falar sobre os problemas das mulheres.'"[65]

Em outra ocasião, numa manifestação em Washington contra a Guerra do Vietnã, Marilyn Webb, feminista, militante do Movimento pelos Direitos Civis, estava incluída na lista de oradores, mas, quando subiu ao palco, foi recebida com gritos de "Tira tudo" e "Tira do palco e come ela!"[66]

Carol Hanisch[67] descreve a oposição: "Os movimentos radicais por direitos civis, anti-Guerra do Vietnã e Old e New Left (velha e nova esquerda), aos quais muitas de nós pertencíamos, eram dominados por homens que estavam muito nervosos com relação ao movimento de libertação da mulher em geral, mas especialmente quanto ao espectro de um movimento de libertação da mulher independente, que crescia como cogumelo."[68]

Também nas comunidades hippies, que proclamavam uma "nova forma de viver", a tradicional divisão de papéis permanecia a mesma. Os homens procuravam "ouvir seus sentimentos mais íntimos e apren-

[64] Shulamith Firestone tornou-se uma das mais importantes e provocadoras militantes da "segunda onda". Além de ter fundado os grupos feministas radicais New York Radical Women, Redstockings e New York Radical Feminists, escreveu em 1970 um dos livros mais influentes desse início do movimento, *The Dialectic of Sex: The case for Feminist Revolution*.

[65] J. Freeman, *On the Origins of the Women's Liberation Movement*, em The Feminist Memoir Project, p. 179-180, citada por G. Collins, *When Everything Changed: the Amazing Journey of American Women from 1960 to the Present*, a Keepsake Journal, p. 137.

[66] Em G. Collins, op. cit., p. 138.

[67] Carol Hanisch, também uma das fundadoras da New York Radical Women e da Redstockings, foi quem cunhou a expressão, tantas vezes repetida pelo movimento mundial, "o pessoal é político", em seu ensaio de 1969, com o mesmo nome.

[68] C. Hanisch sobre seu ensaio de 1969 "The Personal is Political".

der a chorar e a demonstrar sensibilidade", e era esperado das mulheres que "deveriam reconectar-se na domesticidade com os seus mais profundos impulsos, cuidando dos outros e cozinhando o jantar".[69] O Movimento pelos Direitos Civis não foi exceção. A mesma desconsideração para com suas companheiras repetia-se. "Nada do que as mulheres diziam ou faziam quebrava a resistência em permitir sua participação. Eu nunca vi uma tão irremovível força. Os organizadores usavam de muitas desculpas. Diziam 'Já temos muitos oradores; o programa está muito longo; vocês já estão representadas'", afirma Dorothy Height, líder negra militante do Movimento pelos Direitos Civis, ao comentar a ausência de oradoras na marcha em Washington, na qual Martin Luther King Jr. fez seu famoso discurso "Eu tenho um sonho", apesar da presença de líderes como Rosa Parks e outras.[70] Rosa Parks comentaria anos mais tarde: "Hoje em dia as mulheres não iriam admitir serem tão mantidas na retaguarda."[71]

Assim como as sufragistas do século XIX nos Estados Unidos, que, ao se engajarem no movimento abolicionista, deram-se conta de sua própria posição de inferioridade e se organizaram na luta por seus direitos, as mulheres que participaram dos movimentos da década de 1960 encontraram ali as raízes do feminismo. Criaram seus próprios grupos, exclusivamente femininos. Ali, no espaço onde eram expostas e discutidas suas questões, definiram uma voz e suas estratégias de luta.[72] Uma delas declara: "Uma das primeiras coisas que nós descobrimos nesses grupos é que problemas pessoais são problemas políticos. Não há soluções pessoais. Há apenas a ação coletiva para uma solução coletiva."[73]

69   V. Estallachild, *Dear Sisters*, p. 225, citada por G. Collins, op. cit., p. 138.

70   D. Height, "We Wanted the Voice of a Woman to be heard", em G. Collins, op. cit, p. 98.

71   R. Parks, citada por *Collins*, op cit p. 98.

72   O primeiro "consciousness raising group", no Brasil chamados de "grupo de reflexão", foi formado pela organização feminista *New York Radical Women* em 1967.

73   C. Hanisch, "The Personal is Political", memorandum.

Nasciam assim, de forma espontânea, e a partir da necessidade sentida de isolamento a fim de poder se expressar sem a interferência masculina, os "grupos de reflexão", que se espalham pela Europa e chegam também à América Latina. Neles, as mulheres se veem com novos olhos, se descobrem como singularidade plena, com identidade própria, não conectadas necessariamente a um homem. Ao ver seus problemas individuais reproduzidos em infinitos espelhos, o que parecia único torna-se coletivo.

O espontâneo passa a ser estratégia de luta, porque nesses grupos se gestam as demandas e as infinitas formas de ação. Cria-se ali uma identificação política comum, que vem a formar a própria base do feminismo.

O slogan "O pessoal é político" é o grande salto ideológico que marca o início de uma revolução, que viria a questionar a cultura patriarcal em todas as suas manifestações. O feminismo, originado nas lutas da esquerda, passa a se organizar baseado em seus próprios temas, seus próprios slogans, sua própria estratégia, e afirma sua legitimidade, atacada pela direita e vista como "divisionista" pelos movimentos de esquerda.

O feminismo nasceu, assim, da necessidade das mulheres de marcarem seu próprio lugar na luta por direitos mais amplos e igualitários. Muitas das que o integraram nesse primeiro momento eram jovens de classe média, parte de uma geração pioneira, a primeira a entrar em massa no ensino superior e a aspirar por carreiras profissionais. Elas fogem do modelo de suas mães, dependentes de um marido-provedor; e são também a primeira geração a quem a pílula liberou para o exercício da sexualidade, como fora sempre o privilégio masculino – isso em si uma revolução.[74] Finalmente era possível

---

74 Apesar de haver empecilhos naquele início, pelo fato de a pílula não estar disponível sem receita médica, ser uma medicação cara, e ainda que o controle da natalidade fosse proibido em alguns países e estados dos Estados Unidos, essa foi uma revolução dos costumes que marcou o século XX.

separar a relação sexual da procriação, que condenara muitas mulheres à gravidez indesejada.

Os anos 1950-60 correspondem, também, como um contraponto, a um momento em que se exalta a volta ao lar. Com o fim da Segunda Guerra, era necessário que as jovens e as donas de casa, que haviam sido incentivadas a entrar no mercado de trabalho, cedessem agora seu lugar aos soldados retornados. Esse retrocesso se legitima com a revalorização de seu papel de mães e rainhas do lar. A mensagem passa a ser de que sua vocação e sua felicidade seriam conquistadas com a casa, o cuidado dos filhos e em criar um ambiente agradável para o "repouso do guerreiro", que precisava encontrar sua paz na volta do trabalho. Como se esse modelo pudesse ser seguido por todas, independente da classe social.

É nesse panorama de "volta ao lar" do pós-guerra que Betty Friedan publicou, em 1963, nos Estados Unidos, sua tese de doutorado *A mística feminina*, pondo o dedo na ferida quando se refere ao "problema que não tem nome". Descreve aquela insatisfação surda e desconhecida, escondida, aquele desconforto revelado na dona de casa da classe média estadunidense que, embora já egressa das universidades recém-abertas para ela, havia comprado o sonho e acreditado no enredo da domesticidade, encerrando-se no lar. Afinal, por que se queixavam aquelas mulheres em suas cozinhas modernas, com seus carros na garagem, seus filhos saudáveis, sua segurança econômica? Para Friedan, é o papel tradicional da mulher que essa insatisfação questiona: "A mística feminina foi bem-sucedida ao enterrar vivas milhões de mulheres americanas (...). Todas as mulheres dos subúrbios vivem a sós seu sofrimento." Seu livro, ao descrever esse "problema", deu-lhe identidade, desvendou, comprovou e permitiu a dúvida. Abriu as comportas. É considerado um dos mais influentes do século XX. Caiu no solo fértil da inquietação que dá origem aos passos seguintes, impossíveis de prever.[75]

---

75 B. Friedan, *The Feminine Mystique*.

Ao longo dos anos 1960 e 1970, foi se delineando a construção de uma teoria feminista. Entre as pioneiras, Kate Millett publicou, em 1970, *Política sexual*, com base em sua tese de doutorado, mencionada na abertura deste capítulo. No livro, analisa o controle patriarcal da sexualidade feminina nos séculos XIX e XX e as relações entre os sexos, afirmando que o sistema patriarcal é um sistema universal de dominação prevalente em todas as culturas, perpetuado pelas instituições políticas e educacionais. Ela resume: "O patriarcado, reformado ou não reformado, é ainda o patriarcado: seus piores abusos expurgados, é provável que ele siga ainda mais estável e seguro do que antes (...). Se conhecimento é poder, poder é também conhecimento, e muito da posição subalterna da mulher decorre da ignorância sistemática imposta sobre ela pelo patriarcado."[76]

Nessa mesma época, em 1966, Juliet Mitchell, psicóloga e professora universitária inglesa, colaboradora da *New Left*, publica, nessa mesma revista, o artigo "Mulher, a mais longa revolução". O tema é mais tarde desenvolvido em seu livro de 1971, *A condição da mulher*, em que formula uma teoria que se propõe a compreender tanto os aspectos gerais da discriminação, quanto sua especificidade nas diferentes classes sociais. Mitchell argumenta que, para compreender e superar a opressão, é preciso combatê-la em todos os aspectos da condição feminina: produção, reprodução, sexualidade e socialização.[77]

Essa importante produção intelectual e o ativismo de feministas no espaço público não se limitavam aos Estados Unidos ou à Europa. Também na América Latina, mulheres se organizavam em lutas sociais e no questionamento das estruturas patriarcais. Como temos discutido, lutavam contra as ditaduras que assolavam o Cone Sul e, ao mesmo tempo, entendiam que era necessário qualificar a democracia pela qual lutavam, pois, como diziam as feministas chilenas, *democracia en la casa y en las calles* – democracia na casa e nas ruas.

---

76 K. Millett, *Sexual Politics*.
77 J. Mitchell, *Women's State*.

histó
contá
viver
olhar

CAPÍTULO V

UMA HISTÓRIA CONTADA: BRASIL, NOSSAS VIVÊNCIAS, NOSSOS OLHARES

No Brasil, os anos 1960 foram também marcados por lutas sociais no campo, movimentos estudantis, sindicais, uma intensa atividade cultural e profundas mudanças políticas, iniciadas com a eleição e renúncia do presidente Jânio Quadros. Apesar da tentativa de golpe e oposição da direita, o vice João Goulart assume a presidência, a princípio sob regime parlamentarista, de 1961 a 1963, e, depois, presidencialista, sendo destituído pelo golpe militar de 1964. Pelos seguintes 21 anos, o país viveu o cerceamento das instituições democráticas, repressão, cassação de direitos políticos, censura generalizada, prisões, desaparecimentos, assassinatos, tortura e exílio.

Nesse clima repressivo, a prioridade da resistência era a luta contra a ditadura, e esta não incluía demandas específicas como direitos das mulheres e racismo. No entanto, apesar do contexto de cerceamento e repressão, teve início uma importante produção acadêmica e cultural que iria influenciar o nascente feminismo da década seguinte.

Destacamos, então, nomes de algumas das pioneiras na história do movimento feminista no Brasil.

Heleieth Saffioti, socióloga, professora universitária, publicou, em 1969, sua tese de livre-docência defendida na Universidade

Estadual Paulista (Unesp-Araraquara), em 1967, resultado de pesquisa com trabalhadoras da indústria têxtil e com professoras primárias. De forma pioneira, o livro apresenta uma análise da condição da mulher no sistema capitalista, afirmando que esta não decorre unicamente das relações econômicas e retratando a evolução histórica da mulher no Brasil. Seu objetivo é assim explicitado na introdução: "Este estudo visa a apreender os mecanismos típicos através dos quais o fator sexo opera nas sociedades de classes de modo a alijar da estrutura ocupacional grandes contingentes de elementos do sexo feminino. Visa, ainda, a desvendar as verdadeiras raízes deste alijamento justificado ou em termos de uma tradição, conforme a qual à mulher cabem os papéis domésticos ou, de maneira mais ampla, todos aqueles que podem ser desempenhados no lar, ou por teorias cujo conteúdo explicita pretensas deficiências do organismo e da personalidade femininos."[78]

Foi grande a sua influência no Brasil por legitimar, no campo ainda muito masculino das Ciências Sociais, os estudos sobre a mulher, até então desprestigiados. Heleieth continuou a produzir ao longo de sua vida, acompanhando nas décadas seguintes a atuação do movimento feminista, com o qual manteve vínculos estreitos. Branca Moreira Alves, historiadora, narra a relação que manteve com a pesquisadora: "Quando tive de decidir quem orientaria minha tese, Heleieth foi o nome óbvio. Tinha lido as teóricas europeias e estadunidenses, hoje clássicas, mas, naquele início dos anos 1970, pioneiras com suas ideias provocadoras desse novo pensamento. No Brasil, era Heleieth Saffioti, que morava em Araraquara. Ela me esperou na estação de trem e me levou para almoçar em sua chácara, uma deliciosa casa avarandada que tinha pertencido a Mario de Andrade. Heleieth não só orientou minha tese como se tornou uma grande amiga."

Carmen da Silva, jornalista e escritora, marcou também o feminismo brasileiro nesse período. Mulher independente, autossufi-

---

[78] H. Saffioti, *A mulher na sociedade de classes: mito e realidade*.

ciente, com formação psicanalítica, havia vivido solteira em Buenos Aires desde 1949, convivendo com a comunidade de artistas e intelectuais – um estilo de vida muito à frente de seu tempo e de sua própria origem da classe média gaúcha. Voltou ao Brasil em 1962, passando a residir no Rio de Janeiro. Em 1963, foi convidada pela revista *Claudia* para fazer uma coluna, "A arte de ser mulher", que escreveu pelos seguintes 21 anos e influenciou gerações de brasileiras. Já em seu primeiro artigo, "A protagonista", toca nesse "mal que não tem nome": "Não é necessário muita perspicácia para perceber sintomas de insatisfação nas mulheres de hoje. Casadas e solteiras, ociosas e trabalhadoras, estudantes e profissionais, artistas e donas de casa, todas elas, em algum momento deixam transparecer resquícios de frustração, um desejo ora nostálgico, ora invejoso, de outra existência diferente, outro caminho distinto do que escolheram – como se a felicidade estivesse lá."[79]

Carmen tinha consciência do contraste de suas escolhas com o cotidiano das leitoras. Mais avançada do que elas, ia levantando questões como quem, aos poucos, colocasse dúvidas sem confrontar. Buscava, como ela mesma dizia, não "perder as leitoras". Manteve também a sessão "Carmen da Silva responde", na qual recebia uma média de quatrocentas cartas por mês, vindas de todos os cantos do país, a que respondia incentivando suas leitoras a buscar mais independência e autonomia, a trabalhar, a se tornar protagonistas de suas vidas. Em um desses artigos, declara: "A protagonista de sua própria vida opta, resolve e conquista a partir de si mesma, isto é, conta com um centro de gravidade interno, um eixo em redor do qual giram suas decisões e seus atos."[80]

Carmen considerava essas cartas "segredos de consultório". Em respeito a suas confidentes, solicitou à sua irmã, Maria Pia, que as

---

79 C. da Silva, coluna "A arte de ser mulher", revista *Claudia*, set. 1963.
80 C. da Silva em L. Civita; J. Tavares (orgs.). *O melhor de Carmen da Silva*, p. 20.

queimasse quando morresse. Carmen da Silva morreu em 29 de abril de 1985.

Sobre sua marcante participação nos debates feministas no Brasil, alguns depoimentos merecem destaque.

Carmen Barroso, socióloga: "Das minhas múltiplas identidades, há uma que é central: a de feminista. Encontrei as ideias de Simone [de Beauvoir] e de Carmen [da Silva] somente em 1963, e elas deram nome aos sentimentos de inconformismo e rebeldia que eu nutria desde muito cedo, quando, aos dez anos de idade, declarei à família e amigos que jamais iria me casar, o que me parecia a única forma de escapar ao destino de eterna minoridade que eu via nas mulheres-esposas que me cercavam (...). A questão da autonomia é central no *Segundo sexo*. A coluna "A arte de ser mulher" que Carmen publicava na revista *Claudia*, também batia nessa tecla, muito embora somente oito anos depois do início da publicação, em 1971, ela tenha usado 'a palavra bicho-papão': feminismo. A mágica que a leitura das duas conseguiu operar na minha cabeça foi a extensão de um problema individual para um diagnóstico coletivo, a compreensão de que a solução envolve uma transformação sistêmica, e a transformação de uma inquietação pessoal em uma urgência política."

Jacqueline Pitanguy, socióloga: "Conhecemos Carmen da Silva em 1975, por intermédio de nossa querida e saudosa amiga Mariska Ribeiro, e tivemos o privilégio de com ela conviver até sua morte, em 1985. Apesar da diferença de idade, Carmen se aproximou de nós sem barreiras. Estava conosco nas reuniões, nos eventos, nas passeatas, na nossa militância. Era, sobretudo, uma grande amiga, com seu humor, alegria de viver, sua coragem."

Comba Marques Porto, juíza do trabalho: "Minha admiração por Carmen da Silva vem de longe. Bem antes de me integrar ao movimento feminista, ganhei de presente a coletânea de artigos mensais escritos por ela para a revista *Claudia*, publicada em 1966 pela editora Civilização Brasileira. (...) Com certeza, aquele livro mexeu comigo.

Passei a ver minha mãe em mim e com outros olhos. Não foi propriamente um acaso meu interesse pelo Seminário da ABI (1975), no qual assisti à palestra de Carmen e do qual já saí comprometida com a causa feminista. Mais tarde, por meio de minha proximidade com Mariska Ribeiro, tive a alegria de estar por perto de Carmen. Eram já os anos de nosso intenso ativismo, os últimos anos de sua vida."

No prefácio do livro *O espelho de Vênus* – um trabalho coletivo de Branca, Jacqueline, Leila, Mariska e Sandra –, Carmen descreve a relação estreita que se formou no grupo: "Me sinto envolvida demais neste livro. Próxima das autoras em ideologia e amizade, acompanhei-lhes as dúvidas, perplexidades e questionamentos, os momentos de desânimo, os atropelos e correrias contra o relógio e o calendário, a mescla de sofrimento e euforia que preside o processo criador." E, mais adiante, referindo-se às entrevistas para o livro, Carmen explica, em uma frase, a sensação de identidade crescida nos "grupos de reflexão", como se tivesse vivido ela própria essa experiência inédita do feminismo dos anos 1970: "Ouvindo as outras falarem, uma parte de si mesmas se lhes apresentava como refletida num espelho".[81]

Pioneiras são também as advogadas Orsina Ribeiro Bastos e Romy Medeiros da Fonseca, que, desde os anos 1950, lideraram a luta pela revogação do artigo 6º do Código Civil de 1916, que determinava a incapacidade civil da mulher casada. Considerada incapaz, era como se fosse uma criança ou uma doente mental, sem autonomia para praticar os atos normais da vida adulta, como abrir conta em banco, trabalhar e gerir seus bens e ganhos, viajar. Para tudo tinha de ter autorização do marido.

Chegava-se, então, a situações absurdas, como as descritas pela juíza do Trabalho Anna Acker, que fez o concurso em 1959: "Eu já era casada. O Frank teve de me dar autorização para fazer o concurso

---

81 B. M. Alves; J. Pitanguy; L. L. Barsted; M. Ribeiro; S. Boschi, *Espelho de Vênus: identidade social e sexual da mulher*, p. 11.

e depois também para tomar posse e para abrir a conta no Banco do Brasil para eu receber meu salário! A mesma coisa quando comprei uma casa com meu dinheiro!" Ela continua seu depoimento "nomeando" o papel do homem em seu domínio legal sobre a esposa: "O homem era um 'catalisador negativo'. Na física tem um 'catalisador positivo', que faz com que as coisas aconteçam, e um 'catalisador negativo', que impede. Porque a mulher tinha plena capacidade. Ela só não tinha capacidade quando estava casada. Então o homem era o seu 'catalisador negativo."

A campanha contra essa aberração jurídica levou finalmente ao projeto do Estatuto Civil da Mulher Casada, Lei nº 4.121 de 1962, de autoria do deputado Nelson Carneiro, pondo fim à autoridade e ao controle dos maridos sobre suas esposas. Romy foi pioneira também em enfrentar a igreja Católica, na década de 1960, defendendo a descriminalização do aborto, quando essa não era ainda uma questão discutida na sociedade. Em seu artigo "Justiça social e aborto", ela afirma: "Leis restritivas fazem aumentar a incidência de abortos ilegais, incompletos e sépticos, em todos os países do mundo. A reforma legislativa é essencial aos países que querem acabar com o aborto clandestino ou criminoso, reflexo de uma sociedade que nega à mulher o direito de dispor do próprio corpo. O aborto é um grave problema de saúde, de justiça social e um direito das mulheres de disporem de seu próprio corpo. Problema verdadeiramente nacional que precisa ser solucionado pelo Poder Legislativo como foi, anteriormente, em 1977, o divórcio."[82]

Romy fundou, em 1966, o Conselho Nacional da Mulher, entidade privada que, anualmente, premiava mulheres que se destacavam em diversos campos.

Outra pioneira é a escritora feminista Rose Marie Muraro, filósofa e física, próxima à ala progressista da igreja Católica, que foi im-

---

82 R. M. da Fonseca, "Justiça social e aborto", em N. V. de Carvalho (org.), *A condição feminina*, p. 23.

portante voz de oposição à ditadura. Rose publicou, ainda, em 1966, o livro *Mulher na construção do mundo futuro*. Por meio de seu trabalho à frente da editora religiosa Vozes, lançou importantes textos feministas, em um período em que o tema era desconsiderado pelas editoras.

Em 1971, Muraro trouxe ao Brasil Betty Friedan, para o lançamento da tradução de seu já famoso livro *A mística feminina*. A visita, de apenas três dias, foi um sucesso. Naqueles anos, *O Pasquim* era um dos principais jornais de oposição à ditadura. Unindo a sátira e o humor à crítica política, marcou a imprensa brasileira com seu ineditismo. contando com a colaboração de intelectuais e humoristas famosos. Vários de seus editores foram presos ou exilados, mas, apesar de sua defesa da democracia, era profundamente machista e antifeminista, o que ficou evidente na entrevista de Betty Friedan a este jornal.

Rose Marie destaca esse episódio: "Quando Betty Friedan chegou ao Rio, fui primeiro com ela ao *Pasquim*. Ali, ela deu uma entrevista a Millôr Fernandes, que era profundamente antifeminista. Ele a provocou tanto, que ela deu uma cacetada no gravador, que foi parar longe. Aí, ele se aquietou e conseguimos terminar a entrevista. Ele pôs o rabo entre as pernas."[83] Segundo Rose, essa entrevista obrigou *O Pasquim* a entrar no debate e a usar o termo maldito, *feminismo*.

Betty, àquela altura, parecia acostumada com esse tipo de tratamento por uma imprensa patriarcal como *O Pasquim*. Respondeu ao comentário de Rose Marie de que a imprensa as ironizava: "Estão fazendo uma coisa muito importante a nosso favor, '*keep doing*'! Continue fazendo! E aquele '*keep doing*' ficou para sempre na minha cabeça."[84]

Além de escritora e militante feminista, Rose Marie foi uma das fundadoras do Centro da Mulher Brasileira (CMB), e enveredou-se pela política. Candidatou-se, em 1986, pelo PDT, à Assembleia Constituinte, não tendo sido eleita. Acompanhou, entretanto, os trabalhos

---

[83] R. M. Muraro, *Memórias de uma mulher impossível*, p. 168.

[84] *Ibid.*, p. 170.

do Conselho Nacional dos Direitos da Mulher na Constituinte como integrante de seu Conselho Deliberativo, entre 1985-89.

Muraro descreveu em seu livro *Os seis meses em que fui homem* a experiência como candidata. Não abandonou a luta política e, em 1994, candidatou-se novamente, novamente sem sucesso, ao cargo de deputada federal, dessa vez pelo Partido dos Trabalhadores (PT). Com Laura Civita, fundou, em 1990, sua própria editora, Rosa dos Tempos, que seguiu com a linha editorial feminista. Incansável em seu engajamento, apesar de sua saúde frágil e da pouca visão, viajava por todo o país participando de conferências sobre o tema da mulher e do feminismo.

Heloneida Studart também marcou o feminismo. Jornalista, escritora e deputada estadual pelo Rio de Janeiro, publicou, em 1969, *Mulher, brinquedo do homem*. Desde cedo, ainda criança, teve consciência da opressão que viviam as mulheres de sua família e todas as que conhecia. Contou, em entrevista, como lhe teria "caído a ficha" do que era a condição da mulher: "Acho que comecei a ser feminista quando eu tinha uns seis anos, no Ceará, e a minha família ia passar as férias no interior, na praia. Ao passarmos por um botequim, eu vi na parede um cartaz que até hoje não me sai dos olhos, onde estava escrito: 'Mulher aqui só diz três coisas: entra menino, xô galinha, e sim senhor.' Esse 'sim senhor' me marcou profundamente (...). Crescendo em uma família muito tradicional (...) eu vi que as mulheres ouviam sempre uma frase: 'mulher não tem querer' e que todas as mulheres eram preparadas para se tornarem esposas aos dezoito anos, dezessete, sem irem para a faculdade, sem trabalharem fora, e passando do governo do pai para o governo do marido. Então, aos doze anos, eu já tinha decidido que esse não seria o meu destino, e eu dizia isso nas rodas da família, e as pessoas ficavam bastante escandalizadas, bastante chocadas."[85]

Com uma certidão falsa, que aumentava em cinco anos a sua idade – tinha então dezesseis –, fez um concurso público e foi apro-

---

85 Entrevista de Heloneida Studart a R. Neckel, revista *Estudos Feministas*, vol. 16, nº 1, p. 265-269.

vada. "Fui, assim, a primeira mulher da minha família a trabalhar fora, para grande consternação de minhas tias."[86]

Ainda no seu estado natal, Ceará, publicou, aos dezenove anos, seu primeiro romance, o que lhe permitiu mudar-se para o Rio de Janeiro, onde fez faculdade e trabalhou como jornalista. Como presidente do Sindicato das Entidades Culturais fez oposição ao golpe militar de 1964 e, com o endurecimento da ditadura pelo Ato Institucional nº 5, foi destituída e presa em 1969. Ao sair da prisão, em 1970, ingressou na revista *Manchete*, sendo ali também uma pioneira, pois não havia mulheres na redação.

Heloneida estava também entre as feministas que fundaram o Centro da Mulher Brasileira no Rio de Janeiro após a semana de debates ONU/ABI pelo Ano Internacional da Mulher em 1975.

Foi eleita deputada estadual do Rio de Janeiro, pelo PMDB, em 1978, cargo que exerceu por seis mandatos, com uma atuação sempre firme na oposição à ditadura e em defesa dos direitos da mulher. Seu gabinete na Assembleia Estadual, assim como o da deputada Lucia Arruda na mesma época, tornou-se um centro de apoio e referência para o movimento feminista carioca das décadas de 1970-1980.

Heloneida participou da 1ª Conferência Internacional da Mulher convocada pela ONU, no México, em 1975, e ali testemunhou e reportou, na revista *Manchete*, o início da presença na ONU do movimento internacional de mulheres, o que viria a se consolidar nas demais conferências das Nações Unidas na década de 1990.

Moema Toscano, socióloga, professora universitária, integra também esse rol incompleto de precursoras, mulheres que marcaram o feminismo no Rio de Janeiro, onde concentramos nossa história. Com Rose Marie e Heloneida, foi uma das fundadoras do Centro da Mulher Brasileira, onde permaneceu atuante até sua extinção, nos anos 1980. Merecem destaque as suas considerações sobre o movimento feminista. Nas palavras de Moema: "Colocando em discus-

---

86   Ibid.

são as questões específicas da mulher – a sexualidade feminina, o machismo brasileiro, a vigência de valores culturais do patriarcado e do paternalismo, a dupla jornada de trabalho, a ausência de uma política adequada de planejamento familiar, a desigualdade no mercado de trabalho, a violência sofrida pela mulher –, o movimento feminista criou um fato político que não pode ser ignorado."[87]

E ainda: "Sem nenhuma dúvida, o movimento feminista colocou, com muita clareza e força, a discussão sobre questões específicas da mulher, em especial sobre a desigualdade existente entre homens e mulheres no mundo público e no mundo privado. A mulher passou a reivindicar igualdade em todos os níveis, passou a usar a sua voz e, aos poucos, começou a ser ouvida por toda a sociedade."[88]

Moema influenciou a suas alunas na Pontifícia Universidade Católica do Rio (PUC-Rio), onde, com sua postura de grande mestre, elegante, altiva e, ao mesmo tempo, próxima dos estudantes, introduziu o feminismo nas suas aulas. Combinava o rigor intelectual com a sua militância pelos direitos das mulheres. Gaúcha e independente como Carmen da Silva, sua amiga e vizinha, Moema afirma que seus pais a influenciaram para que buscasse um caminho próprio, e não considerava a maternidade e o casamento como destinos inexoráveis da mulher.

Pinçamos algumas das muitas mulheres que pavimentaram o caminho das lutas feministas, ainda hoje percorrido. A história é feita de processos coletivos e também de indivíduos. As lutas de mulheres em diferentes países trazem o feminismo para a arena pública e suas precursoras incidem sobre o movimento em uma dinâmica de fortalecimento mútuo desta causa.

---

[87] M. Toscano e M. Goldemberg, "A revolução das mulheres e o balanço do feminismo no Brasil", citado por C. Mesquita, "Moema Toscano: uma visão de feminismo no Centro da Mulher Brasileira (fins dos anos setenta início dos anos oitenta)".

[88] *Ibid.*

NÓS E OS ANOS DE CHUMBO

> "Então eu descobri o lugar
> da mulher, de objeto,
> de tudo, de violência,
> o estupro, tudo na cadeia."
>
> *Eleonora Menicucci*

No Brasil, 1968 foi um ano de intensas manifestações de resistência à ditadura, que terminaram com a promulgação do Ato Institucional nº 5 e a inflexão mais arbitrária e violenta do regime. Em março, uma manifestação de estudantes contra a alta de preços das refeições no restaurante estudantil do Calabouço, Rio de Janeiro, foi reprimida violentamente, resultando na morte do estudante Edson Luiz, de 18 anos. Seu enterro foi a primeira grande marcha popular do ano. Em 30 de junho, a famosa "Passeata dos 100 mil", no Rio de Janeiro, comprovou a crescente força da oposição. Concentrados nas escadarias da Assembleia Legislativa, na Cinelândia, estavam políticos do MDB – único partido de oposição permitido durante o regime militar –, artistas, profissionais liberais, professores, religiosos, além da liderança estudantil e operária; na praça havia milhares de pessoas, principalmente estudantes. Uma parte da classe média, que havia saído às ruas convocada pela igreja em apoio ao golpe na marcha "da Família com Deus pela liberdade"[89], mas agora via seus filhos perseguidos, também estava ali, junto a setores da

---

89 A marcha, organizada em São Paulo, a 19 de março de 1964, foi a reação ao famoso Comício da Central, de 13 de março, em que o presidente João Goulart descreveu as "Reformas de Base" que pretendia fazer. Com 300 mil pessoas, a marcha teve como tema "Salvar a democracia" e contou com lideranças políticas e empresariais. O golpe foi dado menos de duas semanas depois, em 31 de março. Seguiram-se outras marchas, já então celebrando a vitória, sendo que a do Rio, em 2 de abril, reuniu um milhão de pessoas.

mesma igreja, já então parte essencial da resistência em seu papel de defensora de presos políticos.

Em setembro, a polícia "estourou" o encontro da União Nacional de Estudantes, UNE, em Ibiúna, São Paulo, organização prescrita desde o golpe de 1964. Na ocasião, foram presos os cerca de mil estudantes que estavam no local, entre os quais mulheres, que participavam ativamente de suas atividades, embora a liderança fosse toda masculina.

Seguiu-se no Rio de Janeiro um jogo de gato e rato entre polícia e estudantes, que, com seus comícios-relâmpago pipocavam em vários locais do Centro. Subiam nos tetos das bancas de jornais, faziam um curto discurso denunciando a ditadura e desapareciam na multidão antes que chegasse a polícia. Ainda assim, muitos foram presos e torturados.

Em 2 de setembro de 1968, o deputado federal Márcio Moreira Alves faz em plenário um discurso-denúncia convocando a população a boicotar os festejos do Dia da Independência. O governo requer a suspensão de sua imunidade parlamentar a fim de processá-lo e é vencido, depois de fortes disputas internas. Promulga então a 13 de dezembro o Ato Institucional nº 5, que suspende as garantias constitucionais, fecha o Congresso, cassa direitos políticos, censura a imprensa, prende e tortura opositoras e opositores.

Começa o período mais duro e sombrio da ditadura, que se estende por toda a década de 1970.

Um clima de repressão e medo impregnava o cotidiano. Setores da sociedade civil atuavam na resistência, fosse de forma institucional, fosse por meio de organizações que, na clandestinidade, propunham formas diversas de luta, desde resistência pacífica até ações armadas urbanas e rurais. As mulheres participavam dessas mobilizações e muitas foram presas, torturadas, exiladas, assassinadas. Algumas, em virtude dessa luta, fizeram o caminho do feminismo.

Uma delas, Eleonora Menicucci, relata: "Fiquei três anos presa. Fui barbaramente torturada e, na cadeia, descobri a importância do feminismo. Porque eles ameaçaram torturar a minha filha na minha frente. Aí eu comecei a perceber que o fato de ser mulher diferenciava na tortura. Eu não fui violentada sexualmente na cadeia, mas sei de companheiras que foram. Então eu descobri o lugar da mulher, de objeto, de tudo, de violência, o estupro, tudo na cadeia. A nossa identidade feminina ia a zero. Era humilhada, degradada."

Vivíamos esse contexto de violência, repressão e censura, em um divórcio entre Estado e sociedade civil. A sociedade civil monopolizava a agenda de direitos humanos contrapondo-se ao Estado usurpador, formando uma grande frente contra a ditadura, da qual nós, mulheres, que acabávamos de nos reconhecer como feministas, fazíamos parte.

Essa resistência democrática se expressava no slogan "O povo unido jamais será vencido". Mas esse povo não tinha sexo, orientação sexual, raça, etnia e, quando muito, tinha classe social. Ou seja, não havia espaço para políticas identitárias que, a partir da diversidade, construíssem uma frente ampla comum.

Entretanto, como feministas, entendíamos que essa agenda seria incompleta se não incluísse a igualdade de direitos entre mulheres e homens, e que essa inclusão deveria ser feita naquele momento, e não ser postergada para depois do retorno das instituições democráticas.

Foi durante esses anos que o nascente movimento feminista brasileiro se impôs como uma força política. Trouxe nova visão, novas formas de organização, novas demandas. Considerando-se o contexto de ditadura militar em que se expressava, o movimento, ao mesmo tempo que lutava pela democracia, defendia a igualdade de direitos entre homens e mulheres na família, na política, no trabalho, na educação; exigia o acesso à contracepção, a legalização do aborto, a criação de infraestrutura social de apoio à mãe e à criança; denunciava a invisibilidade da violência doméstica e criava as primeiras organizações feministas da sociedade civil. O feminismo passa a atuar politicamente de forma autônoma e inovadora, ocupando um espaço na arena pública como um ator coletivo.

Um evento no Rio de Janeiro torna público que nossa agenda não era subsequente nem secundária à resistência democrática e, sim, central e estruturante do conceito de democracia. E que o feminismo já era uma força social, que chegava como "uma segunda onda".

A SEMANA DA ASSOCIAÇÃO BRASILEIRA DE IMPRENSA (ABI)

"A gente pôs a cara na rua,
no auditório da ABI."

Leila Linhares Barsted

Difícil estabelecer datas exatas para processos políticos e movimentos sociais, mas, em algum momento de 1973, no Rio de Janeiro, um pequeno grupo que questionava a discriminação das mulheres passou a se encontrar. Eram reuniões informais nas casas umas das outras. Queríamos estar em um espaço onde pudéssemos trocar experiências, criar estratégias, construir solidariedade sem a interferência masculina: os chamados "grupos de reflexão". Reunimos nesta seção alguns relatos sobre esses encontros.

Leila Linhares Barsted, advogada, comenta: "Foi muito bonito, porque a gente se reunia, isso antes de 1975, nas casas, sentávamos no chão. Era uma relação extremamente afetiva, porque a vida da outra nos afetava também. Era uma troca de experiência. Ninguém sabia mais do que ninguém, todas estávamos no mesmo barco, e o que fazer? Essa era a grande questão. Esse início do movimento teve uma característica de horizontalidade, uma característica de afetividade. É uma coisa interessante, porque esse feminismo da segunda onda é um feminismo que surge sem uma liderança assumida."

Nós também enfatizamos a dinâmica de acolhimento que encontrávamos nas reuniões. Jacqueline: "Nos reuníamos nas nossas casas, uma vez por semana, e, para mim, esses eram os grandes momentos da semana. Me sentia acolhida, em um ambiente de solidariedade, apoio e crescimento. Não havia um roteiro fixo, a conversa corria sem pauta, solta, em um ambiente de confiança. Falávamos de nós mesmas, chorávamos ou ríamos, comentávamos um livro feminista, um projeto, uma estratégia para uma ação conjunta..."

Branca: "O grupo de reflexão foi, para mim, como um colo, um abrigo, aquele lugar onde a gente sabia que iria encontrar quem entendia do que falávamos. Lembro, em especial, do susto que foi meu primeiro dia no novo apartamento para onde tinha mudado depois de minha separação. Sentamos para jantar, minhas filhas e eu, e ao notar o lugar vazio à minha frente dei um suspiro de medo. Foi tão fundo que minha filha Anna, que tinha onze anos, perguntou assustada: 'Que foi, mãe?' Felizmente me lembrei que justo naquela noite havia reunião do nosso grupo. Que alívio!"

Sandra Azerêdo, psicóloga, narra: "O grupo foi a minha primeira experiência de prática feminista. Éramos militantes e amigas nos encontrando cada semana na casa de uma de nós, sempre com coisas gostosas para comer. Contávamos histórias sobre nossas vidas de mulheres e cada dia íamos ficando mais feministas e mais amigas, com uma grande solidariedade diante do sofrimento das mulheres, especialmente as que sofriam violência! (...) Passaram-se mais de quarenta anos dessa experiência de grupo, nos separamos em nossa caminhada, mas até hoje somos militantes e amigas."

Eunice Gutman, cineasta, relata, por sua vez, como a experiência de participação nos grupos transformou sua visão de mundo: "Eram grupos de reflexão. Eu achei fantástico. Na história do feminismo, nós éramos da utopia, a gente queria um mundo maravilhoso. A gente dizia: 'Você tem de estudar sua própria história.' Aí eu peguei essa frase e falei: 'Cara, realmente, quem sou eu?' Aí entrou o assunto mulher. 'Sou eu. Que que eu sou no mundo?'"

Todas que passaram por um desses grupos tiveram essa experiência de "cair a ficha" ao ouvir relatos que contavam uma história parecida com a sua. Aquele primeiro momento é como "Meu primeiro assédio"[90]: ninguém esquece.

---

90   Trata-se de uma campanha que surgiu em 2015, no Twitter, pelo grupo Think Olga, e resultou em milhares de mulheres compartilhando a primeira vez que sofreram assédio sexual.

Eram como pedaços de um quebra-cabeça que iam se encaixando e, afinal, mostravam todo o quadro. Voltavam cenas, comentários, sustos, comportamentos, reações, que, de repente, passavam a ter um nexo, um fio condutor. Novas lentes, simplesmente. Montado o quadro, vinha a raiva, espanto (com a conhecida frase: "Como não vi isso antes?"), mas também o alívio, aquele que vem do reconhecimento, de sentir que, ao entender uma situação, tudo encontra seu lugar e daí para a frente é preciso atuar. Era uma viagem para dentro e para fora. Vinham, então, as estratégias de luta, os mil debates, decisões, tarefas e organização.

Naquele lugar, não havia censura, não havia sequer uma pauta ou qualquer tipo de roteiro. Eram grupos pequenos, onde era possível haver essa intimidade, essa liberdade. Discutiam-se sexualidade, relações conjugais, amores, violência doméstica, temas que até então nem com as amigas mais íntimas eram comentados. Naquele território de cumplicidade e troca, aos poucos, o "pessoal" ia se tornando o "político." Deslocávamos nossas vidas individuais para uma experiência coletiva, buscávamos entender essa experiência como um processo que era também político, sobre o qual podíamos atuar.

Foi um movimento que recusava a liderança mesmo em suas organizações, que evitava, consciente, "cair na armadilha de repetir as organizações masculinas." Mas, apesar de assim dispersos, os muitos grupos juntavam-se em ações comuns em eventos, manifestações e denúncias.

Assim foi que, no Rio de Janeiro, aquele primeiro grupo juntou-se a outros, e foi dada a partida: era 1975, ano em que a ONU havia declarado Ano Internacional da Mulher. Uma oportunidade estratégica, pois seria possível abrigar-se sob esse guarda-chuva oficial, internacional, isento e confiável aos olhos de quem mandava e controlava, os censores e vigias da ditadura. Esses grupos buscam o apoio do Centro de Informação da ONU e da Associação Brasileira de Imprensa (ABI) para organizar um debate sobre a condição da mulher brasileira. Leila relembra os bastidores do evento: "Esses grupos feministas eram vários, eu participava de um grupo. Havia um outro grupo com uma pessoa que foi muito importante na organização desse seminário, que era o grupo da Mariska Ribeiro. Nós sabíamos que tinha umas mulheres se reunindo e quisemos nos juntar a elas, mas tudo muito na informalidade – lembra muito os coletivos feministas de hoje em dia. A Mariska tinha um bom contato com a representação da ONU aqui, com o Centro de Informações da ONU. Esse 'bloco' ainda estava muito restrito aos grupos de reflexão, mas mesmo assim a gente pôs a cara na rua, no auditório da ABI."

Malu Heilborn, antropóloga, também fala sobre as redes que se uniram ao redor das celebrações de 1975: "Fui conhecendo as pessoas no Rio de Janeiro que estavam envolvidas com o feminismo, como a Moema Toscano, que foi minha professora de Sociologia na PUC. Comecei a me juntar com essas mulheres e, em 1975, decidimos aproveitar o Ano Internacional da Mulher para organizar, em plena ditadura, a 1ª Semana de Discussão do Papel e Lugar da Mulher na Sociedade Brasileira."[91]

Esse Seminário da ABI, com o nome *Pesquisa sobre o papel e o comportamento da mulher brasileira*, teve lugar de 30 de junho a 6 de julho de 1975, e é considerado o marco inicial do feminismo da "segunda onda" como movimento político organizado no Brasil.[92] Não tínhamos ideia de que estávamos fazendo história ao organizar um encontro que se revelou ser o primeiro momento público dessa nova etapa do feminismo. Cada uma trazia sugestões para temas e palestrantes. Umas vinham da universidade, outras eram advogadas, psicólogas, escritoras, jornalistas, ou ligadas de diferentes maneiras à cultura.

---

91 M. Heilborn in Heloisa Buarque de Hollanda (org.), *Explosão feminista*, p. 481.
92 Recomendamos a leitura do livro de C. M. Porto, *A arte de ser ousada: uma homenagem a Carmen da Silva*, p. 88-92, para conhecer o programa desse seminário, assim como a lista de participantes.

Houve uma discussão acirrada sobre quem seriam os expositores. Haveria homens entre as pessoas convidadas? Branca lembra-se de não ter sido favorável a essa possibilidade:

"Fui veementemente contra essa posição porque considerava contrária à proposta fundamental do feminismo de nos livrar da eterna interferência masculina. Considerava a ideia de ter homens falando sobre nós verdadeira heresia."

Jacqueline Pitanguy apresenta outro ponto de vista: "Eu apoiava a participação de homens, desde que grandes nomes que, estrategicamente, dessem peso à nossa luta, ainda muito desconhecida, como quando Celso Furtado, um dos palestrantes, chamou o feminismo de maior movimento de massas do século XX. Eles não falariam por nós e sim sobre nós."

Mariska Ribeiro, psicóloga, resume o clima de suspeita com que a esquerda via o movimento e que fundamentou a decisão de incluir "grandes nomes" masculinos: "Se o assunto mulher e a bandeira da ONU nos traziam legitimidade aos olhos da repressão da direita, era preciso, também, legitimar-nos para os movimentos de esquerda (...). Celso Furtado foi, portanto, um álibi de que as feministas lançaram mão para, assim, canhestramente, pedindo passagem daqui e dali, botar pela primeira vez seu bloco na rua. Bloco esse que, para surpresa de todos, despertou mais interesse do que se faria esperar..."[93]

Assim montou-se o seminário com palestrantes mulheres e homens.

O nome que logo foi sugerido e aceito sem discussão foi o de Carmen da Silva, cujos artigos tinham feito a cabeça de muitas de nós. Marcamos uma visita a sua casa, em Niterói, para fazer pessoalmente o convite. Carmen nos recebeu e surpreendeu com aquele seu humor que viríamos a conhecer bem: "Estão atrasadas!"

Jacqueline rememora: "Nos demoramos pelo trânsito e talvez porque custamos a encontrar a rua. Quando tocamos a campainha,

---

[93] M. Ribeiro, *Ter filhos: uma escolha consciente.*

Carmen nos recebeu dizendo que estávamos atrasadas. Ficamos meio sem graça. 'Desculpe, foi o trânsito.' 'Não', disse ela, 'vocês estão atrasadas em me encontrar!'"

Foi como se estivesse nos esperando por todos esses anos, desde aquele seu primeiro artigo de 1963! Ali, de imediato, se estabeleceu a amizade e a cumplicidade que, apesar da diferença de gerações, nos ligaram a Carmen – a nós que ali estávamos e a tantas que chegaram depois – até sua morte, em 1985. Desse dia em diante foi nossa companheira de luta, levou o feminismo às suas colunas, às suas leitoras.

Assim Carmen se refere ao Seminário: "Fui chamada a dar meu depoimento pessoal: o resumo de minha experiência ao longo de dez anos de contato com a mulher brasileira. Além das conclusões expressas no documento final, o desenrolar do Seminário proporcionou algumas evidências relevantes. Uma delas é que o momento brasileiro estava completamente maduro para os movimentos femininos."[94]

Outra palestrante foi a juíza do trabalho Anna Acker. Passadas mais de quatro décadas, Anna diz que não se lembra de detalhes, mas conta o que lhe chamou mais a atenção: "Lembro que a ABI estava cheia. Como era o Ano Internacional da Mulher, eu procurei a legislação de uma porção de países. Por exemplo, o problema da mulher que engravida, volta para o trabalho, mas, como já ficou uma porção de tempo fora, os empregadores não a querem mais. O Uruguai tinha a legislação mais adiantada, porque a mulher podia pedir uma licença em que ela ia receber uma espécie de pensão. Para complementar, eles exigiam que ela acompanhasse cursos por correspondência ou pelo rádio. Quem pagava era a Previdência Social, proporcional ao número de anos que ela tinha de trabalho. Nunca vi nenhum outro país que fizesse isso."

[94] C. M. Porto, *A arte de ser ousada: uma homenagem a Carmen da Silva (1919-1985)*, p. 85-86. Artigo publicado na revista *Claudia*, em outubro 1975, intitulado "Homem é homem. Mulher é mulher".

Eva Blay, socióloga, também palestrante na conferência, conta: "Em 1975, era uma coisa superimportante ir falar na ABI. Era como contestar a ditadura, era assim que eu sentia. (...) A gente tomava muito cuidado para registrar tudo, para nunca ninguém dizer que a gente estava saindo dos limites, porque vira e mexe alguém estava preso. Aqui [em São Paulo] era um espaço, um território que eu conhecia, agora ir para o Rio, pegar um avião e tal... Será que eu volto? Será que eu não volto? A ABI era, realmente, muito poderosa. Tinha visibilidade mais do que nacional, internacional. Claro, porque eram os luminares que estavam lá. E quem era eu? Eu era uma jovem doutora, mãe de filhos pequenos. Mas briguenta, tem que ir, vai. Vou e não quero nem saber."

A jornalista e escritora Ana Maria Machado nota o pioneirismo da proposta e seu potencial transformador. Publica no Caderno B do *Jornal do Brasil* o artigo "O feminismo na hora da razão", em que anuncia: "Começa esta noite, no Auditório da ABI, um congresso nacional sobre a mulher. Pela primeira vez no Brasil, homens e mulheres vão se reunir durante uma semana para debater e analisar diariamente, em um nível de seriedade inédito, o papel e o comportamento da mulher brasileira (...). Um congresso desse tipo, pela sua temática, pelo alto nível de seus participantes, pela seriedade e objetividade das propostas em discussão, traz imediatamente à baila a questão de uma redefinição do feminismo para o público brasileiro."

Malu avalia: "Foi um estouro. Muitas pessoas apareceram: gente que eu nunca tinha visto na vida, as nossas convidadas célebres, pessoas que já tinham uma tradição de pensar o feminino. Nesse mesmo ano, formamos o Centro da Mulher Brasileira, que era um centro constituído por pessoas de esquerda basicamente."[95]

---

95 M. Heilborn, em *Explosão feminista, Ibid.*, p. 481.

Desde o primeiro dia, era evidente que a oportunidade de organizar essa semana de debates respondia a uma demanda silenciada que encontrou, na possibilidade de diálogo, sua expressão. O auditório da ABI esteve por todos aqueles dias repleto. O entusiasmo era enorme. Talvez o inusitado de um debate público em tempos de ditadura contribuísse para todo esse interesse. Mas o fato é: tantas foram as questões levantadas, que se decidiu promover um espaço de discussão e encaminhamentos antes do horário do seminário. A ABI novamente vem em socorro e coloca à disposição uma sala, que ficaria aberta duas horas antes do início de cada conferência. Para nossa surpresa e alegria, essa sala estava sempre cheia e parecia que aquelas duas horas não seriam suficientes para tantas questões a serem debatidas. Assim foi redigido o Relatório final, com a participação do público.

As propostas confirmavam o otimismo criado por aqueles dias de encontro. Diz o texto:

"1 – Propomos a criação de um Centro de Desenvolvimento da Mulher Brasileira que obedecerá à seguinte estrutura:
   a) Um centro de estudo, reflexão, pesquisa e análise;
   b) Um departamento de ação comunitária para tratar concretamente e em nível local dos problemas da mulher.

O objetivo principal do Centro será combater a alienação da mulher em todas as camadas sociais para que ela possa exercer seu papel insubstituível, e até agora não assumido, no processo do desenvolvimento.

A nossa primeira etapa de ação será a aquisição de uma sede, personalidade jurídica, estatutos e o apoio ativo do maior número possível de mulheres a quem pedimos filiação.

2 – Decidimos pela criação de um jornal que terá como objetivo a veiculação e divulgação dos problemas reais da mulher, no sentido de criar uma consciência nacional de sua condição."[96]

O seminário influenciou individualmente muitas mulheres que dele participaram e marcou o cenário político. Tinha-se aberto na ABI uma comporta que trouxe à tona aquela inquietação já sentida pelas leitoras de Carmen da Silva. Comba reconhece: "Sou cria do seminário da ABI", e confirma: "estudiosas do feminismo o tomam como o evento fundador – marco histórico da segunda onda do movimento."

Ingrid Stein, na época recém formada em Letras, celebra a experiência de ter feito parte dos encontros: "Lembro-me perfeitamente do Seminário na ABI. Foi um marco inesquecível na minha vida. Não me lembro exatamente como soube do encontro, se foi pelo jornal ou se alguém comentou, em todo caso, no dia, lá fomos nós, eu e mais duas amigas, para a ABI. Confesso que estávamos um pouco nervosas, meio preocupadas também – eram tempos de ditadura. Ao chegarmos lá, encontramos o auditório cheio de mulheres e, conforme o seminário foi avançando, podia-se sentir a energia na sala. De repente você se dá conta de que não está sozinha, que não é só você que questiona uma série de coisas, e isso dá uma força, um impulso incrível!"

A jornalista Mirian Chrystus também fala sobre sua participação: "Eu tinha 24 anos, era jornalista e feminista intuitiva. Um dia, vi uma pequena nota num jornal sobre um seminário sobre a mulher que seria realizado na ABI. Peguei minha malinha e fui, sozinha, para o Rio de Janeiro. Durante o seminário, o mundo se descortinou completamente diverso aos meus olhos: a sociedade era dividida em classes e, para além dessa divisão, havia o cruel patriarcalismo. Capitalismo e patriarcalismo, sofrimento e exploração das mulheres: tudo misturado."

---

96 Cf. *Relatório final da ABI.*

Ao voltar para Belo Horizonte, Mirian e a amiga Beth Cataldo, que tinha dezenove anos, ousaram – porque naqueles tempos de ditadura qualquer evento público era monitorado – organizar um seminário: *Mulher em debate*, no Diretório Central dos estudantes (DCE) da Universidade Federal de Minas Gerais (Ufmg). Inspiradas por esse seminário, as feministas mineiras continuaram a se encontrar em um grupo de reflexão e estudos e partiram para a rua com debates em escolas, entrevistas, publicações, denúncias. Esse foi o grupo que, cinco anos mais tarde, levantaria, com força, a questão da violência contra a mulher, e que criaria o slogan-símbolo da luta: "Quem ama não mata."

Também as paulistas, em outubro desse mesmo ano, puseram "a cara na rua" com um encontro na Câmara Municipal de São Paulo: o Encontro para o Diagnóstico da Mulher Paulista. Ali decidiu-se, como na ABI, pela formação de uma organização que permitisse juntar as feministas. Foi fundado, em São Paulo, em 1976, o Centro de Desenvolvimento da Mulher Brasileira (CDMB).

Nesse período, foi criado em Londrina, e publicado depois em São Paulo, o jornal *Brasil mulher*, que inaugura a imprensa alternativa feminista e circula até 1980, unindo a luta contra a ditadura e pela Anistia, com as causas feministas.

Era um momento de grande efervescência. Ao mesmo tempo que se multiplicavam grupos e coletivos informais, nos empenhamos em criar espaços de organização mais institucionalizados e veículos de imprensa próprios. Era o feminismo se colocando como ator político.

CRIAMOS UM ESPAÇO

> "Nós não vamos parar com esse evento aqui, vamos dar continuidade a ele. E criamos o Centro da Mulher Brasileira, que foi a primeira entidade feminista no Brasil."
>
> *Santinha Tavares*

Com a energia e o entusiasmo que não se esgotaram naquela única semana, fundamos, no Rio de Janeiro, em 6 de julho de 1976, o Centro da Mulher Brasileira (CMB), um local permanente de encontro, reflexão, debate e atuação. Trata-se da primeira organização assumidamente feminista que, por suas propostas e sua forma de atuação, alia à experiência dos "grupos de reflexão" a militância política, com grupos de pesquisa e trabalho.

Durante a semana do seminário, na animação daquelas reuniões antes e depois do horário oficial, alguém comentou que teríamos de seguir nos encontrando, e Ingrid Stein, mesmo sem conhecer as participantes, ofereceu seu apartamento. Ela relembra:

"Não sei mais quem perguntou: 'A gente precisaria fazer uma reunião. Será que alguém aqui na sala tem um apartamento grande?' Eu me lembro que pensei, hesitei, deu um certo medo... mas, de repente, levantei a mão! Fiquei muito feliz à medida que as mulheres chegavam ao meu apartamento no Cosme Velho. Eram muitas mulheres, a gente não se conhecia, ficamos trocando ideias, discutindo, algumas sentadas no chão. Foram sendo formados grupos de reflexão. Eu entrei num deles, éramos seis ou sete mulheres, e até hoje, depois de mais de quarenta anos, ainda tenho contato com algumas."

Ali, naquele apartamento do Cosme Velho, ocorreram as primeiras reuniões em que se formaram os grupos de estudo e de reflexão, que passariam a se encontrar nas casas umas das outras, até serem formalizados com a criação do CMB. Foi uma oferta, sem dúvida, corajosa naqueles tempos de ditadura, quando não se podia saber o que seria permitido ou o que seria considerado "subversivo". Duas das participantes situam esses encontros como desdobramentos do seminário e destacam os frutos que ainda estavam por vir após o fim do evento.

Santinha Tavares: "Quando o seminário terminou, a gente estava cansada, mas era um cansaço, assim, de aprendizado; e depois nos perguntamos: 'O que é que a gente vai fazer? Como é que a gente pode multiplicar isso aí?' (...) Parece que tinha uma outra voz dizendo: 'Agora vocês têm esse papel pra fazer'. E não era, éramos nós dizendo: 'Precisamos fazer uma reunião pra saber o que a gente vai tocar.'"

Comba Marques Porto: "Tá aí, se tem um momento que mais me tocou foi o momento fora do seminário, já no elevador, quando a Branca começou a falar sobre o Centro da Mulher Brasileira. Eu senti ali que existia algo mais, que aquele não era um seminário como qualquer outro. Então, mais que as palestras, o que mais me tocou foi o que veio depois, o convite: 'Vamos nos reunir para fazer algo novo.'"

O CMB foi assim criado como uma instituição formal, com uma coordenação geral, a cargo de um colegiado eleito anualmente, e uma assembleia geral que, conforme seu estatuto, tinha "por finalidade o conhecimento e a divulgação da condição da mulher em geral e, em particular, da mulher brasileira, atuando no sentido da superação dos seus problemas." Santinha Tavares e Comba Marques, participantes dessa criação, oferecem importantes descrições do funcionamento do Centro.

Santinha: "Nós tivemos a ideia, eu não saberia te dizer de quem nasceu ou se foi do todo, de criar um espaço nosso: 'Nós não vamos parar com esse evento aqui, vamos dar continuidade a ele.' E criamos o Centro da Mulher Brasileira, que foi a primeira entidade feminista no Brasil. E foi uma coisa muito bonita (...). Era uma coisa muito interessante, e rica, que eu aprendi ali, a remover meu interior e buscar uma outra mulher. Tinha mulheres de todos os tipos, de classes sociais diferentes, de cores ou raças diferentes, idades diferentes. Naquele momento a gente começou a trabalhar com essa diversidade. Foi lindo, lembro com muito gosto e carinho. Porque era uma necessidade que a gente tinha da busca do novo, e o novo tava dentro da gente."

Comba: "Bom, começamos. Abrimos o Centro da Mulher Brasileira, fazíamos reuniões de quinze em quinze dias nas tardes de sábado, ia aquela mulherada toda para lá. Começamos a falar da nova pauta, a grande novidade da segunda onda foi a nova pauta. A nova pauta que falava de direitos reprodutivos, sexualidade, aborto, contracepção e violência. É a pauta que temos hoje. A preocupação com a violência começou naquele tempo. O centro era um lugar de convergência. Os grupos de reflexão foram sustentáculo da militância."

O período de 1975-1976 foi de regularização jurídica e instalação de uma sede. Formaram-se grupos de reflexão e de trabalho. Foram organizados debates e pesquisas buscando divulgar as ideias feministas e conhecer as condições de vida da mulher brasileira. A finalidade era o levantamento de dados que permitissem informar a futura estratégia de ação do CMB como uma organização de luta política.

Partindo do reconhecimento do peso da dupla jornada das mulheres, sobre as quais recai o cuidado dos filhos e das tarefas domésticas, o acesso a creches se impunha como uma demanda fundamental. Formou-se um grupo de estudos que levantou os serviços oferecidos, elencou carências, deu visibilidade a essa questão. Assim o CMB apresentou, à Comissão Parlamentar de Inquérito (CPI) do Congresso Nacional sobre trabalho feminino, propostas para a regulamentação e fiscalização do atendimento aos filhos das mulheres trabalhadoras. Recomendou que o Estado criasse creches comunitárias e que a Delegacia Regional do Trabalho prestasse esclarecimentos quanto à fiscalização do Decreto nº 16300, que determina a criação de creches nas empresas com mais de trinta empregadas. A CPI registrou elogio ao trabalho, afirmando que o documento trazia uma análise completa dos problemas da creche no Brasil

A discriminação das mulheres contida na legislação brasileira levou à formação de outro grupo de estudos multidisciplinares, que analisou os Códigos Civil, Penal, e a Consolidação das Leis do Trabalho, CLT. Comba destaca: "A atividade desse grupo marcou relevante ação feminista, com vistas à denúncia da discriminação expressamente contida na legislação."

Com essa perspectiva crítica, o grupo passou a ser requisitado para participar de debates e foi convidado a depor na CPI da Reforma do Código Civil em curso na Câmara dos Deputados, no fim dos anos 1970, quando apresentou emendas ao capítulo da família e casamento. As integrantes do grupo de trabalho comentam sua intervenção nesses espaços:

Anna Acker destaca: "Nós fomos lá na Comissão de Família defendendo a igualdade de direitos. Eu expus todas as ideias que tinha. Propus que o casal decidisse quem ficaria em casa com o filho na licença pós-nascimento. Nós fomos lá pra dar uma colaboração. Eu me lembro que um deputado de Santa Catarina disse que nós não podíamos ter os mesmos direitos que os homens porque nós não fazíamos a mesma coisa que eles. Então eu disse ao parlamentar que, pela sua teoria, os escravos não poderiam ser libertos porque eles não podiam fazer a mesma coisa que os senhores, já que a própria lei proibia. Se a lei proíbe a mulher de fazer uma coisa, como é que ela pode fazer igual ao homem? Não pode. Ele ficou vermelho e se retirou!"

Comba: "Lá estava eu metendo o malho no artigo 233 do Código Civil de 1916, aquele que dizia que o marido era o chefe da sociedade conjugal e a mulher sua colaboradora. Nós, as advogadas feministas, bem sabíamos o que significava essa regra discriminatória do Código Civil. Ela se refletia em outras leis, criando um verdadeiro paredão a impedir o exercício da cidadania pelas mulheres. Pautava, por exemplo, o artigo da CLT de 1943 que permitia ao marido ir à Justiça do Trabalho postular a rescisão do contrato de trabalho da mulher, sob alegação de que sua atividade profissional era prejudicial à família."

A primeira vez que o CMB se apresentou para um público maior foi na festa de encerramento do Ano Internacional da Mulher, no Museu de Arte Moderna do Rio, que ganhou o nome Realidade Mulher. Foram realizadas palestras, exposição de arte e de livros de escritoras feministas, painéis sobre a imagem da mulher na publicidade e nos livros infantis, mostrando a reprodução do preconceito. Foram também organizadas atividades de teatro, arte e dança para as crianças, a fim de que as mães pudessem assistir à festa com tranquilidade.

Aqueles anos correspondem à recuperação da comemoração do dia 8 de março pelo feminismo internacional, uma história de lutas que vem desde o início da industrialização, no século XIX, quando as mulheres protestavam contra as condições de trabalho que levavam à sua exploração. As jornadas chegavam a dezesseis ou dezessete horas diárias e a seis ou sete dias por semana. Consta que, em 1857, houve um grande protesto de operárias de uma fábrica têxtil de Nova York. Violentamente reprimidas pela polícia, elas se refugiaram na fábrica, que foi incendiada, levando a uma centena de mortes. No início do século XX, se intensificaram as manifestações das mulheres, em passeatas e greves. Em 1910, no Congresso da II Internacional Socialista, na Dinamarca, Clara Zetkin, militante do Partido Social Democrata alemão, propôs o estabelecimento de uma data que celebrasse a luta das mulheres.

Em 8 de março de 1917, na Rússia, centenas de operárias manifestaram-se contra a fome e as más condições de trabalho, agravadas pela participação do país na Primeira Guerra Mundial, sendo reprimidas brutalmente pelo czar Nicolau II. Em 1921, essa data foi oficializada na Rússia comunista como o Dia da Mulher, comemorado oficialmente apenas nos países comunistas.

O movimento feminista internacional tornou esse dia um marco da luta dos anos 1970 e, em 1977, foi declarado oficialmente pela ONU como o Dia da ONU para os Direitos da Mulher e a Paz Internacional.

Antecipando-se a essa declaração oficial, o CMB promoveu, pela primeira vez, em 1976, essa comemoração, com uma mesa de debates, na Ordem dos Advogados do Brasil, seção do Rio de Janeiro (OAB-RJ), sobre a situação jurídica da mulher – importante tema, tendo em vista que estava em pauta a reforma do defasado Código Civil de 1916.

Em 1977, o CMB novamente cuidou para que a data não passasse em branco e comemorou-a com a realização do I Encontro da Mulher Trabalhadora, no Sindicato dos Aeroviários, destacando problemas do mercado de trabalho e da dupla jornada. Esse evento foi importante pela interlocução do feminismo com as trabalhadoras no sentido de aproximá-las do movimento. Em 1978, o CMB convocou um II Encontro da Mulher Trabalhadora, no Sindicato dos Metalúrgicos, para divulgar e discutir o anteprojeto do Ministério do Trabalho que regulamentava o trabalho feminino e continha vários pontos negativos. Foram debatidos temas de fundamental e permanente interesse para a mulher: proteção à maternidade; trabalho noturno; horas extras; trabalhos insalubres; igualdade salarial. Essa aliança entre feministas e trabalhadoras sindicalizadas, assim como com empregadas domésticas, perduraria e teria um papel fundamental na Constituinte.

O encontro, de 1978, marcou também o início de um trabalho do CMB em comunidades. Contrariando falsas premissas de que não cabia debater com mulheres faveladas temáticas de sexualidade e reprodução, que seriam temas burgueses, realizaram-se dois encontros na Associação de Moradores do Chapéu Mangueira sobre direitos das mulheres, sexualidade, aparelho genital e reprodutivo feminino e planejamento familiar.

Em 1978, o 8 de março foi comemorado pelo CMB com uma retrospectiva das lutas das mulheres no Brasil desde o sufrágio: as Jornadas da Memória da Mulher, realizadas novamente no Museu de Arte Moderna do Rio, em um evento conjunto com o jornal Brasil-Mulher, a União Brasileira de Mães [formada por mães de presos políticos] e Comitê Brasileiro pela Anistia, com painéis e debates sobre a imagem da mulher na publicidade, a imprensa feminina e creches. Como sempre, houve atividades infantis, de cinema e teatro.

Mesmo realizando celebrações e construindo alianças com mulheres de diferentes setores, o Centro da Mulher Brasileira não era imune às diferenças e divisões internas que levavam a intermináveis discussões. Uma das primeiras foi aquela mesma que havia criado tanta polêmica quando da preparação do Seminário da ABI: a eterna questão da participação ou não de homens nas organizações e eventos do movimento. Comba traz esse debate à tona:

"E aí, nas reuniões no CMB, ficava aquele papo: 'Homem entra, homem não entra'. As partidárias reforçavam muito essa ideia de trazer os homens. Um dia, Rose Marie Muraro bateu na mesa e disse: 'Só tem o seguinte, se vocês trouxerem os maridos vai acabar tudo, porque eles vão sentar aqui, vão tomar a palavra e vocês vão ficar todas caladas'. Porque era uma novidade a gente estar sem homem ali para discutir, entendeu? Era uma coisa mais livre. Como é que você ia levar essa temática de violência, de direito ao aborto, 'nosso corpo nos pertence'? Como é que essa temática corporal sobreviveria se os homens estivessem junto?"

Ficou resolvido, de uma vez e para sempre, que aquele espaço seria exclusivo de mulheres.

Mas outros debates, mais sérios e angustiantes, marcaram a história do CMB. Nem todas as suas integrantes chegaram com a autonomia de uma opção pessoal. Um grupo entrou por indicação do clandestino Partido Comunista, com o objetivo de encontrar ali um espaço de atuação político-partidária fora da clandestinidade.

Logo se estabeleceu uma tensão entre esse grupo e as mulheres que estavam ali por terem descoberto no feminismo uma comunidade de experiências partilhadas. Havia, então, esse descompasso entre as que participavam de partidos clandestinos, e ainda seguiam sua rígida disciplina e orientação, e as que atuavam autonomamente. Essa tensão ganhou nome: as "autônomas" e as "partidárias". É o que comenta Leila Linhares Barsted: "Nesse grupo havia algumas mulheres que não eram feministas, mas viam no feminismo uma forma de atuação política e queriam trazer essas pautas partidárias para dentro do feminismo. A gente dizia que elas estavam querendo cooptar o feminismo."

Hildete Pereira de Melo, economista, por sua vez, fala do lugar de quem estava afiliada ao partido: "Nosso grupo de estudo sobre o livro da Saffiotti entrou em massa no Centro da Mulher Brasileira. Nós, mulheres [integrantes do partido], queríamos fazer uma ação política, e esta passava por um movimento, por uma organização, municipal, estadual, uma organização na cidade."

O CMB era um espaço em que se discutiam temas não incluídos nas pautas dos partidos de esquerda: violência doméstica, sexualidade, contracepção e aborto. Havia também os temas comuns entre "partidárias" e "autônomas", como legislação e mercado de trabalho, violência do Estado, censura, participação política, democratização.

Nos grupos da esquerda partidária, a ideia predominante era de que a vitória de uma revolução socialista resolveria todas as outras contradições, e insistir na questão da discriminação de sexo (como na de raça) seria "dividir a causa". A prioridade era a "luta de classes". Na linguagem marxista, se falava em *contradição principal*, a luta de classes, e *contradição secundária*, que incluiria todas as outras lutas, estando implícito que seriam resolvidas depois de superada a primeira.

Essa perspectiva era o pano de fundo das discussões. O Centro oferecia um espaço de encontro relativamente seguro, em um contexto de ditadura em que qualquer reunião de cunho político era reprimida. Aquele era o lugar onde essas mulheres, organizadas em partidos de esquerda rígidos e patriarcais, e que não eram levadas a sério pelos companheiros, encontravam um novo discurso e eco para suas inquietações. Daí a chamada "dupla militância", experiência também vivida pelas militantes dos partidos de esquerda europeus e dos movimentos estudantis estadunidenses.

Santinha confirma a desconfiança com que os partidos de esquerda viam o feminismo: "Levei a discussão para o próprio partido e foi-me dito o seguinte: 'Santinha, eu acho que essa questão, ela está incluída dentro do comunismo, mas ela não pode ser prioridade.' E eu vi que não era prioridade e que, durante muito tempo, não seria. Então eu saí do Partido Comunista. Saí porque deixou de ser o meu lugar."

Também Comba relata a resistência que o Partido Comunista opunha à ideia de feminismo: "Os meus companheiros me chamaram num canto e falaram: 'Você não tem nada que se meter com essas mulheres. Isto aí é ação do imperialismo estadunidense para quebrar a unidade do povo brasileiro em defesa das liberdades, da luta do povo. Isso é divisionismo, você não deve se meter com essa gente.' Mas não dei ouvidos. Já era um caminho sem retorno: eu entendi o feminismo, me conscientizei que era feminista."

Naquele contexto opressivo da ditadura militar, em que a formação de coletivos, sindicatos, associações era cerceada, fica a pergunta: por que os militares não reprimiram o CMB? Nossa invisibilidade se deveu ao fato de que, provavelmente, não éramos consideradas importantes e nem ameaçadoras para o sistema. Aquilo era, apenas, "uma coisa de mulher".

Fomos salvas pelo patriarcalismo, que cegou os militares para o caráter revolucionário daquele espaço.

A política tradicional não conseguia – ou não queria – compreender essa ideia de uma organização exclusiva de mulheres, libertária, sem lideranças e hierarquias, e que, ao mesmo tempo lutava pela democracia e agregava novas agendas, embora estas ainda não incorporassem o racismo como estruturante das relações de gênero.

Em outros espaços de resistência, também havia incompreensão, como relata a advogada Gloria Marcia Percinoto com relação à OAB. Os temas específicos da mulher eram desconsiderados, ou ainda, quando aceitos por força da influência das advogadas feministas, não eram compreendidos. Conta ela que, em um encontro de advogados sobre mercado de trabalho em 1975, o representante da OAB, imaginando demonstrar seu apoio às demandas das profissionais, divulgou um parecer em que afirmava que a advocacia era uma "profissão viril", e, sendo assim, a mulher seria "muito bem-vinda na profissão, mas para tratar do direito de família ou do direito do menor, porque ela tem sensibilidade para isso!" Ou seja, seria como dizer que a mulher médica deve se especializar em pediatria e ginecologia/obstetrícia pelas supostas atribuições inatas de seu sexo! Ainda na década de 1970, os homens não sabiam o que fazer com essa novidade: mulheres entrando em massa em "suas" profissões.

A força do movimento era desconsiderada por muitos setores que se recusavam a atribuir importância política às reivindicações das mulheres. Em 1979, quando o movimento se fazia ver em eventos e manifestações, e havia crescido pelo país, o *Jornal do Brasil* recusou-se a divulgar o Encontro Nacional Feminista programado para ocorrer na Faculdade Cândido Mendes, de Ipanema. Duas das responsáveis pela divulgação do evento falam sobre a recepção negativa:

Branca: "Fomos ao *Jornal do Brasil* fazer a divulgação. O diretor da seção de política nos recebeu de mau humor, grosseiro, dizendo que 'esse assunto não interessa ao jornal'. Nós ficamos chocadas, e eu tive o gosto de dizer a ele que ainda chegaria o dia em que iriam nos procurar porque esse era o movimento mais importante da história, que eles estavam deixando de divulgar. E saímos furiosas. Ainda lembro da nossa indignação descendo no elevador!"

Hildete: "Éramos o grupo responsável pela divulgação das comemorações do Dia Internacional da Mulher. Começamos sua divulgação indo a redação do *Jornal do Brasil* para pedir a cobertura do evento. Conseguir essa cobertura teria grande significado para a divulgação da luta feminista no Rio de Janeiro e no Brasil. Qual não foi nossa surpresa com a recepção grosseira com que o redator da seção de política nos recebeu. Fiquei pasma com a rude informação de que 'esse assunto não interessa ao jornal!' Sem ler uma linha, jogou nosso texto-convite em cima da mesa!"

Apesar da atitude desse redator, a imprensa não estava cega ao movimento. Fosse pelo ineditismo de nossas pautas, fosse pela força e visibilidade do feminismo internacional, ganhamos espaço em jornais, revistas, no rádio, na TV e mesmo no *Jornal do Brasil*.

Enquanto o feminismo discutia suas pautas e buscava visibilidade no Brasil, a ditadura mantinha sua política de repressão. Durante essa década, crescia o número de exilados. Se a primeira leva, que saíra logo após o golpe de 1964, se dirigira, sobretudo, a países vizinhos e ainda democráticos, como Argentina, Uruguai, Chile e Bolívia, no fim da década de 1970, com os golpes militares nesses países, o fluxo dirige-se à Europa.

A França é um dos países que acolhem um grande número de exilados brasileiros, entre estes mulheres que se identificam com o feminismo e que fundam, em Paris, o Círculo de Mulheres Brasileiras. A socióloga Sandra Macedo é uma delas e comenta: "Enquanto as mulheres no Brasil organizavam as primeiras manifestações, um grupo de exiladas em Paris entrava em contato com o feminismo europeu e começava a reunir-se, apesar da oposição dos seus companheiros, que viam o feminismo como um desvio na luta pelo fim da ditadura e pelo socialismo. Profundamente alinhadas com o movimento feminista-luta de classes, dizíamos: 'Somente nós, mulheres organizadas autonomamente, podemos estar na vanguarda. Nosso objetivo, ao defender a organização independente das mulheres, não é separar, dividir, diferenciar nossas lutas das lutas que conjuntamente homens e mulheres travam pela destruição de todas as relações de dominação da sociedade capitalista." Campanhas em defesa de presas políticas e de divulgação de lutas de mulheres no Brasil faziam parte das atividades centrais do círculo. Ao mesmo tempo, participávamos dos movimentos feministas franceses pela defesa do aborto."

Rosiska Darcy de Oliveira, escritora, conta o que significou para ela, exilada em Genebra, encontrar o movimento feminista, levada por uma amiga suíça, e sentir-se, de repente, integrada nesse novo país: "O movimento feminista na Suíça teve, pra mim, uma importância muito grande. Não só por ele mesmo, por ser o que era o movimento feminista na época, mas porque foi o que me deu, o que me devolveu uma espécie de identidade, como se fosse o país das mulheres. Eu não tinha passaporte, estava exilada, e o encontro com o movimento de mulheres de certa maneira amenizou muito o meu exílio. Muito. A Virginia Woolf fala isso no país das mulheres."

Ingrid Stein relata a mesma experiência de pertencimento quando recém-chegada à Alemanha: "Eu estava me separando. Resolvi fazer uma pós-graduação na Alemanha. Ao chegar em Bonn, em 1978, fui à livraria de mulheres, Nora, e, por meio de uma nota no quadro de avisos, achei um novo grupo de reflexão. Também desse tempo tenho amizades que duram até hoje."

O debate sobre a Anistia aos exilados e presos políticos avança na sociedade brasileira, especialmente com a fundação, em 1975, por Therezinha Zerbini, ex-presa política, do Movimento Feminino pela Anistia. Composto, sobretudo, por mulheres católicas de classe média, se expande por meio de seu órgão de imprensa, *Maria Quitéria*, e, em 1978, institui, em vários estados, os Comitês Brasileiros pela Anistia. Leila Barsted menciona esse importante nome: "O feminismo vai se envolvendo no processo de redemocratização com outros movimentos, incluindo o Movimento Feminino pela Anistia, do qual Therezinha Zerbini foi uma grande propulsora."

A volta das exiladas e dos exilados a partir de 1979, com a Anistia, reforça os temas já presentes nos movimentos nacionais, como meio ambiente, demarcação de terras indígenas, racismo, homofobia e feminismo.

Muitas das exiladas que voltaram para o Rio de Janeiro se integraram ao Centro da Mulher Brasileira. Com sua postura feminista, fortalecem as "autônomas" em seu debate com as "partidárias", como comenta Comba: "Com a chegada desse grupo de Paris, reforçou-se a argumentação das feministas autônomas quanto aos temas até então intocáveis."[97]

Já o relato de Hildete Pereira de Melo resume as posições divergentes: "Quer dizer, a Lei de Anistia de 1979, decretada em agosto, trouxe muita gente de volta. Nós fomos muito impactadas com a chegada de um grupo grande de mulheres que era do Círculo de Mulheres Brasileiras em Paris. E um dos eixos de luta naquela época era pela legalização do aborto – que nós tínhamos muita dificuldade de enfrentar por causa da aliança que tínhamos com a igreja por conta da redemocratização. Até mulheres que brigavam pela anistia não desfraldavam todas as bandeiras da pauta feminista, como as bandeiras pela regulação da fecundidade, pelo 'nosso corpo nos pertence', e a questão da violência doméstica."

Era o momento de construção de uma frente ampla da oposição à ditadura, e setores progressistas da igreja Católica tiveram um papel fundamental na defesa dos direitos humanos e na proteção dos presos políticos. O Conselho de Leigos do Vaticano levava ao papa denúncias de tortura aos presos políticos, e sacerdotes e religiosas

---

[97] C. M. Porto, op.cit., p. 97.

foram presos, torturados, ou se exilaram. Branca comenta sobre a atuação de sua mãe: "Branca de Mello Franco Alves, minha mãe, era representante do Conselho de Leigos da América Latina no Vaticano, e levava a essa entidade de assessoria direta ao papa, clandestinamente, e correndo risco pessoal, as denúncias de tortura trazidas, também de forma clandestina e perigosa, pelas mães e pelos advogados de presos políticos. Não me esqueço dela me contando um comentário que lhe havia feito dom Helder Câmara, referindo-se à prisão, tortura e morte de seu assessor, padre Henrique: 'Eles não têm coragem de me atingir, mas estão ceifando à minha volta!'"

O feminismo caminhava assim entre instituições como a igreja Católica e os partidos políticos de oposição, com os quais compartilhava a luta contra a ditadura, estabelecendo alianças possíveis e fronteiras necessárias. Buscava também aproximar-se das mulheres trabalhadoras sindicalizadas, entre as quais ainda encontrava resistência, como discute Malu Helborn: "Com o Centro, nós tivemos dificuldades em trazer as sindicalistas para perto, porque elas diziam que quem discute aborto, sexualidade e violência contra a mulher eram as mulheres burguesas – essas não eram questão de classe para elas. Havia uma tensão muito forte entre os grupos."[98]

No Centro da Mulher Brasileira, continuava o debate entre autonomia e partidarismo. Em 4 de março de 1979, o CMB organizou o já mencionado Encontro Nacional de Mulheres na Faculdade Cândido Mendes, de Ipanema, em comemoração ao Dia Internacional da Mulher. O evento foi um sucesso, com cerca de quatrocentos participantes, divididos em oito grupos de trabalho. Um dos grupos tratava justamente do tema controvertido, causa de tantos confrontos: a questão da contracepção e do aborto. As discussões no CMB haviam chegado a um ponto de ruptura, e o grupo das "autônomas" apresentou um documento em defesa das pautas feministas amplas

---

98 *Ibid.*, p. 481.

e independentes, e contra a "dupla militância", que ameaçava transformar o CMB em um braço partidário.

Muitas reuniões e discussões foram feitas na tentativa de construir uma visão estratégica comum, com seus objetivos e prioridades específicas, não subordinados às agendas partidárias.

Afinal, em uma última reunião, pouco depois do Encontro, em abril, as "autônomas" decidiram deixar o CMB para formar seu próprio grupo. Assim nasceu, logo depois, em 15 de abril, o Coletivo de Mulheres do Rio de Janeiro. Uma dessas dissidentes é Malu: "Fiquei uns três anos no CMB, quando começou a chegar gente exilada e estrangeira mostrando que o feminismo na França e em outros lugares era diferente. Então, formamos o Coletivo de Mulheres Brasileiras."[99]

Além de marcar o nascimento de um novo grupo, que viria a enriquecer o movimento, o Encontro da Faculdade Cândido Mendes foi uma oportunidade para que se articulassem nacionalmente os grupos feministas de outros estados, dando nova força ao movimento. As resoluções mostram o amadurecimento do feminismo, numa postura política de inclusão na frente de oposição à ditadura militar e a consciência de que a luta feminista pertence a todas as mulheres, unidas na pauta comum, conforme expresso no documento final, citado por Ana Alice Alcântara Costa[100]:

"1. A luta pela libertação da mulher brasileira está indissoluvelmente ligada às lutas gerais por liberdades democráticas e por uma anistia ampla, geral e irrestrita e vem somar força com os movimentos que lutam contra qualquer tipo de opressão;

2. A tática atual dos movimentos de mulheres implica na luta pela unidade destes movimentos, unidade esta que pressupõe a diversidade dos grupos e organizações, e a superação de particularidades de cada um através da adoção de bandeiras de luta comuns.

---

99 Ibid., p. 482.
100 A. A. Costa, "O feminismo brasileiro em tempos de ditadura militar".

3. O movimento feminista deve ser aberto a todas as mulheres"
(...)

A iniciativa de criação do CMB como um local formal de encontro foi realmente inspiradora e histórica, porque permitiu que nós, que questionávamos o patriarcado e o papel das mulheres na sociedade, pudéssemos trocar experiências, nos fortalecer e atuar politicamente de forma institucional. A criação do CMB é considerada o momento da guinada, o pontapé para o feminismo desta "segunda onda" que, como movimento organizado, ganha as ruas e praças. Nesse cenário de transição democrática, o movimento avançava como num "rastilho", conforme comentam algumas mulheres:

Hildete: "Porque, como rastilho de pólvora, a discussão pela igualdade varreu o Brasil! Não tem jeito. Quer dizer, o movimento de mulheres cresceu muito no bojo da luta pela redemocratização. Então a luta pela democracia nos favoreceu muito para que botássemos a cara a tapa. Tudo aquilo ali foi um caudal de águas em que nós mulheres navegamos."

Leila, por sua vez, traz também a imagem do Carnaval: "Foi o grande momento de botar o bloco na rua mesmo. Nós nos mobilizamos muito aqui no Rio, e esse movimento saiu dos espaços privados e começou a ganhar outros espaços. Os sindicatos, por exemplo. A imprensa também deu visibilidade para o movimento, divulgando as atuações. Quer dizer, alguém ateou um pouquinho do fogo aqui e o rastilho se espalhou. Nesse período – seria interessante se a gente pudesse mapear isso – vão surgindo grupos feministas no Brasil inteiro. Rio, São Paulo, Belo Horizonte, e também no Nordeste."

Carmen Barroso: "Ao mesmo tempo, lá na Fundação Carlos Chagas, em São Paulo, a gente tinha começado uns seminários que eram, no princípio, semanais. Nesses seminários, a gente convidava umas pessoas de São Paulo e também algumas de fora. Isso foi logo no começo da Carlos Chagas, 1975. Eram seminários sobre pesquisas sobre a mulher. Agora, a abordagem era uma abordagem feminista. (...) Branca, você se lembra de uma reunião, de como a gente tinha medo, era num clima de clandestinidade, a gente tinha medo de contar que estava se reunindo como feministas, e o Rio já nos servia de inspiração para São Paulo. A tua presença foi marcante naquela reunião, você contou das coisas que vocês estavam fazendo no Rio. Eu acho que agora a integração entre as diferentes cidades do país é muitíssimo maior. Na época, havia uma distância de quatrocentos quilômetros..."

Apesar dos meios de comunicação precários da época, esse "rastilho" contagiou o país. Grupos temáticos foram sendo criados, centros de estudo, partidos e sindicatos instituíram seus setores específicos da mulher. Estava aí a segunda onda, navegando pelo Brasil, e trazendo temáticas que se colocavam no discurso político pela voz do feminismo.

MULTIPLICAMOS NOSSOS ESPAÇOS:
COLETIVO DE MULHERES E FÓRUM FEMINISTA

> "Em tudo que o feminismo faz sempre tem vários grupos que se juntam para uma ação. Tenta-se fazer uma coisa unificada – e sempre deu certo; no Rio, sempre dava certo."
>
> *Rita Andrea*
>
> "Coletivos, grupos, centros... independentemente do nome com que se identificavam, este é um momento de expansão do feminismo como movimento político."[101]
>
> *Coletivo de Mulheres*

O Coletivo de Mulheres foi um novo espaço de reflexão e ação, criado em 1981, com a presença de feministas que haviam voltado do exílio na Europa, e de companheiras que ali aportaram, vindas do CMB. Avaliar se seu surgimento representa uma ruptura ou novos caminhos não é tão importante quanto reconhecer nesse Coletivo a expressão da força e diversidade do movimento no período.

---

[101] Entre os vários outros grupos, coletivos e organizações que surgem nesses anos estão: no Rio de Janeiro, os grupos Ceres, Mulherando, Sexo Finalmente Explícito, SOS Mulher; em São Paulo, a Associação de Mulheres, depois denominada Sexualidade e Política; Centro de Informação da Mulher (CIM); Casa da Mulher de São Paulo; Grupo 8 de março; SOS Mulher; Rede Mulher de Educação; em Campinas, Coletivo Feminista de Campinas; em São Luís (MA), Mulheres da Ilha; em João Pessoa (PB), Maria Mulher; em Recife (PE), Casa da Mulher do Nordeste; Ação Mulher; SOS Corpo; em Natal (RN), Casa da Mulher Natalense; em Brasília, Brasília Mulher; em Salvador (BA), Brasil Mulher; em Goiânia (GO), Eva de Novo; em Belo Horizonte (MG), Centro de Defesa dos Direitos da Mulher; em Santa Catarina, Grupo Mulher Catarina; no Rio Grande do Sul, Libertas e Costela de Adão. Cf. H. P. de Melo e S. Schumacher, "Feminismo pós 1975 – a segunda onda feminista no Brasil", In: S. Schumacher e É. V. Brasil, *Dicionário de Mulheres do Brasil*.

Rita Andrea, recém-chegada de Paris, não vê a formação do Coletivo como uma cisão e, ao contrário, entende que foi uma especialização de temas: "Eu acho que não foi um racha, mas uma definição de área de atuação, área de pensamento para avançar na questão da violência de gênero, que era uma coisa que não se falava, era velada. Eu me identifiquei com essas mulheres e a gente formou um grupo de reflexão feminista sobre a violência. Em tudo que o feminismo faz sempre tem vários grupos que se juntam para uma ação. Tenta-se fazer uma coisa unificada – e sempre deu certo; no Rio, sempre dava certo."

Eunice Gutman também situa a atuação do novo grupo sem dar lugar a discussões excludentes: "Na verdade, essa divisão não foi uma divisão realmente. Era só uma espécie de atitude no sentido de que não era um contra o outro. A gente queria continuar com os grupos de reflexão. O Coletivo queria continuar com aquela reflexão sobre o papel da mulher na sociedade, sobre o patriarcado. Quando muitas começaram a fazer uma partidarização, se esqueceram desses temas. Mas a gente participava de tudo."

O Coletivo elenca, em seu documento fundador, chamado *Nossos primeiros passos, nosso movimento*, seu objetivo de abraçar temas como visão do feminismo, a realidade da mulher brasileira, o caráter não misto e autônomo do movimento.[102] Suas atividades organizaram-se em grupos de reflexão e grupos de trabalho, e tomaram parte, em conjunto com o CMB e outros grupos, do ativismo de rua, que já era uma das faces do movimento. Foi "quando pusemos o bloco na rua", no dizer de Leila.

Os temas violência e direitos reprodutivos foram eixos importantes de trabalho, tanto na atuação de sua Comissão de Violência quanto na sua militância na questão da sexualidade e do aborto.

---

102 O documento fundador foi publicado no nº 3 dos *Cadernos da Associação de Mulheres*, com o título "O movimento de mulheres no Brasil".

A historiadora Wania Sant'Anna fala sobre esse aspecto da atuação do movimento ao narrar o início de sua participação nos encontros:

"Cheguei ao Coletivo de Mulheres do Rio de Janeiro, e elas estavam concluindo o livro *Cícera, um destino de uma mulher*. Estavam relatando o caso e a luta da Cícera para conseguir que a filha, menor de idade, que foi sexualmente abusada pelo padrasto, pudesse ter acesso ao aborto legal. (...) Aquilo me chocou, como violência, tão profundamente. (...) Eu olhava para aquela mulher e, claro, ela se tornou outra pessoa no convívio com as feministas, porque ela teve o acolhimento necessário. Eu disse: 'É isso que eu quero para a minha vida.' E eu fui começando a entender o que era violência patriarcal. E pensei: 'Eu não posso me afastar de um grupo como esse, que eu sei que se me acontecer qualquer coisa, eu posso ser acolhida. E fazer novas amigas naquele espaço, além de poder trazer amigas de longa data para o grupo, para a causa.' Acho que foi muito importante aquele período."

Malu também aborda as atividades que realizou no Coletivo: "Havia o grupo de contrainformação, em que escrevíamos artigos ponderando argumentos contrários a cantadas desagradáveis, sobre sexualidade feminina etc. Naquela época, nós fizemos uns filmes com o Ricardo Arnt, lá na Escola de Comunicação da Universidade Federal do Rio de Janeiro (ECO-Ufrj). Foram cinco temas, entre: aborto, mulher e trabalho, sexualidade e empregadas domésticas."[103]

A questão do "partidarismo" ainda não havia se esgotado. Em em novembro de 1979, houve, no teatro Casa Grande, no Rio de Janeiro – local histórico por abrir seu espaço a manifestações e eventos de oposição à ditadura –, um debate sobre o tema da autonomia. Pelo Partido Comunista Brasileiro (PCB) falou Zuleika Alembert, recém-chegada do exílio com a Anistia, mantendo sua posição de obediência ao Comitê Central. O teatro estava lotado, porque

---

[103] Malu em *Explosão Feminista*, p. 482.

Zuleika era conhecida dentro e fora do PCB, tendo sido deputada nas eleições de 1946, as primeiras depois da ditadura Vargas. Hildete Pereira de Melo narra a reação de algumas integrantes do movimento feminista ao ouvir seu discurso: "Lembro muito bem desse debate. Eu estava presente. A gente se contrapôs a Zuleika violentamente. Ela estava ainda muito dobrada e defendeu com vigor as posições partidárias."

Após o evento, o Coletivo apresentou o documento: *A importância de manter a autonomia político-feminista em relação à política dos partidos*, título que já descreve o clima de confronto, ainda persistente, diante da recusa dos partidos em respeitar a independência daquele nascente movimento.[104] A questão estava na recusa à partidarização ao mesmo tempo que, mantendo a autonomia política, havia a consciência de que era preciso influenciar os partidos com as ideias e propostas feministas.

Foi assim que Zuleika, recém-chegada, sem saber ainda onde estava pisando, ouviu e posteriormente, inclusive, reviu sua posição. Disse a Hildete que tinha ficado muito impressionada com a forma como fora contestada pelas feministas, muitas militantes de partidos, o que lhe deu o que pensar. A despeito das discordâncias, Jacqueline enfatiza a importância de sua figura no movimento feminista:

"Zuleika foi uma grande liderança. Desde aquele evento no teatro Casa Grande, quando a vi pela primeira vez, ela me impressionou. Esteve presente, aliada e companheira no futuro processo de criação do Conselho Nacional dos Direitos da Mulher (CNDM), e era uma pessoa a quem eu sempre pedia conselhos. Sábia Zuleika."

Ainda no mesmo teatro Casa Grande, em 1980, o Coletivo participou do evento de nome Controle de natalidade, legislação do aborto e feminismo, outro debate convocado pelo movimento, dessa vez com o propósito de romper o muro de silêncio que cercava o tema do aborto e que o feminismo, desde os anos 1970, vinha lutando por demolir.

---

104 Documento publicado no jornal *Em Tempo*, nº 91, de 22 a 28 de nov. de 1979.

Outras iniciativas importantes do Coletivo acerca desse mesmo tema foram a organização do seminário nacional *Saúde, sexualidade, contracepção e aborto* no hotel Copacabana Palace, a publicação de nove edições do jornal *Sexo finalmente explícito* e, ainda, o documentário de Eunice Gutman *Vida de mulher é assim mesmo*, todas iniciativas realizadas em 1983.

O primeiro número do jornal *Sexo finalmente explícito* denuncia a desapropriação do corpo da mulher pelas políticas de controle populacional. Afirma a publicação:

"Porém um fato é verdadeiro: tanto a política antinatalista quanto a natalista têm, historicamente, usado o corpo da mulher considerando-o como um patrimônio social acima de seus direitos e de sua individualidade. Todas elas manipulam nossa sexualidade, nosso órgão genital, nossa função reprodutora, alienando-nos de modo profundo de nosso próprio corpo."[105]

A influência das mulheres que voltavam de anos de exílio reforçou no Coletivo a sua vinculação internacional, importante tanto para fortalecer o movimento por meio de campanhas mundiais, com maior possibilidade de repercussão, quanto para obtenção de recursos para seus projetos nacionais. O grupo tinha como parceiros o ISIS [Woman's International Information and Service], com sede em Genebra e em Santiago do Chile; a Rede Feminista Internacional que coordenava e a Campanha Internacional sobre Contracepção, Aborto e Esterilização (ICASC), com sede na Holanda.

O Coletivo e o CMB correspondem à ação política organizada do movimento feminista no Rio de Janeiro, por seu caráter de entidades mais formalizadas.

O movimento vai também expandindo seu alcance a iniciativas de agregação e definição de estratégias comuns, como o Fórum Feminista.

[105] *O sexo finalmente explícito*, nº zero, 1983, capa e página 2. Cf., vide T. de Camargo, "Narrativas Pró-Direito ao Aborto no Brasil, 1976 a 2016".

FÓRUM FEMINISTA

O movimento que começou naquele Seminário da ABI em 1975 e se organizou no CMB havia se expandido de tal forma que era preciso encontrar um espaço onde, de maneira informal, pudessem se reunir os muitos grupos, organizações e militantes feministas. Estava claro que deveria ser um local neutro, onde fosse possível realizar encontros com regularidade. Nasce, assim, o Fórum Feminista do Rio de Janeiro, em 1985.

Luiza Martins, pedagoga, comenta a sua origem: "E assim, reunidas primeiro nas casas das próprias feministas e depois em sindicatos e outros espaços públicos, Casa do Estudante, Sede das Bandeirantes, sindicatos como o dos Professores do Rio (Sinpro-Rio) e o dos Médicos, (...) e com a participação das mais diferentes mulheres e dos mais diferentes partidos e entidades, estava criada uma entidade feminista livre, apartidária, aberta, sem CNPJ, sem sede, na qual qualquer mulher podia participar com voz e voto."

A composição do Fórum Feminista do Rio de Janeiro é uma demonstração da riqueza do movimento. Dele participavam o movimento de mulheres negras, o grupo Mulheres da Baixada Fluminense, mulheres sindicalizadas, de associações profissionais, representações da área cultural, de partidos políticos (PT, PMDB), e grupos independentes.[106]

Rita Andrea fala sobre a mobilização de redes gerada com inspiração em seu surgimento: "O Fórum foi uma necessidade da nossa

---

[106] Participavam do Fórum: sindicatos como a Central Única de Trabalhadores (CUT), a Confederação Nacional dos Trabalhadores na Agricultura (Contag), o Sindicato dos Médicos, dos Metalúrgicos, dos Urbanitários – Light, dos economistas; dos bancários; dos Trabalhadores em Processamento de Dados e Tecnologia da Informação (SINDPD); dos Empregados em Entidades Culturais, Recreativas de Assistência Social, de Orientação e Formação Profissional do Rio de Janeiro (Senalba); a Associação Nacional de Ensino Superior (Andes); a OAB-Mulher; Associações de empregadas domésticas; de parteiras; de costureiras.

militância feminista. A gente sentiu que precisava de um lugar onde nos reuníssemos, chamássemos os jovens, as mulheres negras. Uma coisa aberta. Articulamos com muitas mulheres, de várias organizações. Fazíamos debates sobre as questões feministas, sobre questões políticas. O feminismo no Brasil nasce na esquerda. Então o Fórum Feminista era um fórum de esquerda. Tudo que era luta de rua o Fórum Feminista estava. Organizava o 8 de março, fazia o *Alerta*. A pauta era a da atualidade."

Rosane Maria Reis Lavigne, defensora pública, traduz essa movimentação como horizontal: "O Fórum Feminista trouxe essa horizontalidade para a luta feminista da cidade do Rio de Janeiro, cuja política pública para mulheres nasce muito com a cara do Fórum." Wania Sant'Anna, de forma análoga, destaca seu caráter agregador e também menciona suas influências no debate sobre políticas públicas no Rio de Janeiro: "Eu considero que a formação do Fórum Feminista foi uma experiência rica como iniciativa de agregação, de formação de um campo assumidamente progressista, em busca de radicalidades possíveis. (…) Foi a experiência de constituição de um campo político em um momento em que também se reivindicava a centralidade e importância de ter políticas públicas que atendessem os interesses e as necessidades das mulheres. O Fórum buscou ser um espaço de diálogo, que reconhecia a importância e responsabilidade do Estado, (…) e, ao mesmo tempo, sinalizava a importância do distanciamento crítico."

A criação desse espaço de discussão política foi, então, fundamental para fazer avançar as agendas feministas, como também comenta Luiza Martins: "O Fórum Feminista atuou fortemente nas atividades políticas organizadas pelas mulheres brasileiras para incluir, na Constituição de 1988, a igualdade de direitos entre homens e mulheres. Estivemos na linha de frente da criação do Conselho Nacional dos Direitos da Mulher (CNDM), do Conselho Estadual dos Direitos da Mulher (Cedim-RJ), das Delegacias da Mulher

(Deams), dos Centros Integrados de Atendimento à Mulher em Situação de Violência (Ciams)."

Quanto aos assuntos que as atividades do Fórum abrangiam, Wania Sant'Anna explicita: "Discutimos questões importantes naquela época – violência, saúde, participação política, emprego doméstico, aborto, a odiosa prática clandestina de esterilização das mulheres em favelas e periferias, racismo, silêncios sobre lesbianismo, meios de comunicação e estereótipos, trabalho de base, pauta geral versus pautas específicas, as múltiplas formas de discriminação contra as mulheres – uma pauta ampla de assuntos, e isso foi possível porque as mulheres que estavam ali, naquele front, catalisavam pontos de vistas sobre eles."

O Fórum Feminista e os vários coletivos, grupos e associações que caracterizam o feminismo como movimento político naqueles anos trazem, assim, novas formas de organização e novas pautas para o debate público.

Wania conclui: "Olhando em retrospectiva, não saberia dizer o quão bem-sucedidas nós fomos, mas é inegável que o Fórum foi um espaço de formação política importante naquela época, e uma experiência objetiva de tomada coletiva de decisões. E isso não foi algo trivial."

Seja no Centro da Mulher Brasileira, no Coletivo Feminista, no Fórum e nos diversos espaços em que atuava o feminismo, as pautas de violência, sexualidade e reprodução se sobressaiam nas discussões e na ação política daqueles anos. Comba Marques Porto destaca sua relevância ao observar a permanência desses debates nos dias de hoje: "Começamos a falar da nova pauta, a grande novidade da segunda onda. A nova pauta que falava de direitos reprodutivos, sexualidade, aborto, contracepção e violência. É a pauta que ainda temos nos dias atuais.

O feminismo levou essas temáticas para as ruas, para o Legislativo, para o Executivo, para o Judiciário, as colocou como questões ligadas aos direitos humanos e a políticas públicas. E elas permanecem presentes, ainda hoje.

AFIRMAMOS:
QUEM AMA NÃO MATA

> "Olha, a história do slogan do movimento 'Quem ama não mata' é uma história que eu considero muito bonita.
>
> *Mirian Chrystus*

Em escadarias de igrejas, marchas, manifestos, o movimento feminista denunciava para a sociedade, e para as próprias mulheres, o quanto era aceita socialmente e legitimada a violência quando praticada por homens com os quais as vítimas mantinham relações de intimidade. Diversas são as expressões da violência, desde as agressões domésticas físicas e psicológicas, ao estupro, e ao assassinato, passando pela negligência da polícia em relação à violência contra a mulher, parte de um sistema de justiça que muitas vezes condena a própria vítima. Lutar contra todas essas formas de violência torna-se central na agenda do feminismo, que desenvolve campanhas e cria instrumentos de ação, a princípio de forma voluntária, mas que vieram a formar a base de políticas públicas hoje institucionalizadas.

A primeira manifestação pública contra assédio sexual no Brasil foi organizada em 1979, com a participação do Coletivo, do CMB e outros grupos. Uma recepcionista do *Jornal do Brasil* tinha sofrido assédio por seu superior, que havia enfiado a mão dentro de sua blusa, e ela teve a coragem rara, pelas razões óbvias em situações como essa, de denunciá-lo. Suas colegas a apoiaram e reclamaram à direção para que garantisse a segurança do ambiente de trabalho. O resultado, como de praxe, foi a demissão de "todas aquelas que não estiverem satisfeitas com a disciplina interna". A recepcionista ofendida encaminhou uma queixa-crime e foi instaurado inquérito contra o assediador que, como sempre é o caso, negou. Disse "ter apenas tocado no colar da moça".[107]

A manifestação pública contou com a presença de parlamentares (Heloneida Studart, também do CMB, que discursou, Raimundo de Oliveira e Hélio Fernandes Filho, deputados estaduais, e Modesto da Silveira, deputado federal). Os parlamentares, em favor dos manifestantes, tiveram de interceder à polícia que logo apareceu para dispersar a manifestação. A participação desse grupo de políticos demonstrava uma característica do feminismo brasileiro no sentido de buscar pontes com instituições formais de poder, no caso o Legislativo.

O jornal afastou o assediador, mas lhe deu o que se pode dizer ser um "prêmio", nomeando-o correspondente em Paris. Sobre essa transferência, Hildete comenta: "A gente se vingou avisando às feministas brasileiras em Paris, que foram recebê-lo com cartazes no aeroporto!"

Foi na luta contra a violência que o movimento ganhou maior visibilidade e força, por ser uma agenda consensual. Essa luta se impunha pela sucessão de assassinatos de mulheres por seus maridos e companheiros, e pela utilização, nos Tribunais do Júri, do argumento da "legítima defesa da honra", que significava um novo assassinato da mulher, dessa vez pela Justiça, com a arma do preconceito, do machismo. Os assassinos, réus confessos, recebiam sentenças irrisórias ou eram absolvidos, revertendo a lógica da justiça, pois a vítima se transformava em ré, culpada de seu próprio assassinato. A campanha "Quem ama não mata", slogan-símbolo, criado em Belo Horizonte, pelas feministas mineiras, ao qual o grupo do SOS-Rio acrescentou "não humilha nem maltrata", foi a estampilha para uma atuação pública em todo o país.

Leila Barsted fala sobre as estratégias mobilizadas nesse momento da luta feminista: "Houve todo um trabalho de rua, de pi-

---

[107] Jornal *Tribuna da imprensa*, 19-20 maio 1979.

chação, de passeata, de um feminismo que se torna mais agressivo, digamos assim, especialmente em relação à denúncia da violência contra as mulheres. Foi o momento de protestar na rua."

Hildete Pereira de Melo contribui situando o movimento dentro do panorama das notícias que circulavam na época: "A questão da violência contra a mulher explode com os assassinatos. Primeiro com o da Ângela Diniz, depois com os da Eliane Calmon, em São Paulo, e da Eloísa Ballesteros Stancioli e Maria Regina Santos Souza Rocha, lá em Minas. Nós ficamos abaladíssimas aqui no Rio com outro assassinato: o da Christel [Arvid]. Ela havia procurado ajuda com o movimento de mulheres cariocas, e nós fomos impotentes em dar proteção para ela. O marido fez uma tocaia e a matou. Esses assassinatos criaram uma ebulição grande."

O assassinato de Ângela Diniz, em 30 de dezembro de 1976, em Búzios, e os julgamentos de seu assassino Raul Fernando (Doca) Street foram um marco na luta das feministas, que desenvolvem uma campanha contra o uso do argumento da "legítima defesa da honra" nos tribunais do júri, verdadeiro assassinato jurídico da vítima.

Ângela foi uma mulher que rompeu com os padrões comportamentais e a moral rígida predominante. Casou-se muito cedo. Separada, teve uma relação conturbada com Doca Street. Encerrou o namoro quando os dois passavam uma temporada em Búzios, no litoral fluminense. Inconformado, Doca matou Ângela com quatro tiros à queima-roupa.

Jacqueline, que conviveu com Ângela, na infância, lembra: "Muito pequena, era vizinha de Ângela, em Belo Horizonte. Brincávamos junto. Com nove anos, mudei com meus pais para o Rio de Janeiro, mas continuei a estar com Ângela nas férias, que passava em Belo Horizonte. Adolescentes, fazíamos *footing* na praça da Liberdade. Fazer *footing* era se arrumar – vestido novo, penteado – e ir andar para lá e para cá na praça, de tarde e de noitinha, para ser vista e olhar os meninos que também andavam para lá e para cá, fazendo outro círculo. Ângela era bonitinha, mas, adolescente, ficou linda. Era engraçada, leve, sedutora. Nossa vida adulta tomou rumos muito diferentes, mas, quando, eventualmente, nos encontrávamos, havia carinho."

O advogado de defesa no primeiro julgamento, em 1979, foi um dos mais respeitados criminalistas brasileiros, o ex-ministro do Supremo Tribunal Federal, cassado pela ditadura, Evandro Lins e Silva, que usou a competência de sua experiência profissional aliada a um arsenal de argumentos machistas. Preparou previamente a opinião pública nacional e, principalmente, a da população de Cabo Frio, cidade em que seria julgado seu cliente. Com um eficiente uso da mídia, que se tornou majoritariamente sua cúmplice. Mergulhou na vida de Ângela para destruir sua imagem, descrevendo-a como mãe desnaturada, mulher sem moral, criminosa e usuária de drogas. Já no fórum em que ocorreu o julgamento, não economizou a teatralidade em sua exposição, usando de retórica sob medida para impressionar os jurados, com uma argumentação invertida que transformou, em um passe de mágica, a vítima em causadora da própria morte. O assassino passou de réu confesso a vítima quando Lins e Silva declarou: "Aquela mulher de escarlate de que fala a Bíblia no Apocalipse. Foi no que ela se transformou no curso da sua vida. Não sei se há alguém aqui que seja religioso e que leia a Bíblia. Mas é no capítulo sobre a Babilônia, em que se descreve a prostituta de alto luxo. A vítima, mulher de escarlate, pisava corações e com suas garras de pantera feria os homens que passavam por sua vida."[108] A conclusão, pela lógica patriarcal, e que, afinal, convenceu o júri, foi: "Ela mesma criou as condições para morrer pela mão de outrem. Foi este o infeliz que a matou. Mas ela preparou essas condições."[109]

Essa defesa em linguagem bíblica deu ao assassino o equivalente a uma absolvição. Ele foi condenado a apenas dois anos de

---

108   E. Lins e Silva, *A defesa tem a palavra: o caso Doca Street e algumas lembranças*, p. 252.
109   E. Lins e Silva, *Ibid.*, p. 224.

147

prisão com direito a *sursis*, que significa a suspensão da pena para condenação não superior a dois anos. Saiu livre e aclamado por um fã-clube, que o ovacionou como herói e vítima.

As feministas reagiram. Em 11 de novembro de 1979, o *Jornal do Brasil* publica um *Manifesto contra o machismo*, assinado por 461 pessoas: "Vemos no caso Doca Street um julgamento não só de Ângela Diniz, mas de todas as mulheres que, de algum modo, fogem ao modelo de comportamento prescrito para o sexo feminino. O julgamento de Doca expressa a maneira pela qual a sociedade brasileira resolve as relações de poder entre os sexos: o sexo masculino, aqui representado pelo sr. Raul Fernandes Street, pode impunemente punir uma mulher que não corresponda ao seu papel tradicional. Queremos deixar claras nossa revolta e indignação."

O recurso da Promotoria para que houvesse um segundo julgamento foi aceito. As feministas se organizaram para evitar que a reversão de papéis entre réu e vítima, que levou à condenação *post mortem* de Ângela, não se repetisse e que o assassino fosse de fato julgado – e condenado. No segundo julgamento, em 1981, fizeram vigília em frente ao Fórum de Cabo Frio, município ao qual Búzios pertencia. Foram vários os grupos que se uniram informalmente no Núcleo de Mobilização Ângela Diniz e fizeram um abaixo-assinado exigindo a condenação do assassino. Jacqueline, na ocasião, leu um manifesto. Mulheres da região foram chegando e se juntando às feministas, de modo que o grupo ia crescendo.

Já naquele segundo julgamento, o clima havia mudado e não se viu mais o "fã-clube" de um Doca "galã". Nossa presença foi bem noticiada pela imprensa, que deu cobertura ao protesto e à forma como estava sendo construída a defesa.

No segundo julgamento atuou como assistente da Promotoria outro grande advogado criminalista, Heleno Fragoso, que afirmou: "A honra do homem não reside no sexo da mulher."[110]

---

110 H. Fragoso, *O Globo*, 6 nov. 1981, p. 8.

Fez-se finalmente justiça: o assassino foi julgado e condenado a quinze anos de prisão. O valor da vida humana prevaleceu sobre o preconceito e a subalternidade da mulher, tornando sua morte um assassinato e não uma execução legitimada pela Justiça.

Valores patriarcais, entretanto, construídos durante séculos, naturalizados e sacralizados, não desaparecem em um único julgamento, como afirma Heleno Fragoso em entrevista posterior ao veredicto: "Creio que essa decisão pode ter sua relevância, mas isso exigirá ainda que passe muito tempo para que se modifique substancialmente a posição da mulher na sociedade. O que vai depender não só de uma eliminação da desigualdade entre os sexos, mas também da eliminação da estrutura opressiva e violenta que existe na sociedade atual."[111]

A repercussão da campanha feminista enfureceu Humberto Telles, o advogado de defesa de Doca nesse segundo julgamento. Em entrevista, ele "comparou o movimento feminista às 'filhas de Hitler, camisas negras da Itália e falanges franquistas: são mulheres fascistas, pois não se voltam para uma luta política por melhores condições de vida. Sua briga é contra o homem, com claro componente homossexual.'"[112]

A revista *Manchete*, uma das mais importantes na época, contratou o escritor Carlos Heitor Cony – também ele, como Evandro Lins e Silva, com posições de oposição à ditadura – para seguir o julgamento. Em suas matérias, Cony apoia, sem questionamentos, a linha da defesa. Depois de traçar a biografia da vítima reforçando o quanto ela se afastara dos padrões morais esperados de esposa e mãe, completa: "Ângela há muito lançava os fundamentos de um crime do qual seria a vítima (...). Ângela tinha de acabar mal (...). O braço de Doca foi um fator do destino, dos mil acidentes naturais

---

111 H. Fragoso, entrevista televisiva em 9 nov. 1981, acervo do MIS-BH.
112 Entrevista ao *Jornal do Brasil* de 5 nov. 1981.

da carne que confluíram e influíram no desfecho previsível e quase merecido."[113]

Na mesma revista, Heloneida Studart faz a reportagem-réplica, demarcando claramente o lugar de onde falam os defensores de assassinos de mulheres, em contraponto com o lugar de fala feminista. Resume ela: "Condenada à imagem e ao estereótipo de representar o 'eterno feminino', não pôde ser outra coisa senão uma Pantera de Minas (...). Morreu à bala não por ser uma vestal – pois as vestais se acabaram há muito – nem por ser infiel (...). Ângela Diniz morreu por ser mulher (...). Na concepção do machismo, não acabou o velho direito medieval do homem matar a mulher quando ela rompe os códigos."[114]

As palavras de Heloneida são paradigmáticas pois, ao afirmar que Ângela morreu por ser mulher, lança o fundamento do que, décadas depois, seria classificado como feminicídio.[115]

A luta das feministas contra a violência e contra o assassinato de mulheres por seus maridos e companheiros, os chamados crimes da paixão, cresce e ganha força e visibilidade em todo o país. Em Belo Horizonte, em 1980, o assassinato de Maria Regina Santos Souza Rocha, por seu marido Eduardo Souza Rocha, e de Eloísa Ballesteros, por seu marido Márcio Stancioli, no espaço de quinze dias, mobilizou as feministas mineiras, que lançaram o slogan "Quem ama não mata", frase-símbolo da luta.

Mirian Chrystus narra o momento da adoção da frase: "Olha, a história do slogan do movimento "Quem ama não mata" é uma história que eu considero muito bonita. Alguns dias antes da rea-

---

[113] Revista *Manchete*, edição de 11 jun. 1977.

[114] Revista *Manchete*, edição de 26 fev. 1977.

[115] Em 2020, a trama dos crimes passionais e do patriarcado, em sua expressão mais perversa, quando vítimas são condenadas e assassinos absolvidos em nome da legítima defesa da honra, foi reconstruída no relato desse assassinato em competente e exaustiva pesquisa por Branca Vianna e Flora Thompson-Devaux no *podcast* intitulado *Praia dos Ossos*.

lização do ato, apareceu pichada em um muro, num colégio tradicional de BH, de freiras, o Pio XII, a frase, uma frase rústica, "Se se ama não se mata". Eu, como repórter da TV Globo, fui lá, filmei esse muro, tentei entrevistar as freiras, elas não quiseram dar entrevista, e imediatamente depois que eu saí elas cobriram com tinta aquela pichação. Celina Albano, socióloga, deu entrevista ao *Jornal Nacional* já tendo modificado a frase para "Quem ama não mata", que era evidentemente mais direta, mais sintética, e não era tão sibilante."

Celina Albano, conta como foi contactada por Mirian para a entrevista na TV Globo. Preocupada em aproveitar ao máximo aquela oportunidade para transmitir, nos três minutos oferecidos, a mensagem e a indignação pelo assassinato de mulheres, ela aceita o desafio: "A maior dificuldade foi resumir em menos de três minutos tudo o que eu tinha preparado para minha fala, pautada principalmente em duas frases bem fortes: 'O silêncio é cúmplice da violência' e 'Quem ama não mata'.

Foi grande a repercussão da entrevista. Um grupo de mulheres mobilizou-se e convocou o ato de repúdio que marcou a luta organizada das mineiras contra a violência, como relata Mirian: "As duas mulheres foram mortas no fim de julho e início de agosto. Então a gente num espaço de dez, quinze dias conseguiu organizar a manifestação (...). Tinha umas quatrocentas pessoas. A gente pediu que levassem flores, e teve uma empresária que nos deu um caminhão de rosas vermelhas. As mulheres portavam rosas vermelhas e velas acesas. Foi um ato teatral, como a gente queria."

A ideia de "um ato teatral" foi levada a sério, conforme contam mulheres que estiveram presentes na ocasião:

Dinorah do Carmo lembra: "Como ex-atriz de teatro, eu ensaiei o pessoal, o discurso da Mirian, a parte de cerimonial da Ana Lucia Gazola, que presidiu a mesa, tudo isso no adro da igreja de São José. Eu declamei um poema, 'Requiem para uma esposa morta', e a Beth Fleury declamou a poesia "Aos homens nosso mel e nosso fel", de sua autoria. Enfim, foi uma participação de muita indignação e, ao mesmo tempo, de muito empenho, muita força."

Beth Fleury: "Essa missa foi lotada. Primeiro, a gente se reuniu na praça da Liberdade com velas na mão, descemos em passeata pela avenida João Pinheiro, subindo para a igreja de São José. Chegamos nessa igreja, já tinha um monte de gente lá. Mirian leu o Manifesto. E depois fomos para fora e fizemos as declamações. Então Adélia Prado declamou, a Dinorah do Carmo declamou, e eu mesma declamei meu próprio poema."

Celina Albano: "No dia 8 de agosto, as escadarias da igreja São José, localizada no centro de Belo Horizonte, foram ocupadas por mais de quatrocentas mulheres de diferentes camadas sociais, além de representantes de partidos políticos, de associações de classe e de sindicatos. Uma data inesquecível e emocionante. No fim da tarde, as manifestantes, segurando velas e rosas vermelhas, lembravam não só de Heloísa e Regina, mas de todas as mulheres assassinadas por seus maridos e companheiros em Minas Gerais, e em todo o Brasil. (...). Nessa oportunidade, foi anunciada a criação do Centro de Defesa dos Direitos da Mulher, um espaço aberto a questões relacionadas com a condição feminina, em especial, com a violência doméstica."

Mais do que "um ato teatral", essa manifestação foi um grande ato político, estampilha para uma atuação pública em todo o país. O slogan "Quem ama não mata" chegou a ser título de uma minissérie da Globo e se mantém, ainda hoje, como palavra de ordem e como movimento organizado contra a violência. O ato no adro da igreja de São José foi uma manifestação emocionante de um movimento que já tinha ganhado o país. Era, mais uma vez, aquele "rastilho de pólvora" que não seria mais possível conter.

A mobilização teve tal repercussão, provocou tal entusiasmo, que o Centro de Defesa dos Direitos da Mulher (CDDM), em Belo Horizonte, foi criado apenas quatro dias depois!

Dinorah conta: "No dia seguinte, a gente se reuniu pra fazer uma avaliação, eu ainda falei: 'Gente, isso não pode morrer. Temos agora que fazer uma reunião para criar um Centro de Defesa da Mulher.'"

O manifesto lido por Mirian já dizia da consciência de que ali estava o começo de uma longa luta, ainda em curso: "A morte nos trouxe até o adro dessa igreja. Mas não é a morte que nos anima a continuar. O que nos dá forças para prosseguir nessa luta, que poderá ocupar nossa vida inteira, é a certeza de que podemos transformar essa sociedade doente que está à nossa volta."

Beth Fleury situa o nascimento do CDDM, vinculando-o ao contexto da luta feminista no país: "Aí começa a engrossar o movimento, começa a ficar uma luta muito forte contra o assassinato das mulheres. (...) O movimento de mulheres foi crescendo muito, as casas da gente ficavam lotadas, as salas, sentava todo mundo no chão, aquele mundo de mulher! (...) Agora a gente ia para os palanques, ia fazer discussão contra a tortura, contra o assassinato dos presos políticos, pela volta dos exilados, pela devolução dos direitos políticos. O feminismo se inseria nisso tudo. A luta das mulheres cresce nesse retorno das exiladas também. Era um contexto muito emocionante e muito cheio de sonhos e de propostas."

Ao mesmo passo, no Rio de Janeiro, entidades como o Coletivo Feminista de Mulheres, Grupo Feminista do Rio e Centro da Mulher Brasileira de Niterói lançam um manifesto:

"Eloísa Ballesteros Stancioli, Maria Regina Santos Souza Rocha, assassinadas por seus próprios maridos, Belo Horizonte, julho/agosto, 1980. Nós, feministas do Rio de Janeiro, repudiamos esses assassinatos e protestamos contra todas as formas de violência que sofremos no nosso dia a dia, lembrando que esses crimes acontecem com mulheres de todas as classes sociais embora só cheguem às manchetes dos jornais quando se trata de mulheres de classe alta. (...) Não vamos admitir que, sob a pretensa legítima defesa da honra, tentem transformar as vítimas em rés, como no caso

Doca Street (...). Não vamos admitir que, mais uma vez, tentem nos negar o direito de dispor livremente sobre nossa vida, nosso corpo. Manifestamos nossa solidariedade às mulheres mineiras que iniciaram um movimento de luta contra todas as formas de violência que recaem sobre nós, mulheres. Que todas nós lutemos juntas em defesa de nossos direitos fundamentais de autonomia e liberdade."[116]

Apenas um ano depois dos eventos em Minas, o assassinato, no Rio, de Christel Arvid Johnston, em 10 de março de 1981, por seu ex-marido, causou mais uma onda de horror e repúdio.

Em razão dos protestos das feministas contra a violência, setores da grande imprensa já reconheciam a importância dessa questão. A edição do *Jornal do Brasil* de 12 de março de 1981, em chamada de primeira página e reportagem em sua página 14, relata, em detalhes, a impressionante perseguição e o périplo de Christel em busca de apoio, desde que se separou de seu marido, o industrial Eduard Arvid Johnston, em 1978, e passou a sofrer ameaças de morte não apenas contra si, mas contra os pais, a empregada e o filho.

A situação foi se agravando. Em 25 de fevereiro do ano em que foi assassinada, Christel e Eduardo tiveram uma audiência de acareação na 15ª DP, em sequência ao inquérito que visava apurar as denúncias de Christel contra seu ex-marido. Diz Christel no depoimento: "Um dia Eduard chegou a ligar cinquenta vezes no espaço de uma hora". Relata que quando ele a chamava pelo interfone e ela não descia, ele buzinava incessantemente e fazia escândalo. Usou o próprio filho para transmitir as ameaças: "O dia de sua mãe está chegando." "Ela não passa dessa semana", dizia.

Apesar de todo esse inferno em que vivia, na acareação Christel disse que não queria prejudicar seu ex-marido nem processá-lo: "O que eu quero é ter direito a uma vida tranquila."

[116] C. M. Porto, *ibid.*, p. 161-62.

Christel enviou também uma carta ao juiz da 6ª Vara de Família em 14 de outubro de 1980, relatando as pressões sobre o filho e explicitando: "Ele quer me matar e por fim à própria vida e não é difícil imaginar a tensão emocional em que nós vivemos, sob todo tipo de pressão. Meu ex-marido disse que meu filho vai mesmo assistir ao meu fim e que também vai junto." E continua o relato: "Durante esse tempo de nossa separação, tenho sido alvo de suas ameaças e insultos, bem como qualquer pessoa que se coloque em minha defesa. Meus pais foram alvo de suas ameaças telefônicas constantemente, o que originou até uma queixa crime na Delegacia de Santa Teresa. Em meu local de trabalho, o Consulado Geral da República da Alemanha, sou diariamente alvo de insultos e ameaças, assim como qualquer outra pessoa. Essas cenas estenderam-se a outros funcionários do consulado, ao cônsul-geral, com insultos a ele e sua esposa". Christel conta ainda que ela e seus pais abriram mão de suas linhas telefônicas para evitar os telefonemas ameaçadores. Encerra sua solicitação ao poder judiciário: "Como, até hoje, nenhuma medida, pedido ou conselho conseguiu modificar essa situação dramática em que vivemos, recorro a Sua Excelência na esperança de que tome conhecimento destes graves fatos e ajude-nos o mais rápido possível."

Assim foi que Christel, em seu desesperado e incessante périplo, chegou à Comissão de Violência do Coletivo. O relato daquela perseguição ininterrupta impressionou o grupo. Pouco depois desse contato, integrantes da Comissão estiveram no apartamento de Christel e notaram que havia um carro estacionado na frente do prédio. Era o marido espionando. Quando saíram, foram seguidas por ele, que dava trombadas no para-choque traseiro do carro em que estavam. No dia seguinte, Christel ligou relatando que as ameaças se haviam intensificado pelo fato de que ela havia procurado ajuda. Por todo o mês de dezembro, as ameaças continuaram, mas, em janeiro, Christel disse que havia uma semana que ele tinha parado as ameaças. Em março foi assassinada.

Ingrid Stein, que havia sido colega de trabalho de Christel no consulado alemão, testemunha: "Eu trabalhei no DAAD, Serviço Alemão de Intercâmbio Acadêmico. A Christel trabalhava no mesmo prédio, era funcionária do consulado e nos conhecíamos. Durante o período do meu doutorado na Alemanha, estive brevemente no Brasil para fazer umas pesquisas e ver minha família (...). Na ocasião, fiquei sabendo por uma amiga que a Christel estava com problemas, que o ex-marido a estava perseguindo e ameaçando. Falei a ela que, no Coletivo de Mulheres, havia a Comissão de Violência, um grupo que dava apoio a mulheres nessa situação, e que conhecia alguém que tinha contato com elas. Apresentei-a à Maria José de Lima [Zezé] – nós participamos do mesmo grupo de reflexão – e ela então a encaminhou ao Coletivo. Qual não foi o meu choque, depois de estar de volta na Alemanha, ao receber da Zezé, por correio, a notícia de que a Christel havia sido assassinada pelo marido em plena rua de Ipanema. Fiquei tão chocada e revoltada que escrevi um artigo para a revista feminista alemã *Courage* sobre o assassinato dela. Foi a maneira que encontrei para manifestar o meu luto."

A missa de sétimo dia de Christel foi na igreja do Leme, seguida de uma passeata pela avenida Atlântica até à praça Serzedelo Corrêa. Ao som de tambores fúnebres, mais de duzentas mulheres de diversos grupos feministas, vestidas de branco, com faixas e cartazes denunciando a violência contra a mulher e pedindo a punição dos assassinos de mulheres, iam distribuindo rosas brancas aos passantes.

Christel lutou, e sua luta demonstra como, naqueles anos, as mulheres eram totalmente vulneráveis, pois não havia medidas protetivas, garante hoje a Lei Maria da Penha. Fica também evidente como as instâncias policiais e judiciárias eram incapazes de responder a tempo aos pedidos de socorro e proteção, ineficientes frente ao perigo real da ameaça. Mesmo se hoje há falhas, se ainda persiste o machismo e a masculinidade tóxica, existe um patamar de medidas legais e de recursos jurídicos.

Naqueles anos – fim da década de 1970 e início da de 1980 –, a luta do movimento contra a violência, hoje ainda necessária e urgente, se desenvolvia apenas no espaço da sociedade civil. No Rio de Janeiro, três iniciativas revelaram-se verdadeiro aprendizado no caminho da institucionalização do enfrentamento à violência: a criação do grupo voluntário SOS Mulher, o escritório de advocacia feminista, e a inauguração da Comissão de Direitos da Mulher na Ordem dos Advogados do Brasil, a OAB-Mulher.

SOS MULHER

Rita Andrea comenta a importância da criação da Comissão de Violência no âmbito do Coletivo Feminista: "Esse grupo de reflexão foi muito impactado pelo caso específico da Christel. Ela estava em contato conosco e recebendo suporte. Esse caso foi a gota d'água para a criação do SOS Mulher. Não dava mais para ficar apenas na reflexão. Foi aí que percebemos que era preciso mudar um pouco nossa linha de atuação."

Uma das estratégias anteriores da Comissão de Violência do Coletivo foi criar um telefone de atendimento a mulheres em situação de violência e realizar plantões. Yolanda Prado (Danda), recém-chegada do exílio, onde tinha feito parte do Círculo de Mulheres Brasileiras em Paris, ofereceu seu apartamento e seu telefone. A situação não se sustentou por muito tempo. Logo que a notícia se espalhou de boca a boca, começaram os telefonemas ameaçadores. Também as mulheres, em seu desespero e abandono, ligavam a qualquer hora do dia ou da noite, não só do Rio de Janeiro como também de outros estados.

A experiência foi uma demonstração de dedicação e compromisso com a causa, assim como um aprendizado para reforçar a necessidade de demandar uma resposta institucional que tornasse viável e sustentável o apoio a mulheres em situação de violência.

Sem resposta institucional, e impulsionadas, como já dito, pela tragédia da Christel, um grupo do Coletivo criou, em 1981, o SOS Mulher, a exemplo do que já haviam feito feministas de São Paulo. Uma experiência voluntária e precária, um esforço conjunto que também demonstrou ser insustentável nos moldes em que era feito. Rita Andrea fala sobre as atividades que foram desenvolvidas na época: "Não tínhamos sede, não tínhamos sala. Era na casa de uma e na casa da outra. Alguém solicitava nossa ajuda, marcávamos num bar e conversávamos com muito cuidado para não expor a mulher. Começou assim. A gente em geral atendia em dupla. Fazíamos uma reflexão feminista, ouvíamos a história e víamos quais seriam os caminhos, se precisava de advogado gratuito, se era caso para a polícia. A gente acompanhava a mulher, e, na polícia, ouvia aquelas aberrações: se era estupro, 'Por que estava de saia curta?'. Finalmente conseguimos alugar uma sala na Cinelândia, com telefone. A gente se cotizava e pagava."

ADVOCACIA FEMINISTA

Na mesma linha de busca de diferentes formas para olhar a questão da discriminação e da violência, um grupo de advogadas abriu, em 1979, um escritório com a proposta de exercer uma advocacia feminista, atendendo unicamente mulheres. A ideia era que fosse um escritório diferente, um lugar onde as clientes se sentissem acolhidas, e também um espaço de estudos e debates. O escritório atuava em parceria com o SOS Mulher para as questões de violência, mas atendia também a causas de família e sucessão. Três de suas integrantes comentam, a seguir, as atividades que realizavam.

Leila Barsted: "Nossa clientela era de mulheres em ações de direito de família e sucessões, com histórias de casamentos desfeitos e suas consequências (...). Em alguns casos, foi possível resolver essas questões sem litígio; em outras, orientávamos as clientes sobre o machismo no judiciário, chegando a sugerir a roupa a ser usada no dia da audiência, para evitar preconceitos. Outras clientes, quando viúvas, não tinham ideia dos bens deixados pelos maridos ou sobre existência de contas bancárias, totalmente desprovidas de poder sobre a administração dos bens do casal."

Comba Marques Porto: "Do ponto de vista da causa feminista, o empreendimento foi um sucesso. As mulheres ligavam perguntando: "É aí que defendem os direitos da mulher?"... Lá, por iniciativa nossa, ocorreram as primeiras discussões sobre o projeto de criação das Delegacias Especializadas de Atendimento à Mulher."

Leonor Nunes de Paiva, procuradora: "Eu já era militante feminista aqui no Rio de Janeiro, primeiro no Centro da Mulher Brasileira, depois na Casa da Mulher, e, por fim, aliando a profissão de advogada, no primeiro escritório de advocacia que se propunha à defesa das mulheres. Nesse escritório funcionou, também, o Grupo de Mulheres Profissionais de Direito, do qual se originou a OAB-Mulher e várias outras ideias para remover do sistema jurídico as normas tidas como machistas, porque relegavam a igualdade, em prejuízo de nós mulheres."

No entanto, essa iniciativa mostrou-se, ao fim, utópica. Suas agentes comentam:

Comba: "As nossas desempoderadas clientes não podiam pagar os honorários. Do ponto de vista financeiro, o escritório ia de mal a pior."

Leila: "Algumas mulheres, mesmo de classe média, achavam que por sermos feministas trabalhávamos de graça! A nossa advocacia feminista durou poucos anos. O que ganhávamos não cobria nossas despesas. Mas foi uma experiência incrível da qual sinto saudade."

Branca: "O aprendizado dessa nossa iniciativa mostrou o quanto era necessário encontrar alguma forma oficial de apoio jurídico específico para mulheres."

O escritório atingiu também o objetivo de ser um ponto de encontro de advogadas, um misto de grupo de estudos e de militância. As reflexões informais sobre mulher e Direito, sobre a necessidade de revisão da legislação discriminatória e de garantir nas leis os novos direitos foram o embrião para a criação da OAB-Mulher.

Comba: "Nesse aspecto, mais uma vez, fomos precursoras. Hoje existem cátedras sobre Direito e Gênero. Do nosso grupo de discussões sobre mulheres e Direito, surgiu a OAB-Mulher. Aquele nosso endereço na rua Debret tornou-se histórico."

Tornou-se evidente que não seria possível atender a uma demanda dessa natureza de forma privada, em substituição às instituições públicas, ao Estado. Talvez estivesse aí o embrião do Núcleo Especial de Defesa dos Direitos da Mulher (Nudem) nas Defensorias Públicas, hoje fundamental na rede de proteção às vítimas de violência.

OAB-MULHER

Em 1982, além do grupo de advogadas do escritório, outras, como Leilah Borges da Costa, Gloria Marcia Percinoto, Salete Macalóz, Joselice Cerqueira, Rosane Reis, Ana Muller, Moema Batista tomaram a iniciativa de formar uma comissão na OAB-RJ. Essa instituição cumpria um papel crucial, durante a ditadura, de defesa da democracia e denúncia de violações de direitos, e era fundamental que incluísse em suas ações a agenda dos direitos humanos das mulheres.[117]

Gloria Marcia dá uma ideia de como era o panorama para as mulheres no campo do Direito, o que explica as razões pelas quais esse grupo de advogadas decidiu que era necessário formalizar seu espaço dentro da instituição: "Em 1980, éramos apenas duas mulheres no Conselho da OAB-RJ, entre vinte e quatro conselheiros. Éramos minoria nos cursos de Direito e nos locais de trabalho.

117 *Ibid.*, p. 100-101.

Contávamos com uma ou duas magistradas, algumas promotoras e procuradoras, uma ou duas professoras, uma ou duas mulheres nos Conselhos Seccionais da OAB. No Conselho Federal, nenhuma. Tínhamos muita dificuldade no mercado de trabalho e nos concursos públicos."

Como toda ação política que caracterizou a luta pelos direitos das mulheres em espaços autônomos, ou associações profissionais e sindicatos, as iniciativas surgem da justa indignação com situações de discriminação e do compromisso de efetuar mudanças. As mulheres lutavam com argumentos e propostas concretas.

Leilah Borges da Costa, advogada, comenta que comissões como essa permanecem fundamentais ainda na atualidade: "Na década de 1980, um grupo de advogadas que já trabalhava no quadro auxiliar da OAB-RJ, decidiu enfrentar a política até então existente na corporação e ocupar o espaço devido às mulheres advogadas, que já constituíam a maioria do quadro de advogados inscritos nesse estado. Formou-se, assim, uma comissão denominada OAB-Mulher, que passou a atuar interna e externamente, enfrentando a tomada do espaço político dentro da instituição, e a violência contra a mulher, discutindo imediatamente os pontos básicos que iriam futuramente consolidar-se na Lei Maria da Penha. Até agora a luta se faz viva porque ainda poucas mulheres ocupam os lugares decisórios do poder. Veja-se, por exemplo, o Supremo Tribunal Federal (STF), onde apenas duas ministras foram nomeadas, e o mesmo ocorrendo nos demais Tribunais Superiores."

Já Gloria Marcia destaca as redes criadas entre a comissão e a sociedade civil: "Começamos a nos reunir, informalmente na sede da OAB-RJ para elaborarmos o parecer sobre o projeto de alteração do Código Civil de 1916. Pouco a pouco, foi-se criando a opinião de que deveria ser formalizada uma comissão. Em 1982, criamos a OAB-Mulher. O período inicial foi muito produtivo, alcançamos os meios de comunicação, participamos de muitas manifestações, grande interação com outras categorias como professoras, jornalistas, médicas, bancárias, operárias, sindicalistas e sociólogas dos departamentos de estudos feministas. Éramos uma referência no campo do trabalho e nos grupos de mulheres feministas."

Telefones de socorro, SOS Mulher, escritórios feministas, OAB-Mulher e outras iniciativas voltadas para a defesa dos direitos das mulheres evidenciaram o perene descaso e a falta de assistência do Estado, e viriam a servir de modelo para futuras políticas públicas, como a criação, em São Paulo, da primeira Delegacia Especializada de Atendimento à Mulher (Deam), em 1985. A iniciativa foi pioneira no mundo, como comenta Jacqueline: "Participei, em 1989, de um evento nos Estados Unidos com representações governamentais de setores de segurança pública e da sociedade civil de vários países, e, em nenhum desses países, existiam tais delegacias. Ficaram surpresos, intrigados, quando expliquei o que eram as Deams. Creio que realmente fomos pioneiras no Brasil."

Com as Deams começamos a romper o que, pelos séculos afora, caracterizava a violência contra as mulheres: sua invisibilidade. Essa forma de violência não era vista como uma questão social e política. Existe ainda frequentemente uma distância entre o que é percebido como violência, o que é considerado crime, e o que é punido como tal. Foi com o movimento feminista (nacional e internacional) que, por meio da ação política, finalmente se reduziu a distância entre percepção da violência contra as mulheres, sua qualificação penal e sua punição.[118]

Outras políticas públicas, como Comissões dos Direitos da Mulher na Defensoria Pública e no Ministério Público, Juizados Especiais, programas de sensibilização de policiais, centros de aco-

---

[118] Levantamentos indicam a existência, em 2019, de cerca de 309 Deams no país, distribuídas de forma muito irregular, pois São Paulo tem mais de cem, por exemplo, enquanto o Rio de Janeiro apenas sete. Na realidade, o IBGE (na Pesquisa de Informações Básicas Municipais e Estaduais) indica que, em 2018, 91,7% das cidades do país não contavam com delegacias de atendimento às mulheres, cuja criação e funcionamento dependem dos governos estaduais.

lhimento e apoio, casas-abrigos, centros de referência, casas da mulher, número telefônico de denúncia, legislação específica como a Lei Maria da Penha, de 2006, e a Lei do Feminicídio, de 2015, assim como a produção de estatísticas sobre a violência contra as mulheres, e políticas nacionais, estaduais e municipais de combate à violência, têm origem no ativismo feminista. Rita Andrea resume: "Nosso trabalho serviu de suporte para demonstrar para a sociedade e para os governos que tinha de haver uma resposta no atendimento à mulher, para que fosse feito como política pública."

Mas os obstáculos permaneceram. Exemplo dessa caminhada com tantos tropeços é que a uma vitória pode se suceder um retrocesso. Assim, em 1991, o argumento da legítima defesa da honra perdeu força jurídica por um parecer (6ª T.DJ 15/4/1991), do ministro José Cândido de Carvalho Filho, do Superior Tribunal de Justiça (STJ), declarando que "não há ofensa à honra do marido pelo adultério da esposa, desde que não existe essa honra conjugal. Ela é pessoal, própria de cada um dos cônjuges. (…) Nada justifica matar a mulher. (…) Acabou o tempo de ver a mulher como objeto do homem, de forma que a traição justificaria a morte."

Entretanto, esse argumento não só continua a ser utilizado em julgamentos dos chamados "crimes da paixão", como, em um retrocesso histórico, em 29 de setembro 2020, o Supremo Tribunal Federal (STF), em votação da Primeira Turma, manteve a absolvição pelo júri de um homem que havia tentado matar a facadas sua ex-mulher, e o julgamento se manteve com a justificativa de que a decisão do júri é soberana. Essa decisão tem efeitos devastadores e teria inviabilizado, por exemplo, o segundo julgamento de Doca Street e de tantos outros absolvidos pelo júri popular. A decisão causou grande celeuma nos meios jurídicos e entre os movimentos de mulheres, que protestaram veementemente. Em 12 de março de 2021, o STF, finalmente, decidiu que a tese da legítima defesa da honra é inconstitucional e que, portanto, não pode mais ser utilizada em julgamentos nos Tribunais do Júri. Décadas de luta e uma vitória.

A luta continua.

AFIRMAMOS: NOSSO CORPO NOS PERTENCE

> "Não queremos uma política oficial de reprodução que manipule nossos corpos. Esperamos poder vivenciar neste encontro a questão feminina e do direito à reprodução como um movimento de libertação."
>
> *Lucia Arruda*[119]

A campanha pelo direito ao aborto tomou fôlego em 1980 com o caso, já mencionado, da menina de 12 anos violentada pelo padrasto, resultando em uma gravidez. A mãe, Cícera, denunciou-o e entrou com um processo para obter o aborto legal, claramente permitido pelo Código Penal, desde a década de 1940, em caso de estupro. No entanto, a demora do processo judicial e a alegação de objeção de consciência por médicos tornam frequentemente letra morta a permissão legal, como ocorreu nesse caso emblemático.

Provocado, o juiz do caso foi de uma indefinição inacreditável, que só se pode entender como a forma que encontrou para se esquivar do que era seu claro dever profissional. Isso porque, embora admitindo o óbvio, ou seja, que o Código Penal isenta de pena o médico que praticar aborto de gravidez resultante de estupro, ele disse não ser "lícito autorizar, nem proibir".

O caso teve enorme repercussão na imprensa escrita e falada, e o Centro da Mulher Brasileira e o Coletivo de Mulheres do Rio de Janeiro mobilizaram-se.

---

[119] Palavras da deputada estadual pelo Rio de Janeiro, Lucia Arruda, no seminário Os direitos de reprodução, realizado na Assembleia Estadual do Rio de Janeiro, em 1984.

Um jornal noticiou o caso da peregrinação de Cícera para conseguir interromper a gestação de sua filha. Mesmo com autorização do Juizado de Menores, ela não conseguia realizar o aborto, pois os hospitais não a recebiam.

Hildete relembra do auxílio que seu grupo do CMB prestou à família: "Decidimos visitar a Cícera para prestar ajuda, e fomos eu e Danda Prado à casa dela, lá em Vargem Grande, Jacarepaguá. Na realidade, as mulheres não conseguiam que o aborto legal fosse praticado nos hospitais. Esse era o drama. Você tinha o direito, mas se não conseguisse um médico que fizesse, não havia como fazer. E os médicos alegavam consciência, e tal, e ninguém queria 'botar a mão na cumbuca'. Então resolvemos que íamos pagar. Fizemos uma cota – Romy Medeiros também entrou, entraram muitas de nós do CMB. Porque as mulheres de classe média fazem um aborto quando querem. Só que a Cícera ficou com medo porque haviam passado quatro meses. Aí ela ficou teve medo de botar em risco a vida da filha, e sua menina levou a gravidez a termo."

Carmen da Silva se indigna com o despacho inconclusivo – pode-se dizer até covarde: "'Não autorizo nem proíbo', sentenciou o juiz no caso de uma menina de 12 anos engravidada pelo seu padrasto. Ante esse monumento de ambiguidade, nenhum médico se atreveu a praticar a intervenção – e hoje a menina é mãe, a operária Cícera assumiu sozinha a responsabilidade pela filha e neta-enteada que lhe caiu nas mãos. Mãos que nela são calosas e conspurcadas pelo trabalho duro, enquanto os juízes-Pilatos mantêm as suas muito bem lavadas!"[120]

Danda Prado, escritora, é uma das fundadoras do Coletivo e registrou essa história no livro *Cícera, um destino de mulher*.[121]

---

120 Revista *Claudia*, jan. 1984, citado por Comba em *Ibid.*, p. 142.

121 De autoria de Cícera Fernandes de Oliveira e Danda Prado, o livro foi publicado no ano de 1981.

Danda: "Lá fui, em abril de 1980, junto com um grupo do Coletivo de Mulheres do Rio de Janeiro, atendendo ao apelo que Cícera e seus advogados fizeram pela imprensa, rádio e televisão."[122] Cícera conta na obra: "Tive muitos amigos que me ajudaram, apoiaram e acompanharam: minhas colegas na fábrica; meu chefe, sr. Antônio; meus advogados, drs. Jair Leite Pereira e Ronaldo Ferlich Sá; minhas vizinhas, meus filhos Jacinto, Jacilene e Elinaldo, que me deram coragem para falar sobre minha vida; minhas colegas feministas que vieram me ajudar quando estava nervosa e sem saber o que fazer. Depois que chegaram, conversamos muito. Comecei a me orientar e a compreender melhor a vida."[123]

A saga de Cícera e sua filha é o retrato extremo do absurdo da proibição do aborto. Ao mesmo tempo seus agradecimentos revelam aquela corrente de apoio que as mulheres tecem desde sempre entre si: colegas de trabalho, vizinhas. Acrescentam-se, nesse caso de especial horror, o suporte dos advogados e da imprensa, assim como o socorro das feministas.

A cineasta Eunice Gutman fez um registro importante do caso no documentário *Vida de mulher é assim mesmo*, em que leva adiante o tema do aborto em sequência à saga de Cícera. Ela relata: "O filme tem entrevista com a Cícera, com a filha, que reclama que não pode mais estudar. Entrevistei também uma médica. Essa médica era muito legal, porque ela cuidava de mulheres que tinham tido problemas com gravidez indesejada. Ela estava de acordo que as pessoas pudessem realizar um aborto nos hospitais públicos, com apoio da sociedade. Ela atendia, em hospital público, mulheres que tiveram complicações de saúde porque fizeram abortos malsucedidos. Porque as mulheres iam fazer esses abortos em lugares completamente sem segurança. Eu entrevistei também

---

[122] C. F. Oliveira e D. Prado, *Cícera: um destino de mulher*, p.9-10.
[123] *Ibid.*, p.11.

a Romy Medeiros da Fonseca, que citava todos os países que já permitiam o aborto e uma empregada doméstica que fazia aborto clandestino na maior. Ela fez onze abortos clandestinos e teve seis filhos. Dizia que o marido dela não queria nem saber, se ela ia ter filho, se não ia, que não podia usar camisinha. É uma revelação de uma dominação. No fundo, o filme fala que o 'nosso corpo nos pertence', que a mulher tem o direito a ter ou de não ter o filho."

O depoimento da empregada doméstica revela outra dimensão da luta pelos direitos reprodutivos: a ausência do homem, que em sua recusa a usar o preservativo e em sua indiferença em relação às consequências dessa omissão, não assume a responsabilidade por seu comportamento sexual.

O caso da Cícera foi um estopim. Jornais e revistas da grande imprensa e da mídia alternativa levantaram a questão do aborto, que foi objeto de artigos, teses, conferências. Realizamos panfletagens, entrevistas em revistas, rádios e televisão. Fizemos também uma pesquisa de opinião nas ruas, uma consulta pública com a pergunta: É justo uma mulher ser punida por lei por ter feito aborto? Os pesquisadores se dividiram em três bairros da cidade do Rio de Janeiro. A maioria dos entrevistados respondeu que não, ela não deveria ser presa.

Um ano antes do caso Cícera, em 1979, o movimento organizou uma manifestação pública em frente a uma delegacia quando tomaram conhecimento de que, após um "estouro", uma intervenção policial em uma clínica que realizava abortos clandestinos, as pacientes foram presas. A manifestação teve repercussão na imprensa. Na ocasião, a TV Globo promoveu um debate em que Branca Moreira Alves e Comba Marques Porto participaram, e a revista *Veja* publicou uma entrevista com Branca nas suas páginas amarelas. Ela declarava: "Nós não somos a favor do aborto como método contraceptivo. É um recurso extremo e, por isso, somos favoráveis a uma ampla divulgação de informações sobre métodos anticoncepcionais em geral e à intensificação das pesquisas desses métodos tanto para mulheres quanto para homens."[124]

Entretanto, essa luta sempre foi muito difícil, afastando o estabelecimento de alianças com outras forças políticas como igrejas, partidos, associações e sindicatos. Se fôssemos usar uma imagem da igreja Católica, diríamos que enquanto a temática da violência subiu aos céus, a da saúde sexual e reprodutiva – e especialmente a questão do aborto – continua no inferno, queimando nas labaredas do fundamentalismo religioso e refém de uma agenda de moral e costumes que se recusa a admitir a autonomia das mulheres. Tanto assim, que, ainda em 2020, o Brasil, estarrecido, assistiu a uma investida do governo federal (Ministério da Família, Mulher e Direitos Humanos) para impedir que uma menina de 10 anos, estuprada seguidamente desde os seis por um parente, fizesse o exercício do direito legal de interromper a gestação.

Mas, mesmo caminhando em campo minado e sem vitórias significativas, as mulheres continuaram lutando nesse front ao longo dos anos 1970 e 1980. Uma vertente dessa luta foi demandar que a legislação em vigor (Código Penal de 1940) fosse implementada e as mulheres pudessem ter acesso, em condições seguras, ao aborto legal. Não era aceitável a multiplicação de casos como o de Cícera, em que mulheres e meninas são obrigadas a levar a termo uma gravidez com a marca do estuprador, assim como não era aceitável atentar contra o direito à vida das mulheres recusando interromper uma gravidez que as sentenciava à morte.

Segundo o Código Penal, datado de 1940, no Brasil, o aborto só é permitido quando a gravidez é resultante de estupro ou traz risco de vida para a mulher. Nem mesmo no caso de grave risco à saúde da gestante, o que hoje é facilmente detectado com a tecnologia médica, o direito é assegurado. Só em 2012, e também por pressão

[124] Revista *Veja*, 20 fev. 1980, p. 3-5.

de organizações feministas, e com apoio do Conselho Nacional dos Direitos da Mulher (CNDM), o STF admitiu ser legal o aborto em caso de feto com anencefalia, ausência de cérebro, uma má-formação fetal gravíssima e irreversível. Como nas leis brasileiras a morte cerebral é considerada óbito, mesmo quando outros órgãos vitais ainda funcionam, no caso da anencefalia não se aplicaria a lei penal pois, na realidade, não haveria vida no feto.[125]

O movimento feminista, apesar de todas as forças contrárias, segue pressionando os poderes Legislativo, Judiciário e Executivo por leis e políticas públicas no campo dos direitos e da saúde sexual e reprodutiva, assim como para que o aborto seja retirado do âmbito do Direito Penal e deixe de ser tratado na esfera policial. Afirmamos que o aborto não é um caso de polícia, e sim de saúde pública e um direito individual. É preciso reafirmar, no entanto, que não defendemos o aborto como método de contracepção.

Importante marco nessa luta pelos direitos reprodutivos no Rio de Janeiro foi o mandato de Lucia Arruda, que atuou como deputada estadual durante o governo de Leonel Brizola, eleito em 1982 governador do estado. Lucia exerceu um mandato feminista coletivo, e seu gabinete era um espaço onde as feministas tinham acolhida para atuar politicamente. Assumiu, então, a questão dos direitos sexuais e reprodutivos, que sempre foi uma batata quente incômoda nas mãos de parlamentares. Lucia criou uma Comissão Parlamentar Especial de Direitos Reprodutivos que se tornaria permanente e organizou um Seminário dos Direitos da Reprodução em

---

[125] Destaca-se a atuação da Anis – Instituto de Bioética, Direitos Humanos e Gênero, em articulação com a Confederação Nacional dos Trabalhadores na Saúde, que propõe, em 2004, uma Arguição de Descumprimento de Preceito Fundamental (ADPF), para que fosse autorizada a interrupção da gestação em caso de feto anencéfalo. Foram realizadas audiências públicas convocadas pelo ministro Marco Aurélio, relator, que trouxeram visibilidade a este debate. Jacqueline Pitanguy, falando como representante do CNDM, comparou a imposição de uma gestação de feto anencéfalo a um ato de tortura, violando o direito humano à integridade física e emocional.

1984, na própria Alerj, que congregou cerca de trezentas mulheres e cinquenta homens.

Madalena Guilhon, jornalista, que integrou a equipe de Lucia como assessora parlamentar e depois chefe de gabinete, lembra desse seminário: "Mais de trezentas mulheres, feministas de grupos autônomos, de partidos, de sindicatos, moradoras das favelas, das comunidades da periferia, profissionais, estudantes. Durante todo um fim de semana, ocupamos o plenário, as salas das comissões e os corredores. Por toda parte havia mulheres, até mesmo sentadas no chão. Um grupo de homens aliados se dedicava a tomar conta das crianças das mães que não tinham com quem deixar os filhos pequenos. Os seguranças da Alerj ficaram desorientados sem saber como agir diante daquele acontecimento para eles inusitado."

Em sua fala nesse seminário, Lucia afirma: "Quando falamos em reprodução, assim como em demografia, estamos falando do corpo feminino, desse corpo que engravida, consome anticoncepcional, faz abortos clandestinos; enfim, do corpo que vive em si mesmo, na prática, todas as questões relativas à reprodução (...). Não queremos uma política oficial de reprodução que manipule nossos corpos. Esperamos poder vivenciar neste encontro a questão feminina e do direito à reprodução como um movimento de libertação."[126]

Uma das preocupações do movimento feminista, naquele momento, era a regulamentação do atendimento hospitalar às vítimas de estupro, incluindo o aborto. Lucia apresentou um projeto nesse sentido, que foi aprovado na Assembleia Legislativa. Nas palavras de Madalena, essa foi uma das grandes vitórias desse mandato: "Não ter deixado que o direito de realizarem a interrupção de uma gravidez por motivo de estupro ou risco de vida da mãe, em vigor desde os anos 1940, fosse retirado das mulheres do estado do Rio.

---

[126] ALERJ – Publicação sobre o Seminário dos direitos da reprodução.

Para isso foi preciso que as galerias se enchessem de ativistas que, a cada voto, manifestavam ruidosamente sua posição."

Jacqueline Pitanguy complementa: "Me lembro como se fosse hoje de nossa presença no balcão da Assembleia e de nossa alegria pela aprovação desse projeto."

Trata-se da Lei nº 832/85, sancionada por Brizola, que "estabelece a obrigatoriedade, à Rede de Serviços de Saúde do Estado, do atendimento médico para a prática do aborto, nos casos previstos em lei." Este foi um passo fundamental para a garantia da integridade física e psicológica das mulheres, e uma vitória do movimento que daria lugar, mais tarde, aos serviços de atendimento a vítimas de violência sexual em diferentes estados do país.

E ainda conseguimos avançar no sentido de expandir as circunstâncias em que a interrupção da gravidez não seria criminalizada. Em 1983, a deputada pernambucana Cristina Tavares, grande aliada das causas feministas, apresentou um projeto de lei (590-A), que ampliaria as circunstâncias em que se poderia fazer um aborto, incluindo questões de saúde, éticas e sociais. O projeto de lei foi rejeitado pelo Legislativo, assim como todos os outros apresentados com essa finalidade, pois o Congresso Nacional não é, nem nunca foi, solidário com as mulheres quanto ao aborto. Seus membros, em sua maioria, são indiferentes, atuando por conveniência eleitoral ou valores e interesses político-religiosos. Se depender do Congresso, o aborto inseguro continua a ser um "caso de polícia". Ignora-se, assim, tratar-se de uma questão de saúde pública.

Ainda hoje, o Brasil não conseguiu alcançar a meta de redução da morte materna (MM), proposta pela ONU nas Metas do Milênio para os países em desenvolvimento. Nossas taxas ainda são vergonhosamente elevadas, superando as de vários países da América Latina. A redução da morte materna depende, sobretudo, da vontade política dos governos, pois não se trata de uma questão de saúde que demande medicamentos e tecnologias custosas e sofisticadas. Na realidade, esse é um fator que depende da valorização da mulher na sociedade. O problema atinge, sobretudo, as mulheres em situação de pobreza. Em sua maioria, mulheres negras, sem acesso a um pré-natal de qualidade nem à atenção ao parto e puerpério, e meninas na puberdade, quando a gravidez é de alto risco.[127]

O contexto no qual as feministas lutaram, nos anos 1970, pelos direitos sexuais e reprodutivos, é bastante complexo, pois estratégias de segurança nacional e de geopolítica dos militares ditavam diretrizes demográficas que interferiam diretamente nos corpos das mulheres. Havia, no regime militar, a ideia de que era preciso povoar o Brasil, ocupar o território nacional e que, portanto, o país devia ter uma política natalista. Essa política se sustentava porque a economia do Brasil crescia a taxas muito altas, no chamado "milagre econômico" que gerava e concentrava riqueza.

Não havia, por parte do governo, um programa de planejamento familiar. As mulheres, principalmente as mais pobres, cuja maioria era negra, sem acesso à medicina particular, estavam totalmente desamparadas. No entanto, o "milagre" acabou e, com a queda nos índices de crescimento econômico e o aumento da desigualdade social, os militares abrem mão da política natalista mas, ao mesmo tempo, nada fazem para propor uma política de saúde sexual e reprodutiva para as mulheres. Na ausência do Estado, surgem organizações internacionais que, com o intuito de diminuir o crescimento populacional dos países subdesenvolvidos, trazem uma agenda de controle da natalidade, na qual os métodos reversíveis não são privilegiados e a esterilização é largamente utilizada.

---

[127] A meta da ONU para a redução da morte materna era de chegar a menos de 35 por 100 mil bebês nascidos vivos. A razão da mortalidade materna (MM) no Brasil era, em 2018, de 58.1 por 100 mil, taxa vergonhosa, que superava a de vários países latino-americanos. O descaso com a saúde reprodutiva das mulheres levou a que, em alguns municípios, como o Rio de Janeiro, esse índice chegasse a 114/100 mil, em 2020.

Novamente, nosso corpo, alienado de nossas decisões, está à mercê dos interesses demográficos e econômicos.

A igreja Católica, principal força religiosa daqueles anos e com a qual o regime militar não queria se indispor em questões de moral e dogmas, também investe no controle da sexualidade feminina, vista como pecaminosa, e se opõe à regulação da fecundidade a não ser por meio dos chamados "métodos naturais" que, como sabemos, são muito falhos.

O slogan "Nosso corpo nos pertence", bandeira de luta internacional, afirma justamente nossa autonomia sobre esse território. Ao mesmo tempo que o outro slogan, "O corpo é político", revela os laços estruturais entre corpo e sociedade, corpo e poder, a forma como o corpo feminino está submetido às estruturas sociais e às instituições vigentes. Nosso corpo nos pertence, mas ele é controlado por força da cultura, das religiões, das instituições patriarcais, por planos estratégicos e políticas demográficas nacionais e internacionais.

Como dizia Mariska, "Ter filhos sim, mas quantos, quando e com quem, isto nós podemos decidir. Ou melhor, deveríamos poder. Porque esta questão não é tão fácil assim para as mulheres brasileiras."[128]

Felizmente, nos tempos de repressão, a pílula anticoncepcional já havia chegado ao Brasil. Mesmo sendo inacessível para muitas, ela colocou nas mãos das mulheres um instrumento de controle para o exercício da autonomia reprodutiva, permitindo separar relações sexuais e gravidez.

A agenda feminista incluía o direito a decidir livremente se e quando ter filhos, tendo garantido o acesso aos serviços públicos de saúde, a métodos contraceptivos, à contracepção de emergência, ao abortamento, ao tratamento da infertilidade, à esterilização, ao tratamento de infecções sexualmente transmissíveis, à educação sexual, bem como à assistência à gestação, ao parto, puerpério, à menopausa.

---

[128] M. Ribeiro, *Ter filhos*.

O CMB, o Coletivo e outros grupos feministas em todo o país levantaram essas bandeiras e atuaram em conjunto nas diversas manifestações e eventos. Nos anos 1980, o movimento tem alcance nacional e segue unindo esforços na luta pelo direito à saúde integral e ao exercício de direitos sexuais e reprodutivos em todas as etapas da vida das mulheres.

É importante ressaltar que, há mais de três décadas, as mulheres brasileiras não separam o abortamento do seu ciclo reprodutivo. É o mesmo corpo que evita a gravidez, usando métodos contraceptivos, que engravida e tem direito a gerar a vida e continuar vivendo, e que em determinadas circunstâncias, e nunca como método contraceptivo, recorre ao abortamento.[129]

Essa agenda vai constituir a base conceitual do primeiro programa do governo federal que incluiu o planejamento familiar. No início dos anos 1980, uma aliança estratégica entre feministas da área de saúde, entre as quais a médica sanitarista Ana Costa, que atuava no Ministério da Saúde, Santinha Tavares, que atuava no Rio de Janeiro, e médicos da Universidade Estadual de Campinas (Unicamp) como Aníbal Faundes, elaboram um programa que marca a primeira vez, na história do Brasil, que o governo lança uma política específica de saúde da mulher que a considera em sua integralidade, e não apenas como um corpo encerrado no binômio materno-infantil. Trata-se do Programa Integral de Saúde da Mulher (Paism), lançado em 1983, como comentam três integrantes do movimento. Santinha: "No início da década de 1980, mais especificamente em 1983, eu viajava muito a Brasília pelo Ministério da Saúde, e, num desses momentos, encontrei outras feministas bus-

---

[129] O debate sobre o aborto adquire relevância nas ruas e na academia, com inúmeras publicações, artigos de jornais. Em 1980 Mary Garcia Castro publica "Controle da natalidade, legalização do aborto e feminismo". Neste mesmo ano Jacqueline Pitanguy publica, no *Jornal do Brasil*, o artigo "Aborto: o direito de opção". São inúmeras as publicações sobre o aborto, ressaltando sua dimensão de saúde pública e de autonomia reprodutiva.

cando conhecer o Programa Nacional do Ministério voltado à Saúde da Mulher – Programa Materno-Infantil. Descobrimos tratar-se de ações em que a mulher era tratada apenas como 'ser reprodutivo'. Lentamente, fomos transformando-o em um programa no qual a mulher pudesse ser vista como um ser integral, e daí nasceu o Paism – Programa de Atenção Integral à Saúde da Mulher, que, em 2004, deixou de ser um programa e passou a ser uma política de Estado: Política de Atenção Integral à Saúde da Mulher. Frisamos que esta foi a primeira política voltada para um tema específico criada pelo Ministério da Saúde. Desde então, um dos parâmetros de nossa luta tem sido a implantação do Paism na sua integralidade e universalidade."

Angela Freitas, da área de comunicação social, comenta: "Nos idos de 1983, foi lançado o Programa de Assistência Integral à Saúde da Mulher (Paism), formulado pela então Divisão Nacional de Saúde Materno-Infantil (Dinsami) do Ministério da Saúde, por técnicas engajadas ao movimento sanitarista que buscaram parcerias, inclusive com o movimento feminista pela saúde que nascia, com força, no Brasil. Uma força que provinha tanto da articulação de vanguarda para influenciar as políticas públicas no processo de democratização (o SUS estava sendo elaborado), como do trabalho didático e comunicacional."

Wania Sant'Anna: "É desse debate público que surge, por exemplo, a exigência de programa integral à saúde da mulher – o Paism, por cuja formulação e exigência de implementação por parte do Estado lutamos."

Esse programa contempla a contracepção, o tratamento da infertilidade e das infecções sexualmente transmitidas (ISTs), a gestação, o parto e o puerpério, a menopausa, cânceres de mama, de útero, de ovário entre outras questões. No entanto, o Paism não abordou a questão do aborto, o que teria efeitos negativos também no acesso das mulheres a certos contraceptivos como o DIU e à contracepção de emergência, vistos pelas igrejas como abortivos, apesar das evidências científicas provarem o contrário.

A questão do direito ao aborto permanece como uma dívida do Estado brasileiro para com as mulheres. Engessada entre um discurso religioso que a demoniza e a indiferença dos partidos políticos – não é um tema da direita nem da esquerda, nem uma agenda apenas das feministas, e sim uma questão de autonomia, justiça reprodutiva e de saúde, transversal a ideologias, crenças e posições políticas –, essa questão do aborto continua colocada de lado.

Se Carmen da Silva estivesse ainda conosco certamente escreveria sobre a odisseia de uma menina de dez anos e de sua avó para conseguir, em 2020, interromper uma gravidez resultante de estupro (desde os seis anos) por um parente. Protestaria contra as investidas do governo federal, especialmente do Ministério da Mulher, Família e Direitos Humanos, para impedir o exercício de um direito assegurado em lei. Escreveria também sobre a solidariedade de feministas de todo o país, e especialmente das companheiras do Recife, onde se realizou o aborto, dos médicos e profissionais de saúde que a atenderam, de entidades, associações profissionais, parlamentares e imprensa que se solidarizaram com essa menina, diante da desumanidade desta situação.

A luta continua.

CELEBRAMOS

> "Digam o que disserem,
> o feminismo é uma festa."[130]
>
> *Carmen da Silva*

Mas nem só de enfrentamentos foi o movimento feminista nesses anos 1970 e 1980. Havia também humor e festa.

O CMB produziu, em 1976, um musical feminista pensado e comandado por Mariska Ribeiro. Sempre ousada, ela teve a ideia, fez o roteiro e organizou a montagem. Escolheu o ótimo nome *Amélia já era?!*, que dizia tudo! Conseguiu que o teatro João Caetano nos cedesse uma noite, fez a lista de artistas que aceitaram trabalhar pela causa, porque não tínhamos financiamento. E saímos pelos bares colando os cartazes. O show foi um sucesso e não poderia ser de outro modo. O teatro repleto, e ainda gente do lado de fora, sem poder entrar.

Conseguimos passar uma mensagem com leveza. Mariska tinha profundo conhecimento da música brasileira; fez um extenso levantamento sobre como as mulheres apareciam nas letras dos compositores nacionais.

Diz Mariska, referindo-se ao título da peça: "Não é possível garantir se a pergunta foi respondida satisfatoriamente, mas a pesquisa, apoiada na memória afetiva das integrantes do movimento – que, como se vê, nasceu cantando –, foi eloquente o bastante para evidenciar um processo de retroalimentação, que confere à música popular uma dupla função: a de registro dos mecanismos sociais próprios de uma época e a de influência no reforço e perpetuação

---

[130] C. da Silva *Histórias híbridas de uma senhora de respeito*, p. 187.

de valores, estereótipos e preconceitos, que dão fundamento a esses mesmos mecanismos."[131]

Para inserir no calendário da cidade uma comemoração alegre do Dia Internacional da Mulher, as feministas cariocas relembram que usaram também um tom humorístico.

Branca: "Tinha muita raiva, mas a gente também se divertia bastante! Numa passeata, fui de 'mulher recatada', fazendo tricô com uma cara bem desanimada. Ao meu lado, a cineasta Célia Resende ia de 'mulher livre', com uma cara bem animada. Nosso cartaz: 'As duas faces da mulher.' Em outra, fui de príncipe encantado com o cartaz: 'Procura-se princesa para lavar, cozinhar e amar', e Santinha, de princesa com o seu: 'Não sei se sou princesa ou escrava!' Leila [Linhares Barsted] foi hilária de mãe enlouquecida, se abanando com uma frigideira, metade do cabelo com rolinhos, um cartaz: 'Desdobrar fibra por fibra o coração.' Levava uma sacola de papel onde estavam pregadas notas que descreviam suas mil tarefas, como 'material escolar', 'meias do marido', 'cuecas dos meninos', 'conta do dentista'. Reclamava: 'Passaram umas malucas, me trouxeram para cá, e eu deixei o feijão no fogo!' Criativas e muito, muito divertidas!"

Jacqueline conta: "Hildete e eu íamos de debutantes, com um cartaz, "procurando marido". Santinha, de noiva grávida; Branca de mulher recatada ao lado da cineasta Célia Resende, de mulher livre, com um cartaz: 'As duas faces da mulher'; Comba, de 'a outra', com um cartaz: 'Nunca aos sábados, domingos e feriados' e com nomes de motéis escritos na saia; Mariska e Rosiska, de normalistas, por tanto tempo a profissão-símbolo destinada às moças, implícita a certeza de que seria apenas 'até o casamento.'"

Rosiska Darcy de Oliveira também lembra: "Eu e Mariska, nesse dia, vivemos uma das coisas mais engraçadas de toda a minha vida. Nós fomos antes à Casa Mattos, que era uma loja que ficava na rua

---

131 M. Ribeiro, *Na rádio do coração*.

Mariz e Barros, em frente ao Instituto de Educação, onde se vendiam os uniformes. Entramos na loja, eu e ela, e pedimos dois uniformes tamanho grande. 'O maior tamanho que você tiver.' As mulheres trouxeram. Dissemos que nós queríamos experimentar e tal, abotoadura, gravatinha. Entramos na cabine, experimentamos, saímos de lá vestidas: 'Nós vamos com ele.' As vendedoras só faltaram morrer. As duas de normalistas, nós fomos pra calçada levando as nossas roupas na mão e chamamos um táxi. Entramos no táxi. Ao entrar, o cara não reparou nada. Mas olhou pelo espelho e viu que nós éramos duas senhoras vestidas de normalistas. Achou que éramos completamente doidas. Fomos para o hotel Ambassador, onde tinha um quarto reservado para nosso grupo. Nós tocamos a campainha e a porta abriu e estava um bando de mulher fervendo, cheias de plumas, confetes, sei lá o quê, paetê... Todo mundo se fantasiando, pulando em cima da cama, uma bagunça."

Carmen da Silva participava conosco com a mesma animação. Em 1983, saiu com uma coroa na cabeça e empunhando uma tocha, como a estátua da liberdade, puxava o desfile; e tinha uma faixa cruzada no peito com os dizeres "Rainha do lar", um balde com água e sabão aspergindo os curiosos com um espanador, era sempre um sucesso. Carmen relembra: "A essas alturas, já éramos umas 3 mil mulheres desfilando, e a imprensa carioca em peso estava ali, com câmeras e microfones. Minha presença despertava a atenção: entre as fantasiadas eu era a única representante de minha geração. Repórteres desavisados perguntavam: 'Por que a senhora está aqui?' e Hildete precipitava-se a tomar o microfone e esclarecer: 'Ela é a grande dama do feminismo brasileiro!' De velha senhora indigna à grande dama: que promoção! Digam o que disserem, o feminismo é uma festa."

No mesmo tom, Carmen continua:

"O apartamento no hotel enxameava feito um camarim coletivo de teatro de revistas: uma vintena de mulheres apinhadas, vestindo-se, penteando-se, maquiando-se, atropelando-se diante do espelho, trocando enfeites e palpites, ajudando umas às outras com um fecho, um colchete, a amarração de um laçarote, admirando-se mutuamente e rindo feito doidas numa algazarra de colegiais em recreio."[132]

Era sempre um grande sucesso, uma evidente atração para a mídia, aquele bando de mulheres adultas em um Carnaval fora de hora no dia 8 de março. Se as pessoas que passavam entendiam nossas mensagens, não é possível saber, mas nós nos divertíamos muito, e os jornais registravam nossa alegria celebrando o Dia Internacional da Mulher. O estilo teatral chamava a atenção da imprensa e mostrava a outra face do movimento. Sabíamos também ser leves e alegres em nossas críticas.

[132] C. M. Porto, *op. cit.* p. 80.

DRAMATIZAMOS

Mais polêmica foi a encenação, no largo da Carioca, da peça *Missa Fêmea*, apresentada no Dia Internacional da Mulher de 1989. Um musical com roteiro e direção de Maria Lúcia Vidal. As falas feministas entrecortadas por coro e solista seguem as celebrações da missa: Intróito, Kyrie, Epístola, Credo, Ato de contrição, Ofertório, Consagração, Comunhão.

Foi no debate sobre a organização do 8 de março de 1989, no Fórum Feminista, que Maria Lúcia Vidal teve a ideia de comemorar esse dia com a encenação de uma missa feminista, a *Missa Fêmea*, um marco na teatralizaçao de denúncias do feminismo.

Diretora de teatro, Maria Lúcia assim descreve como e por que chegou à ideia de propor e desenvolver o texto, que denunciava a condição das mulheres, com mensagens dramáticas cantadas em coro: "O contexto do ano de 1989 era de muita alegria por cada conquista, grande ou pequena, na Constituinte. Havia o que celebrar, não apenas o que já havia sido conquistado, mas a própria capacidade de luta. Tudo começou na reunião do Fórum Feminista do Rio de Janeiro. Queríamos um 8 de março que fosse denúncia – reivindicação, ainda outra vez, sempre –, porque não podíamos calar sobre nossos direitos que continuavam sendo desrespeitados. Mas que também fosse celebração porque, apesar de tudo, queríamos celebrar, pelo menos, a consciência de que tínhamos direito."

E conclui:

"São passados 32 anos daquela noite no largo da Carioca. Trinta e dois anos são uma vida, uma geração. Ainda tenho a sensação de um pássaro vivo dentro do peito quando relembro as companheiras da aventura, ou quando, sozinha, revejo mentalmente cada cena."

Éramos muitas, todas sem experiência de teatro. Maria Lúcia nos preparou com oficinas e ensaios, e cada uma de nós lembra como fomos crescendo em autoestima e segurança, até chegarmos àquele palco montado no largo da Carioca, no Centro do Rio de Janeiro.

Ali cantamos:

"1ª - Ofereço, em celebração, a memória de todas as mulheres assassinadas.

2ª - Ofereço, em celebração, a mulher comum que eu sou todo dia, com as minhas dúvidas e as minhas contradições.

3ª - E a mulher, tão perdida de si mesma, que não tem nem dúvidas nem contradições.

4ª - Ofereço, em celebração, o fim da violência e da discriminação contra a mulher negra, duas vezes discriminada.

5ª - E a luta das mulheres sem teto e sem terra.

6ª - E a luta das mulheres por um trabalho digno.

7ª - E ponho o dedo na ferida da difícil relação da mulher que é patroa e da mulher que é empregada, e ofereço essa contradição.

8ª - Ofereço, em celebração, o amor da mulher que é lésbica, e que vive seu amor na sombra, como se fosse um delito cada gesto de carinho.

9ª - Ofereço, em celebração, a solidão da mulher prostituída e o seu afeto.

10ª - Ofereço, em celebração, a nossa fertilidade e o nosso poder em controlá-la.

11ª - Ofereço, em celebração, fibra por fibra da mulher que é mãe, e também da que não é, para que hoje se celebre a fêmea só, sem invólucros de santidade.

12ª - Ofereço, em celebração, o prazer do meu corpo, sem nenhuma culpa.

13ª - Ofereço, em celebração, o direito da mulher de envelhecer com dignidade.

14ª - E ofereço, em celebração, o futuro.

15ª - Ofereço, em celebração, a mulher que virá e seu caminho para a libertação.

16ª - E ofereço, em celebração, o brilho e a energia, cheia de inquietação e descobertas, de cada mulher aqui presente.

A Missa termina com o Coro:

Estamos juntas

Transgressoras

Agora, hoje, aqui, agora

Hora de nossas vidas

Amém."

ENSINAMOS, PUBLICAMOS, INTERFERIMOS

> "A mulher tem sido a parte silenciosa da História. Sempre se falou dela, sobre ela, e por ela. Tomar a palavra é, antes de tudo, iniciar um processo de participação crítica no mundo, de construção da própria identidade."
>
> *Grupo Ceres*[133]

Na década de 1970, surgem algumas Organizações Não Governamentais (ONGs) que vão marcar o cenário político do país como algo novo: nem movimento social, nem órgão partidário, nem instituição governamental. Essas organizações, que produzem conhecimento, publicam, denunciam e propõem leis e políticas públicas, vão se multiplicar nas décadas seguintes. Incorporam as agendas dos movimentos sociais e passam a atuar politicamente na esfera pública. Pobreza, desenvolvimento, democracia, direitos humanos constituíam suas principais agendas.

O Instituto de Ação Cultural (Idac), fundado em 1979, é a primeira ONG assumidamente feminista do Rio de Janeiro.

Rosiska Darcy de Oliveira, fundadora do Idac, fala sobre as iniciativas do instituto: "O Projeto Mulher foi criado quando nós fundamos o Idac, aqui. Era um projeto chamado Conhecer para Transformar, voltado para a saúde da mulher. E nós montamos um trabalho em Paraty, levado à frente fundamentalmente por Mariska e Maria Rita [Taulois]. Foi um trabalho lindo. Elas já trabalhavam em Paraty, já eram conhecidas lá, e já tinham identificado como eram os problemas das mulheres, enfim. Então elas foram para duas

---

[133] Grupo Ceres, *Espelho de Vênus: identidade sexual e social da mulher*.

favelas, que ficavam ali na periferia de Paraty, e esse projeto durou muitos anos. O Projeto Mulher, do Idac, deve à Mariska muitíssimo. Mariska foi um motor importantíssimo dentro do Projeto Mulher."

Naquele momento, a relação do feminismo com as ONGs não era diferente daquela com partidos políticos de esquerda. A agenda dos direitos das mulheres não era considerada relevante; era, até mesmo, vista como divisionista, como pontua Rosiska:

"Enfim, dentro do Idac havia um clima de dominância do movimento feminista. E eu acho que nós tivemos o mérito no Projeto Mulher de abrir um debate dentro das ONGs. Porque a tese era de que nós dividíamos o movimento de esquerda, que o feminismo dividia o movimento de esquerda. Então nós éramos, assim, meio suspeitas. A abertura do Projeto Mulher, do Idac, foi importante porque ganhou espaço próprio. Não tinha mais discussão. De repente havia ali dentro um espaço, cuja legitimidade não se discutia. O Idac era uma ONG respeitada pelo trabalho político que fazia."

Seguindo com seus projetos, o Idac, que trouxe esse trabalho de base sobre saúde das mulheres para comunidades também da cidade do Rio de Janeiro, tornou-se uma verdadeira editora de textos feministas. Rosiska descreve o funcionamento da ONG:

"Nós tínhamos duas linhas. Uma linha fundamental de trabalho de base, que fizemos não só em Paraty, mas também em várias favelas aqui do Rio de Janeiro, tendo sempre em foco a saúde da mulher. Nós tínhamos também o trabalho de publicações. Fizemos uma grande quantidade de publicações do Projeto Mulher sobre vários temas. Nós escrevemos, eu, Leila [Linhares Barsted] e o Miguel Paiva, o primeiro livro sobre violência contra a mulher que foi publicado no Brasil. Era um livro chamado *A violência doméstica*, para o qual o Miguel Paiva fez uma capa linda, que era um coração pop partido. Um coração partido, sangrando. Nessa área de publicações, as linhas eram sobre saúde e violência."

Ainda como parte do Projeto Mulher, o Idac publicou *Mulheres em movimento*, uma coletânea de artigos de feministas, e *Maria Sem Vergonha*, uma série de revistas que, apesar de apresentar temas sérios, era leve e atraente por ser em quadrinhos, ilustradas por Miguel Paiva. Leila Barsted fala sobre a experiência de trabalhar com Mariska no Idac: "Eu já era muito amiga de Mariska, desde 1975, mas especialmente no período de 1982 a 1990 nós nos víamos todos os dias, dividindo o espaço onde funcionava o Idac, em uma sala de edifício comercial em Ipanema. Psicóloga de formação, Mariska era antes de tudo uma pessoa culta, solar, alegre, afetuosa, apaixonada pela cultura brasileira, e isso transparecia no seu trabalho e na militância feminista, em especial na produção de publicações inteligentes, alegres e informativas sobre saúde sexual e reprodutiva, contribuindo em muito para que Miguel Paiva, que também trabalhava conosco, pudesse fazer as belas ilustrações desses materiais. Mariska, sempre agregadora, trouxe para a equipe do Idac pessoas queridas, como Maria Rita Taulois e Maria Helena Garcia."

Na década de 1980, a redemocratização do país, a nova Constituição, a atuação do Conselho Nacional dos Direitos da Mulher, de conselhos locais e a expansão de ONGs feministas contribuem para que a agenda dos direitos das mulheres ganhe mais legitimidade em outras ONGS do Rio de Janeiro, ao mesmo tempo que o impacto da ação política do feminismo leva à inauguração de espaços acadêmicos voltados aos estudos sobre a mulher em universidades e instituições de pesquisa.

Levar os estudos sobre a mulher para o ambiente acadêmico foi mais uma frente de luta do feminismo brasileiro. A rigidez dogmática das universidades e dos centros de pesquisa não aceitava como válido o tema "mulher". A resistência vinha de todos os lados: professores, pesquisadores, estudantes. Quando aceito e incorporado nos currículos, era visto como um tema menor.

Hoje, a importância dessa temática já não é questionada, mas, naqueles anos, os estudos de gênero eram tratados apenas como "coisa de mulher", apenas a "questão da mulher", algo vago que pedia licença e precisava se explicar, encontrar uma justificativa política. Branca narra uma história sobre um desses enfrentamentos:

"Em 1978, Leila e eu fomos indicadas pelo CMB para um debate sobre educação da mulher, sexualidade feminina e mulher e trabalho com estudantes da PUC, no Rio. Eram temas para os quais estávamos preparadas. Mesmo assim, íamos assustadas porque sabíamos que haveria uma confrontação, os estudantes organizados eram de esquerda e nos olhavam como umas burguesas a serem desacreditadas. Mas fomos trazendo os 'barbudos', como chamávamos – Marx, Engels, Kautsky – em nossa defesa. Assim era naqueles anos de 1970. Precisávamos da 'permissão' desses ícones da esquerda para nos legitimar!"

Em uma sinergia com o ambiente acadêmico internacional, o feminismo força as portas da academia no Brasil e ganha, aos poucos, espaço como objeto de estudo. Era necessário dar consistência teórica à grande revolução que estava acontecendo.

Neuma Aguiar, formada em História e Sociologia, é uma das pioneiras, no Rio de Janeiro, na introdução do tema "mulher" no meio acadêmico, mais especificamente no Iuperj, Instituto Universitário de Pesquisa do Estado do Rio de Janeiro, importante centro de pós-graduação e pesquisa em Ciências Sociais. Neuma concentrou sua produção na área de mulher e trabalho, publicando os resultados de suas pesquisas como "Grupo doméstico gênero e idade", "Estudos de mulheres", "Sistema integrado de estatísticas por sexo e cor," "Banco de dados da mulher". Foi uma das primeiras estudiosas da questão do "uso do tempo", ou seja, da participação feminina e masculina nas tarefas domésticas, que desvenda a sobrecarga de trabalho doméstico sobre a mulher, mesmo quando ela também trabalha fora de casa, na mesma jornada que o homem.

Em 1978, Neuma organizou, pelo Iuperj, um importante seminário latino-americano, *A mulher na força de trabalho na América Latina*, reunindo também órgãos como o IBGE, a Organização Internacional do Trabalho (OIT), a Comissão Econômica para a América Latina e o Caribe (Cepal). As recomendações desse seminário, com relação ao conceito de chefia de família, influíram na reformulação desse quesito pelo IBGE. O seminário influiu também na criação do grupo A mulher na força de trabalho da Associação Nacional de Pós-Graduação e Pesquisa em Ciências Sociais (Anpocs).

Fanny Tabak, socióloga e professora universitária, foi outra precursora ao fundar, em 1980, um dos primeiros centros de estudos sobre esse tema, o Núcleo de Estudos sobre a Mulher (NEM), na PUC-Rio. A pesquisadora apresenta o contexto de formação do grupo:

"Eu trabalhei em diferentes temas do campo da Sociologia e da Ciência Política durante muitos anos, mas comecei a me preocupar com a condição feminina – a baixa representação política das mulheres, a discriminação por motivo de sexo e temas afins –, no começo dos anos 1970, quando estava na Fundação Getúlio Vargas, no Rio."[134]

Segue-se a criação de outros núcleos, ainda na primeira metade da década de 1980, década da redemocratização e efervescência dos movimentos feministas.[135]

Não apenas nos núcleos específicos de estudo, o tema mulher e política se torna objeto de pesquisas. Timidamente, outros departamentos universitários também iniciam seus estudos. Jacqueline Pitanguy relembra como foi participar, pela primeira vez, de um projeto que tinha como foco mulher e trabalho:

---

134 Entrevista para a página *Comciencia*, <http://www.comciencia.br>, 2003

135 Entre estes destacamos: Núcleo de Estudos e Informações sobre a Mulher (Nedim), na Universidade Federal do Ceará (UFC); Núcleo de Estudos Interdisciplinares sobre a Mulher (Neim), na Universidade Federal da Bahia (Ufba); na Universidade Federal do Rio Grande do Sul (Ufrgs); e o Núcleo Interdisciplinar de Estudo sobre Gênero (NEG), na Universidade Federal de Santa Catarina (Ufsc); O Núcleo de Estudos Interdisciplinares de Gênero (Nenge), na Universidade de São Paulo (USP).

"No início dos anos 1970 eu participei de uma pesquisa da OIT (Organização Internacional do Trabalho) no Departamento de Sociologia da PUC-Rio, que era coordenado pela professora Helena Lewin, sobre a posição da mulher no mercado de trabalho nos anos 1950-1970, e foi através dela que me descobri feminista, ao desvendar a exploração da mão de obra feminina, a discrepância de seus ganhos em relação aos dos homens, a quantidade de mulheres com trabalho não remunerado, a quase ausência de mulheres em posições de chefia. Foi como se tivesse descoberto um novo continente, uma Atlântida!"[136]

Entre as iniciativas de estudos e pesquisas que se espalham pelo Brasil, destacamos as da Fundação Carlos Chagas (FCC), que, ao introduzir o primeiro concurso de pesquisas sobre a mulher, beneficiou grupos feministas de todo o país, inclusive o nosso.

Essa fundação passa a ter, por força das feministas que ali estão, um papel fundamental nos estudos sobre a mulher. Em 1975, Ano Internacional da Mulher, a Fundação Carlos Chagas (FCC) leva, pela primeira vez, ao congresso anual de uma sociedade científica como a Sociedade Brasileira pelo Progresso da Ciência (SBPC) dois eventos que vão tratar da "questão da mulher": um painel, "O papel das ciências na libertação da mulher", organizado por Carmen Barroso e Fúlvia Rosemberg, e uma roda de conversa, em que participou Maria Malta Campos, todas da Fundação. Carmen Barroso fala sobre o evento: "O título do painel era até ridículo, porque parecia dissertação de doutorado – *O papel das ciências na libertação da mulher*... Na preparação [para o painel] a Fúlvia [Rosemberg], com apoio do José Mindlin, que estava na Secretaria da Cultura, organizou uma bibliografia comentada sobre a mulher no Brasil. Nós juntamos as duas coisas, o painel que eu estava organizando e a bibliografia. O painel teve bastante influência e bastante impacto. Tinha dois meganhas do Departamento de Ordem Política e Social (Dops) sentados na primeira fila. A biblio-

---

[136] C.M. Romani, H. Lewin, J. Pitanguy, *Mão de Obra no Brasil: um inventário crítico*.

grafia foi publicada no *Caderno de pesquisas*, número quinze. Aquele caderno teve grande influência porque o Nelson Carneiro, que estava propondo uma CPI da Mulher no Congresso, usou o *Caderno de pesquisa* da FCC como justificativa. Ele cita extensivamente várias partes do *Caderno*, mostrando que a situação da mulher merecia uma CPI. E não só isso, ele me convidou para a abertura da CPI. Essa história eu conto, às vezes, porque me emociono bastante. Daí eu falei: 'Olha, nós somos aqui um grupo de pesquisadoras, nós podíamos ir todas nós.' E ele disse: 'Ah, tá bom, venham todas.' Éramos quatro: a Fúlvia [Rosemberg], a Maria [Malta Campos], a Guiomar [Namo de Mello] e eu. O Nelson estava no aeroporto e, no dia seguinte, nós passamos a manhã inteira no Congresso sendo sabatinadas."

Maria Malta Campos, pedagoga, comenta a experiência: "Na SBPC, teve dois eventos sobre a questão da mulher. Um foi organizado pela Carmen, era uma coisa mais acadêmica, da FCC, e um outro que era nosso grupo... que a gente chamou de Roda de Conversa e aí apareceu um monte de gente. Tinha o pessoal da USP, o pessoal do Cebrap, que estava lá pra criticar a gente, para desmerecer. Embora fosse uma roda de conversa, ela foi muito mais polêmica do que a mesa, que, como fazia parte da programação oficial, era pesquisa. Mas, na roda de conversa, havia muito mais espaço para uma crítica. O pessoal da área de educação fazia piada, ridicularizava... Tinha muita gente que era ligada ao Partido Comunista tradicional que falava que a contradição principal era a de classe."

Nos anos de 1974 e 75, Carmen Barroso organizou, nessa fundação, diversos seminários intitulados *Pesquisas sobre a mulher*. Sobre esses seminários, Carmen lembra: "A abordagem era uma abordagem feminista. (...) A gente morria de medo, era num clima assim de clandestinidade, a gente tinha medo de contar que estava se reunindo como feministas, e o Rio já nos servia de inspiração para São Paulo. A tua presença [referindo-se a Branca] foi marcante naquela reunião, você contou das coisas que vocês estavam fazendo no Rio."

Maria Malta Campos comenta a atuação da companheira: "A Carmen começou a despontar como uma liderança querendo introduzir o que na época a gente chamava de 'questão da mulher'. (...) [Buscava] abrir uma área de pesquisa na Fundação Carlos Chagas sobre a situação da mulher. Ela começou com um seminário. A Carmen, isso é mérito dela, acolhia várias vertentes ideológicas. Então o pessoal do partidão, tinha o pessoal dos movimentos populares, tinha o pessoal acadêmico, e todo mundo tinha um espaço naquele grupo. Daquele seminário surgiu a proposta do concurso de bolsas de pesquisa, que ela fez para a Fundação Ford, que, na época, estava interessada nos movimentos de mulheres. O concurso deu continuidade aos seminários, só que com dinheiro, e começou a prestigiar novas pesquisadoras do Brasil todo que se interessavam pelo tema... Era uma militância mesmo."

E Carmen dá continuidade: "Lançamos, em 1978, o primeiro concurso de pesquisas sobre a mulher. Nós inovamos bastante naquele concurso porque a gente usou uma interpretação muito ampla de pesquisa. (...) Enfim, eu acho que o concurso cumpriu com seu objetivo, de ampliar o campo, e de atrair gente. Inclusive, tinha uma variedade enorme de campos. Uma dificuldade que eu tive, dentro da Fundação Ford, com aquele espírito americano de foco, foco, foco, e eu desde o começo: 'Não, pesquisa sobre mulher é uma coisa muito ampla.'"

O concurso, com essa "interpretação muito ampla", permitiu que grupos e coletivos feministas pudessem se candidatar a apoio institucional para desenvolver projetos de diferentes tipos, que produziram conhecimentos e argumentos para nossas agendas de luta. Foi realmente um marco para o feminismo em todo o país, unindo militância, pesquisa e reflexão.

Quando foi lançado o concurso, nós – Branca, Jacqueline, Leila, Mariska e Sandra – fazíamos parte de um grupo feminista de reflexão. Decidimos concorrer com um projeto sobre um tema ainda tabu, a sexualidade feminina, e fomos aprovadas. Com o nome de grupo Ceres desenvolvemos uma pesquisa qualitativa, entrevistando 53 mulheres de 10 a 84 anos, de diferentes classes sociais, sobre o que chamamos de "etapas de seu ciclo de vida": infância, primeira menstruação, vida sexual, maternidade e menopausa, experiências vividas ou simbólicas. Éramos cinco mulheres com formações diferentes, uma advogada (Leila), duas psicólogas (Mariska e Sandra), uma socióloga (Jacqueline) e uma historiadora (Branca). Realizamos a pesquisa em 1978 e 1979, e dessa primeira fase, também participaram Malu Heilborn e Norma Uchôa Cavalcanti. Escrevíamos entre trabalho, supermercado, crianças, maridos e namorados, militância – aquele corre-corre que todas conhecemos, e intensas discussões sobre o significado de "falo fantasmático" e "inconsciente coletivo", "condicionamentos culturalmente construídos" e "patriarcado" – em verdadeiro choque de conceitos das diferentes disciplinas de nossas formações. Apesar dessas divergências conceituais, conseguimos produzir um trabalho homogêneo, que retrata e analisa as experiências vividas pelas entrevistadas, mais tarde publicado, em 1981, pela editora Brasiliense, cujo título é *Espelho de Vênus: identidade sexual e social da mulher*, com prefácio de Carmen da Silva.

Como muitos outros trabalhos publicados nesses anos, o livro inaugura uma produção de estudos e pesquisas sobre a mulher fora do espaço acadêmico.

Sandra Azerêdo relata o que foi para ela essa experiência: "Lembro da experiência de escrever *O espelho de Vênus* com carinho. De nossos encontros, primeiro para fazer o projeto de pesquisa para a Carlos Chagas, e depois para escrever a análise com base nas entrevistas que havíamos feito com as mulheres. Encontros que aconteciam cada vez na casa de uma de nós, sempre com coisas gostosas para comer (...). Produzimos um livro baseado numa pesquisa em que ouvimos as histórias de outras mulheres, e acho que esse trabalho nos uniu mais ainda."

Jacqueline lembra nossa ida a São Paulo para apresentar o trabalho na FCC: "Tomamos o trem de prata à noite, na Central do Brasil. Guardo cada detalhe dessa viagem: nossa alegria, o riso contagiante de Mariska, nossa cumplicidade na viagem interminável e nossa chegada, de manhã cedinho, na estação da Luz, em São Paulo. Quando chegamos à sede da fundação, fomos recebidas com um café da manhã. Nunca havia me sentido tão bem acolhida em uma instituição. Carmen deu as boas-vindas."

Leila e Branca, por sua vez, falam do conteúdo do livro:

Leila: "Carmen da Silva resumiu bem no prefácio o contexto doméstico em que escrevemos o livro. Afinal, não seguimos o conselho de Virginia Woolf, não tínhamos um quarto todo nosso. Talvez, por isso, os momentos de encontro com as diversas mulheres que entrevistamos eram tão preciosos. Sozinhas, portas fechadas para que não houvesse interrupções. Não as conhecíamos, mas logo que chegávamos às suas casas iniciava-se uma conversa espontânea e amigável. Tínhamos um roteiro prévio, definido pelo grupo, no entanto, ao longo das entrevistas o que essas mulheres nos contavam extrapolava em muito esse roteiro. Talvez, pela primeira vez, falavam com uma outra mulher de coisas tão íntimas, algumas há muito vividas. Uma delas, enquanto me contava sobre seus ciclos de vida, tranquilamente bordava uma linda toalha. Um instante que nunca esqueci. Outra rememorava, com emoção, a sua prisão durante a ditadura. Quase todas recordavam vivências boas e difíceis, olhadas com distância, mas, mesmo assim, com grande emoção. Colocar no livro essa forte relação entre entrevistadoras e entrevistadas foi o nosso grande desafio. Em cada uma delas estava também a nossa face."

Branca conclui: "Ao fazer as entrevistas, víamos confirmada a experiência dos grupos de reflexão: cada uma de nós, por sobre nossas diferenças, apesar da diversidade de nossas vidas, tínhamos em comum esse 'ser mulher', que, afinal, foi a base dessa nova onda feminista."

Na introdução, falamos sobre o significado dos grupos de reflexão feminista: "Romper o silêncio – feito não tanto pela ausência de palavras, mas pela desvalorização do discurso feminino – é recuperar a dimensão política da vida pessoal, é detectar as relações de poder existentes entre os sexos, entre as gerações (...). A proposta básica do movimento feminista é justamente dar voz às mulheres. A mulher tem sido a parte silenciosa da História. Sempre se falou dela, sobre ela, e por ela. Tomar a palavra é, antes de tudo, iniciar um processo de participação crítica no mundo, de construção da própria identidade."[137]

O *Espelho de Vênus* foi um entre vários outros exemplos de combinação de militância e análise que caracterizam o feminismo, movimento que colocaria para a teoria sociológica, psicanalítica, para a ciência política e outras disciplinas, o desafio de inaugurar conceitos e teorias que explicassem essa revolução em curso.

---

[137] *Espelho de Vênus*, p. 15-16

DEMANDAMOS:
ALERTA FEMINISTA PARA AS ELEIÇÕES

> "Foi uma experiência de caráter suprapartidária, conduzida como o próprio título demarca, sob a liderança de mulheres e grupos feministas, chamando a atenção para questões de interesses específicos das mulheres, de direitos que considerávamos ausentes na prática da cidadania feminina."
>
> *Wania Sant'Anna*

Como parte do processo de redemocratização "lento e gradual", no dizer do presidente militar Ernesto Geisel, têm lugar, em 1982, as primeiras eleições para governos estaduais desde 1964, já com uma pluralidade de partidos, além daqueles permitidos pelos governos da ditadura, Arena (situação) e MDB (oposição). Com a Lei Eleitoral de 1982, foram formados outros partidos: PDS, PT, PTB, PDT e PMDB.

Essas eleições modificam o panorama político do país, pois são eleitos governadores de oposição em três estados do Sudeste: Leonel Brizola no Rio de Janeiro, Franco Montoro em São Paulo, e Tancredo Neves em Minas Gerais.

O movimento feminista, já então uma força nacional expressa nos grupos, coletivos, centros acadêmicos, diretorias sindicais, ONGs, que se espalham pelo Brasil, participa da luta política ao lado da frente ampla de oposição à ditadura, e tem, em sua pauta, o debate sobre a questão do feminismo e do Estado.

Parte significativa do movimento sempre teve uma vocação política, não apenas na sua atuação na sociedade civil, mas também buscando uma interlocução com canais institucionais de poder, como partidos, Legislativos, Executivos e Judiciário. Mantendo sua autonomia, reconhece o papel e dever do Estado em responder, com leis e políticas públicas, a suas demandas e propostas. Sobre esse momento, Wania Sant'Anna comenta: "A ênfase sobre a importância das mulheres se organizarem, criarem grupos de mulheres, o estímulo à organização e debate de pautas específicas era uma demonstração muito objetiva de atuar no fortalecimento do processo de redemocratização do país. O ponto central era: precisamos fazer com que os nossos problemas sejam considerados e solucionados."

Consciente da necessidade de aproveitar esse momento de abertura política, esse braço organizado do movimento feminista do Rio de Janeiro, o Fórum Feminista, não deixou escapar a oportunidade das eleições para enfatizar as pautas feministas, conforme conta Wania: "A experiência do Rio de Janeiro, de lançamento do primeiro *Alerta feminista* para as eleições, é um exemplo claro disso. Foi uma experiência de caráter suprapartidário, conduzida como o próprio título demarca, sob a liderança de mulheres e grupos feministas, chamando a atenção para questões de interesses específicos das mulheres, de direitos que considerávamos ausentes na prática da cidadania feminina. Essa foi uma iniciativa de construção coletiva, que avaliava o que estava ocorrendo na seara mulheres e participação política."

Esse documento, o *Alerta*, redigido em 1982, é resultante da atividade unificada dos diversos grupos e militantes reunidos no Fórum Feminista, e elaborado de forma independente de filiações partidárias, e apresentava uma pauta de demandas a serem incluídas nas plataformas dos partidos, que já não podiam ignorar a presença do feminismo e suas reivindicações.

O *Alerta* tem início com as palavras "vimos há algum tempo pensando juntas, atuando no movimento feminista e reivindicando direitos (tanto no nosso cotidiano quanto na vida política)" e é parte da longa história de pressão e *advocacy*[138] nos poderes Legislativo, Executivo e Judiciário, o que ainda se configura como uma frente de luta das organizações de mulheres de todo o país.

Desde logo, o *Alerta* deixa claro ser fruto de um movimento independente de partidos políticos: "Somos um grupo autônomo, que não tem o propósito de apoiar candidaturas, mas, especialmente, o de incentivar a ação política feminina: principal instrumento de pressão para a conquista das reivindicações da mulher."

Ao lado da luta pela redemocratização, havia a luta específica pelos direitos das mulheres, que, era claro, nunca seria subalterna, mas sim central à democracia e aos princípios de igualdade. Nesse sentido, o *Alerta* explicita: "Decidimos mostrar que as questões gerais do povo brasileiro e as questões específicas da mulher não só não se excluem, como se entrelaçam, e assim, a luta política adquire uma nova dimensão."

Empossados os governadores, o grupo do *Alerta feminista* encaminhou a Leonel Brizola, em maio de 1983, um documento em que se afirmava: "Com base no *Alerta feminista* para as eleições, mas procurando adequá-lo ao Estado, apresentamos nossas sugestões de políticas viáveis". Com timidez ou, quem sabe, como estratégia, acrescenta que tais propostas significariam "despesas mínimas para o orçamento estadual, que sabemos tão sobrecarregado".

O documento inclui as demandas já definidas pela prática dos anos de militância: direitos de cidadania, igualdade na família, no trabalho, na educação, bem como a agenda de direitos sexuais e reprodutivos e ações contra a violência.

O pioneirismo do *Alerta feminista* está em sua parte final, em que reivindica a criação de instrumentos oficiais para a "efetivação dessas diretrizes". Seriam assessorias especializadas nas Secretarias

---

138 Utilizamos a palavra *advocacy* em inglês para estabelecer a distinção entre a ação política por uma causa e o exercício da advocacia como profissão liberal.

de Governo e na governadoria do Estado. Define então as atribuições: "Traçar diretrizes gerais de política da mulher no âmbito governamental; cuidar da homogeneização da política da mulher nas diversas secretarias; debater e opinar, naquilo que seja pertinente ao governo, sobre temas e eventos relativos à mulher."

Entretanto, apesar de seu empenho na luta pela democracia e do compromisso com uma agenda social, o governo Brizola não criou o organismo institucional proposto no documento encaminhado.

Acreditávamos que as propostas de legislação e políticas públicas, em documentos como o *Alerta feminista*, beneficiariam a todas as mulheres. Lutávamos para que leis discriminatórias fossem revogadas e políticas se estabelecessem, formando um patamar institucional que retiraria a todas as mulheres, em sua diversidade, da condição geral de cidadãs de segunda categoria. Aquele era o momento histórico de um país que se propunha a efetuar uma transição democrática, na qual lutávamos por incluir uma agenda universal de direitos humanos das mulheres.

No entanto, o uso da palavra *mulher*, sempre no singular, evidencia nossos limites em incorporar desigualdades estruturais como a de raça. A vivência do racismo como uma perspectiva intrínseca à luta feminista não estava presente em nossa atuação. Nossa perspectiva era de uma luta geral, na qual apagamos nossas desigualdades, estruturantes de nossa posição no mundo, nossas histórias e oportunidades. O feminismo que exercíamos como projeto de vida e bandeira de luta tinha as marcas de nossa condição social de mulheres brancas de classe média urbana. Mas, por outro lado, havia também a consciência de uma discriminação que nos era comum, como discute Branca: "Quando fiquei feminista, em 1972, eu via tudo como um bloco só, eu achava que éramos todas mulheres e era tudo igual. Aos poucos, é que eu fui descobrindo as diferenças e, principalmente, a questão do racismo. Acho que, no racismo, a gente vê tão frontalmente, tão claras, as diferenças, que não dá mais para você achar que todo mundo é igual. A gente foi fazendo, não era uma *mea culpa*, nós fomos nos abrindo e conhecendo mais o que era o feminismo, o que era esse movimento, o que era ser mulher numa sociedade patriarcal que também era racista, fomos entendendo mais. Eu falei disso na minha tese, a questão da ideologia sexista e racista. É uma maravilha ser feminista, pelo menos na década de 1970, com aquela cumplicidade. Você era amiga daquela que estava do seu lado, que era outra feminista que você nunca tinha visto na vida, que você não precisava saber de onde era, que cor tinha. E eu sinto isso até hoje. É uma bênção termos nos conscientizado."

Comentando hoje sobre o livro *Espelho de Vênus*, Sandra Azerêdo, única integrante negra do grupo Ceres, diz: "Nosso livro foi publicado em 1981, o mesmo ano em que parti para os Estados Unidos para fazer meu doutorado na Universidade da Califórnia, em Santa Cruz. Minha busca pelo doutorado se deveu em grande parte a essa experiência de escrever o *Espelho de Vênus*. Eu queria entender o discurso das empregadas domésticas (...). Minha tese acabou sendo uma crítica ao nosso trabalho, na medida em que ele representava a forma como o feminismo se constituía como branco e heterossexual. Raça e homossexualidade não aparecem no nosso livro. O próprio projeto que escrevi para o doutorado também apresentava esses pontos cegos, que eu, quando questionada por minha orientadora, Donna Haraway, justifiquei usando o discurso da ideologia da democracia racial, argumentando que no Brasil, diferentemente dos Estados Unidos, a questão de classe era que explicava a desigualdade entre as pessoas. Mas, felizmente, meu argumento foi rapidamente caindo por terra, à medida que eu entrava em contato com as publicações do mesmo ano de 1981 que estavam saindo nos Estados Unidos."

Nas palavras de Sueli Carneiro, filósofa e militante antirracista: "Questões de gênero e raça, que eram teoria para um determinado universo acadêmico, intelectual e político, para mim eram experiências concretas de vida e de sobrevivência."[139]

Originário de mulheres de classe média, o movimento feminista, contudo, se espalha, alcança outras categorias, como trabalhadoras urbanas e rurais, em um momento político em que os sindicatos ganham força e visibilidade, como afirma Leila Barsted:

"Em 1985, o movimento de mulheres era muito mais do que um movimento de classe média, intelectuais, acadêmicas. Era um movimento que estava envolvendo outros grupos sociais, como as empregadas domésticas, as mulheres rurais, as sindicalistas, mulheres negras, que também estavam organizadas."

O Alerta evidencia nossa compreensão da necessidade de interlocução com poderes institucionais. Mas nós aqui e eles lá. Um grande salto seria dado ao assumirmos uma posição diferente: o poder do Estado também é nosso, e queremos exercê-lo para implementar nossa agenda.

---

139   Sueli Carneiro, em *Explosão Feminista*, op cit, p. 453 e 455.

espac
poder
femi
estad

CAPÍTULO VI

CRIAMOS ESPAÇOS DE PODER: FEMINISMO E ESTADO, CONSELHOS ESTADUAIS

> "Dar esse passo de astronauta, que significa participar do governo mantendo ao mesmo tempo o compromisso fundamental com o movimento social."
>
> *Jacqueline Pitanguy*

UM MANDATO FEMINISTA NO RIO DE JANEIRO

A interlocução do feminismo com o Legislativo sempre foi difícil. Inexistente durante a ditadura, visto com desconfiança ou menosprezo na democratização, o movimento encontra no mandato da deputada estadual (1982-1986) Lucia Arruda uma experiência inédita de diálogo.

Madalena Guilhon, jornalista, fazia parte da organização feminista Brasil Mulher. A maioria de suas integrantes se filiou ao PT no início dos anos 1980 e pressionou pela criação da primeira Comissão de Mulheres do partido. Madalena Guilhon diz: "A nossa estratégia era lançar candidaturas feministas e de lideranças do movimento de mulheres. O nosso grupo político indicou Lucia Arruda, 25 anos, casada, com um filho pequeno, para concorrer, nas eleições de 1982, a deputada estadual. Ela tinha voltado ao Brasil poucos anos antes, tinha se incorporado ao Brasil Mulher e depois à Comissão de Mulheres. Lucia, como todas nós, acreditava na utopia de um mundo melhor para todos sem discriminação e na necessidade de se lutar pela igualdade de direitos entre os homens e mulheres. Como diferencial, tinha a energia da juventude e o dom natural da empatia. Benedita da

Silva, liderança negra do morro do Chapéu Mangueira, e a socióloga e professora negra Lélia Gonzalez – respectivamente para vereadora e deputada federal –, completavam as candidaturas do PT de mulheres ligadas ao movimento. Das três, só Lélia não se elegeu."

Lélia Gonzalez (1935-1994) ocupava uma posição fundamental para o movimento feminista e o movimento negro, como intelectual e militante. Afirmava: "É inegável que o feminismo, como teoria e prática, desempenhou um papel fundamental em nossas lutas e conquistas, na medida em que, ao apresentar novas questões, não apenas estimulou a formação de grupos e redes mas também desenvolveu a busca por uma nova maneira de ser mulher. [Mas] Lidar, por exemplo, com a divisão sexual do trabalho sem articulá-la com a correspondente em nível racial é cair em uma espécie de racionalismo universal abstrato, típico de um discurso masculinizante e branco."[140]

Filósofa e ativista, Lélia utilizou categorias da psicanálise e do candomblé para construir uma narrativa inaugural sobre feminismo, racismo e cultura brasileira. Participou ativamente da luta pela redemocratização como intelectual negra e ativista. Publicou, com o sociólogo Carlos Hazenbalg, um livro intitulado *Lugar de negro*, que constitui um marco no debate sobre o racismo estrutural e a resistência ao racismo.[141] Lélia participou intensamente em diversos foros internacionais, se conectando com lideranças na África, nos Estados Unidos, na América Latina e no Caribe, e adotava uma perspectiva transnacional em suas análises e em sua prática política. Teve presença marcante no Conselho Nacional dos Direitos da Mulher como conselheira, de 1985 a 1989, durante a Constituinte. Reconhecida como referência no debate sobre a intersecção entre raça e feminismo, participou do Encontro de Mulheres Negras, realizado em 1988, em Valença, Rio de Janeiro. Jacqueline relata:

---

[140] L. Gonzalez, citada por D. Mercier no jornal *El País*, 25 out. 2020.

[141] C. Hazembald e L. Gonzalez, *Lugar de negro*.

"Tive o privilégio de conviver com Lélia durante todos os anos em que estive no Conselho Nacional dos Direitos da Mulher (CNDM). Sua presença marcante, alegre e, ao mesmo tempo, seu rigor intelectual e compromisso político marcaram o CNDM."

Sobre a campanha de Lucia Arruda, Madalena Guilhon recupera momentos de militância jovem e cheia de esperanças: "Desde o início, com Angela Borba [falecida em 1998], Fernanda Carneiro, Rita Andrea, Rita Motta e outras feministas, participei do comitê político que formulou a estratégia da campanha e a levou para as ruas. Liderada por feministas, era integrada por um grande número de jovens, atraídos pelas ideias renovadoras do movimento e do PT. Pela primeira vez, estavam envolvidos em política, a maioria nunca tinha votado. (...) O fusquinha da Lucia era um escritório ambulante. Com ele, abarrotado de santinhos, panfletos faixas, camisetas, íamos de um lado a outro do estado. A campanha incansável ia aonde era preciso levar a mensagem pelos direitos das mulheres: portas de fábricas, escolas, universidades, bares, favelas, bairros populares, associações, sindicatos.

Para surpresa geral, Lucia foi eleita a deputada estadual mais jovem do Rio de Janeiro. Por decisão do comitê político, o mandato seria coletivo. As reuniões para debater as pautas legislativas e as demandas do movimento feminista e de mulheres eram constantes."

Ângela Borba, que nos deixou muito cedo, foi uma das fundadoras do PT e conciliou a militância política partidária com o ativismo feminista, tendo também atuado em diversas frentes em sua curta e brilhante trajetória. Integrou o Conselho Estadual dos Direitos da Mulher do Rio de Janeiro, o Fórum feminista do Rio de Janeiro, a Rede Nacional de Saúde e Direitos Reprodutivos, a ONG Ser Mulher e o Conselho da Fundação Perseu Abramo. Ângela tinha uma visão clara sobre a missão das mulheres na política: "O que mobiliza hoje as mulheres a romper barreira, enfrentar preconceitos e dificuldades e disputar cargos nos vários níveis da administração pública é a certeza de que não há verdadeira democracia sem a participação feminina em todos os espaços de poder e de que a atuação das parlamentares mulheres têm significado um avanço na luta pela conquista da cidadania feminina plena no Brasil."[142]

A eleição de Lucia Arruda trouxe a proposta revolucionária de ser um mandato coletivo, que envolveu as participantes em um processo de aprendizado conjunto. As mais diversas atividades do movimento eram discutidas, articuladas e apoiadas por esse gabinete com coragem e coerência. Foi uma experiência inédita de presença do feminismo no Poder Legislativo. Experiência que ressurge hoje nas candidaturas e mandatos coletivos que elegeram, em 2018, mulheres negras e LGBT, fortalecendo a institucionalização de políticas identitárias. Rita Andrea fala da vitória da deputada: "O mandato da Lucia Arruda foi o primeiro mandato feminista. A gente ia pras comissões discutir todos os temas, na época da Constituição do Estado do Rio de Janeiro. O Cedim (Conselho Estadual dos Direitos da Mulher) participou também."

A articulação de um movimento social autônomo com uma esfera institucional do poder demonstra uma característica do feminismo brasileiro: sua vocação política e articulação estratégica com instâncias do Legislativo, Executivo e Judiciário ao longo de diferentes momentos de nossa História.

CONSELHOS ESTADUAIS:
MINAS GERAIS, SÃO PAULO E RIO DE JANEIRO

Humor político, denúncias, manifestos, pesquisas, teses e artigos, passeatas, panfletagem, coletivos, grupos de reflexão – ao longo dos anos 1970 e 1980, o feminismo foi ocupando cada vez mais espaço

---

[142] A. Borba, N. Faria e T. Godinho. *Mulher e política: Gênero e feminismo no Partido dos Trabalhadores*. São Paulo: Fundação Perseu Abramo, 1998.

na arena pública, infiltrando-se nos corações e mentes de mulheres de diferentes regiões. Hildete Pereira de Melo oferece um panorama dessa época: "Eu diria que, na primeira metade da década de 1980, o movimento de mulheres estava numa efervescência enorme e incomodando aos que viam seu poder contestado. Quer dizer, o movimento cresceu muito no bojo da luta pela redemocratização. A luta pela democracia nos favoreceu muito para que um punhado de mulheres botasse a cara a tapa e reivindicasse direitos e igualdade. (...) Tudo aquilo foi um caudal em cujas águas nós navegamos."

Os novos partidos políticos percebem a relevância das reivindicações das mulheres, fosse como ameaça ou como contribuição à nova proposta democrática.

O movimento feminista, que já havia apresentado o *Alerta para as eleições*, se vê confrontado com o que fazer frente à vitória da oposição em Minas Gerais, no Rio de Janeiro e em São Paulo nas eleições governamentais de 1982. Debate, então, a relevância e viabilidade de lutar pela criação de espaços institucionais na esfera do Poder Executivo.

Esse sempre foi um tema conflitivo, e discussões acaloradas acompanharam, em nível estadual e nacional, esses debates que se apresentam, como temos discutido, como uma divisão entre "autônomas" e "partidárias", conforme relata Amélia Telles (Amelinha) em referência ao movimento paulista: "O motivo principal da divisão foi, sem dúvida, a participação dos partidos políticos e a sua disputa pela hegemonia do movimento, sem respeitar a dinâmica, a organização, o funcionamento e as decisões do conjunto das mulheres."[143]

Maria Malta Campos também fala sobre São Paulo: "Na época já estava começando a aparecer a rivalidade entre o MDB e o PT. E as mulheres das comunidades, dos clubes de mães, que não eram

---

[143] Maria A. de A. Teles, *Breve história do feminismo no Brasil*, p. 126.

muito politizadas, elas não entendiam por que aquelas pessoas, que estavam todas juntas, de repente uma não falava com a outra. Elas ficaram muito revoltadas. Essa divisão foi muito desmobilizadora daquelas mulheres que estavam começando a se politizar, mulheres do povo. Era um trabalho que levava um tempo até as pessoas quererem discutir as coisas, e aí teve essa divisão."

Era necessário definir uma estratégia consensual. O movimento feminista aproveita esse momento e então demanda e obtém a criação de espaços estatais de programação e implementação de políticas públicas para as mulheres, em São Paulo e Minas Gerais. São órgãos do Poder Executivo, estabelecidos especificamente com esse mandato. Os primeiros são o Conselho dos Direitos da Mulher em Minas Gerais e da Condição Feminina em São Paulo, ambos estabelecidos em 1983.

CONSELHO ESTADUAL DA MULHER DE MINAS GERAIS

Feministas mineiras já vinham se encontrando em grupos de estudos e de reflexão desde o início da década de 1970, assim como as cariocas e as paulistas, e as de outras partes do país, nessa verdadeira onda que ia tomando o Brasil.

Mirian Chrystus conta que ela e Beth, entusiasmadas pela experiência do encontro na ABI, no Rio de Janeiro, organizaram logo depois, em Belo Horizonte, como já comentado, um seminário de três dias, *Mulheres em debate*, no Diretório Acadêmico da Universidade Federal de Minas Gerais (Ufmg). Estavam enfrentando não apenas os riscos possíveis em uma ditadura mas, segundo Mirian, também a oposição da esquerda, que, com o mesmo argumento de que o "feminismo dividia a luta", não quis apoiar o evento.

Naquele mesmo ano de 1975, foi fundado o Centro Mineiro da Mulher. Também ali eram debatidos os temas recorrentes nos grupos que iam se espalhando pelo país: direitos reprodutivos, sexualidade, aborto, trabalho, violência. As iniciativas se repetiam como se o momento histórico as imprimisse.

Em 1981, poucos dias depois da grande manifestação de repúdio aos assassinatos de Eloísa Ballesteros Stancioli e Maria Regina Santos Souza Rocha, é fundado o Centro de Defesa dos Direitos da Mulher (CDDM) como uma entidade da sociedade civil, como menciona Dinorah Maria do Carmo, que dirige o Centro, de 1989 a 1983. "O nosso Centro de Defesa dos Direitos da Mulher nunca se estagnou, só evoluiu. A ele vieram se juntar outros grupos e novas lideranças, num processo contínuo de transformação. E o resultado foi o seu desdobramento em Conselho Estadual da Mulher."

De fato, quando é eleito governador Tancredo Neves, o CDDM leva à sua equipe de transição um documento em que consta a proposta de criação de um órgão oficial e de uma delegacia especializada. Tancredo Neves apoia a iniciativa e, em 24 de agosto de 1983, cria o Conselho Estadual da Mulher.

CONSELHO DA CONDIÇÃO FEMININA DE SÃO PAULO

Assim como em Minas, a criação do Conselho da Condição Feminina pelo governador eleito Franco Montoro demonstra a força do movimento feminista em São Paulo, que entende que, para levar adiante sua agenda, era necessário ter um espaço próprio na estrutura de poder desse novo governo. Maria Malta menciona algumas pessoas envolvidas nessa construção: "No Grupo da rua Madre Teodora era onde ficava um comitê da campanha do candidato Franco Montoro. Ali havia vários grupos que estavam discutindo os temas para o projeto de governo. (...) Início da redemocratização. (...) No grupo de mulheres, estava Ruth Cardoso, a Eva Blay, o pessoal dos partidos de esquerda, então tinha a Zuleika Alembert, a Clara Charf, tinha a Amelinha Telles, que era dos movimentos de bairro, tinha a Heleieth Saffioti, a Fátima Pacheco Jordão, que vinha da publicidade, a Iara Prado, que tinha acabado de voltar de Paris também. Aí então se começou a discutir a questão do Conselho. Não tinha muita clareza sobre essa história de Conselho, ou se era uma Secretaria."

Montoro cria o Conselho Estadual da Condição Feminina em 4 de abril de 1983.

Maria acrescenta: "Acabou saindo uma coisa mais tímida, porque o Conselho não tinha verba. Era como se o governo estadual acolhesse um movimento social."

A conquista desse órgão institucional trazia embutida a percepção, pelo Poder Executivo, de que aquela era uma agenda legítima, mas secundária, sem a força política necessária para ter acesso a orçamento próprio. Mesmo assim, esse Conselho desempenhou um papel da maior importância na institucionalização de políticas públicas para as mulheres. É o que resume Eva Blay, primeira presidente do Conselho da Condição Feminina: "Começamos a discutir a ideia de uma secretaria ou um conselho. Precisamos de um conselho com representação das mulheres. Vieram mulheres de diferentes tendências. Montoro disse que concordava, mas sem dinheiro. Tínhamos apenas uma sala. Mas foi muito bom. Tudo o que a gente tinha planejado começou a implantar. Creches, mudanças na lei."

O protagonismo de mulheres negras, já articuladas em coletivos e nos movimentos negros, atua no sentido de exigir sua representação neste novo espaço, como narra Sueli Carneiro: "Nesse ano foi criado o primeiro Conselho Estadual da Condição Feminina de São Paulo (...) e não havia nenhuma mulher negra. Ela [Marta Aruda, radialista] convocava as mulheres negras a reagir, porque era impensável organizar um conselho da condição das mulheres sem mulheres negras. Não deu outra: ela incendiou a mulherada preta e eu fui uma das convocadas a tomar vergonha na cara e fazer alguma coisa. Juntamo-nos e criamos o Coletivo das Mulheres Negras de

São Paulo. Foi uma movimentação tão eficaz que a gente conseguiu incluir uma mulher negra e uma suplente negra no Conselho."[144]

A institucionalização do enfrentamento à violência contra as mulheres está ligada à atuação desse Conselho. Por força das feministas que ali estavam, aliadas a movimentos de mulheres, foi criada em 6 de agosto de 1985 a primeira Delegacia Especializada para a Mulher – iniciativa ousada porque pioneira não só no Brasil como internacionalmente, tendo à frente a delegada Rosemary Correia.

A experiência dos Conselhos Estaduais, atuando no desenvolvimento de políticas públicas que atendessem às demandas de movimentos sociais, marcou o início dos anos 1980, e demonstrou que estar no estado não significava, necessariamente, cooptação e que era importante usar o poder institucional para mudar a condição da mulher.

CONSELHO ESTADUAL DOS DIREITOS DA MULHER DO RIO DE JANEIRO: CEDIM

O movimento feminista carioca participou do debate nacional sobre a criação de um organismo federal nas reuniões e nos encontros que se espalharam pelo país desde o fim da década de 1970, com o início do processo de redemocratização do governo Geisel e a campanha Diretas Já. Mas foi a partir dos exemplos da criação do Conselho Nacional dos Direitos da Mulher (CNDM), em 1985, e da campanha nacional pelos direitos da mulher na Constituinte, bem como da existência dos Conselhos de Minas Gerais e São Paulo, que a discussão sobre um órgão específico no Rio ganha força. Branca Moreira Alves fala sobre o otimismo daquele tempo: "Aquele era um momento inaugural. Tudo ia ser feito, sentíamos ser possível inven-

---

[144] S. Carneiro in *Explosão feminista*, op cit, p. 454-455.

tar um país novo, em que todos os grupos que se haviam unido para vencer a ditadura seriam representados, e entre eles as mulheres."

Foi no Fórum Feminista que se debateu e decidiu levar ao governador Wellington Moreira Franco, eleito em 1986, a proposta de criação de um órgão oficial. Sabíamos o que queríamos: que os entulhos patriarcais fossem retirados das leis, e inauguradas políticas públicas abrangentes para as mulheres em sua diversidade, a serem implementadas nas diversas esferas do governo.

Conforme Luiza Martins comenta, o projeto passou por votação: "A decisão coletiva em uma Assembleia do Fórum Feminista no Sinpro-Rio foi por apoiar a criação do Cedim-RJ, que seria presidido por Branca Moreira Alves". E então o Conselho Estadual dos Direitos da Mulher (Cedim) foi criado em 1987. Tínhamos no Rio o apoio fundamental e permanente dos gabinetes das deputadas estaduais feministas Heloneida Studart (PMDB) e Lucia Arruda (PT), e foi ali mesmo, nos seus gabinetes, que se discutiu o estatuto do que seria este órgão. Também Anna Maria Rattes, eleita em 1986 deputada constituinte (PMDB), pressionou o governador para a criação do Cedim.

Branca detalha a sua participação no processo: "Fui indicada pelo movimento e nomeada pelo governador Moreira Franco como a primeira presidente do Cedim. Nunca havia trabalhado na área governamental e, embora tivesse claro o que queríamos, não tinha ideia de como navegar nas estruturas formais de governo. Tive a sorte de ter assistentes administrativas e funcionárias alocadas no Cedim que se engajaram, junto com o movimento, na construção desse órgão pioneiro".

Quem ainda não era feminista certamente passou a ser, porque foi um trabalho levado com o empenho do engajamento e a confiança de que esse era um momento único em que seria possível implementar uma política pública para as mulheres.

Leila Araújo intervém, em diálogo com Branca: "Sua gestão foi o auge de uma época, quando finalmente conseguimos criar um mecanismo de políticas para as mulheres. E foi também o início de um processo que levaria pelo menos uma década para se consolidar. E esse período foi de 'aprender a fazer'. Não sabíamos direito quem éramos. Organizávamos as passeatas do 8 de março em parceria com o movimento feminista. Mas o movimento éramos nós mesmas."

Havíamos lutado para entrar no aparelho de Estado e realmente, nesses primeiros anos de euforia, as coisas se confundiam, órgão institucional e movimento.

Foram criadas, logo de início, algumas comissões – Saúde, Educação, Violência, Trabalho – que tinham por objetivo trabalhar com as secretarias de Governo.

Rosane Maria Reis Lavigne dirigia a Comissão de Violência do Cedim: "A nossa ação principal era articular junto com a Polícia Civil a formação para uma atuação diferenciada, para perceber as questões ligadas ao patriarcado, às relações de poder. Era um trabalho muito difícil porque não tinha uma 'receita do bolo', estávamos trabalhando ali com ingredientes novos para tentar formular uma nova política de segurança para as mulheres do Estado do Rio de Janeiro. Várias atividades foram pensadas. Nós desenvolvemos bastante, inovamos ao instalar um curso para Polícia Civil e, mais tarde, para a Polícia Militar. Nós usávamos muito a arte, fazíamos dramatizações de casos, havia a participação das turmas. A metodologia era calcada em Paulo Freire."

O trabalho de conscientização foi estendido para a entidade de assistência social do governo federal, a Legião Brasileira de Assistência (LBA), dirigida no Rio de Janeiro por Solange Amaral, muito solidária com nossa agenda. Rita Andrea, também da Comissão de Violência, dirigiu essa outra atividade pioneira, atuando diretamente a favor das mulheres em situação de violência que procuravam a LBA, e conta: "Então, a gente montou uma arquitetura de política pública que tinha, primeiro, os centros de referência, de atendimento.

Desse ponto, a gente foi para a LBA. Acho que isso foi emblemático. Como ali já era um espaço de assistência, transformamos esse espaço em assistência às mulheres vítimas de violência. Com apoio da direção, foi decidida a liberação de psicólogas, assistentes sociais e advogadas para compor esse serviço. Quer dizer, é abrir espaços onde é possível você fazer uma mudança de mentalidade."

Leila Araújo traz na memória essa conquista: "Lembro muito bem, Branca, que um dia você entrou no Cedim e falou: 'Acho que eu consegui a coisa mais importante da minha gestão: uma parceria com a LBA para a implantação do Pró-Mulher, sobre a violência contra a mulher, que era o que a gente mais queria resolver.'"

Essa experiência foi depois reproduzida na capacitação de policiais lotados na Delegacia Especializada no Atendimento à Mulher (Deam). Esse era um grande desafio, pois não bastava erguer os muros e construir um espaço físico com funcionários ali lotados, se não estivessem sensibilizados para compreender a dimensão da violência de gênero, e não se sentissem solidários com as mulheres que buscavam o atendimento.

A criação da Deam foi o resultado direto do trabalho da Comissão Especial de Defesa dos Direitos da Mulher, criada em 1985 ainda no governo Leonel Brizola, presidida por Diva Múcio Teixeira, advogada e feminista. Diz ela: "Nós criamos esse Conselho visando à criação da Delegacia da Mulher." O projeto foi encaminhado ao governador Brizola, mas a Deam só seria criada no governo Moreira Franco, em 1988. Esse lapso de tempo dá a medida da resistência em se retirar a violência contra a mulher do âmbito privado.

Enquanto a Deam não saía do papel, a Comissão, sempre atuante, mobilizou-se para dar assistência jurídica à mulher, criando o Plantão de Atendimento à Mulher, formalizado ainda em 1985 com a criação do Centro Policial de Atendimento à Mulher. O Centro foi sem dúvida um avanço mas, por não existirem as Delegacias Especializadas, deparava-se com os mesmos problemas tantas vezes denunciados após o encaminhamento de mulheres às delegacias policiais: um atendimento desrespeitoso.[145]

A Delegacia Especializada de Atendimento à Mulher (Deam) foi finalmente criada no governo Moreira Franco pela Lei nº 1340 de 23 de agosto de 1988, respondendo ao *lobby* do Cedim e do movimento feminista. A Lei, resultado desse *lobby*, em seu artigo 2º (§ único), delega atribuições concorrentes às Delegacias de Polícia no caso de não haver número suficiente de Deams, mas faculta ao Cedim o direito de interferir e requerer ao Secretário de Estado da Polícia Civil a "redistribuição da ocorrência a uma das Delegacias de Atendimento à Mulher, deixando implícita a desconfiança que era justamente raiz da demanda por atendimento especializado."

Assim, uma vez criada a Deam-RJ, sentiu-se a necessidade de um trabalho de sensibilização com as policiais, assim como de apoio às mulheres que procuravam a delegacia. Rita Andrea conta que procurou o Escola de Serviço Social da Universidade Federal do Rio de Janeiro (ESS-Ufrj) para desenvolver esse projeto, junto com a assistente social Marlise Vinagre e outras:

"A gente viu que tinha que fazer primeiro a formação das mulheres policiais. Elas não tinham a menor ideia do que era atender mulheres. E a gente montou um grupo de vítimas dentro da Deam… Não tínhamos mesa nem cadeira: as mulheres sentavam e a gente se igualava com elas na horizontalidade. As policiais começaram a vir também para o grupo. (…) Elas diziam: 'Rita, hoje eu estou com vontade de ficar no grupo, você deixa?' 'Claro, mas aqui você não é policial, eu não sou a coordenadora, vamos todas conversar.' Foi um trabalho lindo porque uniu as policiais."

A experiência de capacitação de policiais em direitos humanos das mulheres e violência de gênero continua a ser uma plata-

---

145 Cf L. Lima e L. Barbosa, "A intervenção policial na violência de gênero no Estado do Rio de Janeiro: da criação das Delegacias Especializadas à Lei Maria da Penha".

forma da agenda feminista, desenvolvida desde os anos 1990 por diversas ONGs.[146]

Ainda no âmbito do Cedim, a Comissão do Trabalho deu prioridade à promulgação, em nível estadual, de legislação ordinária visando à implementação dos princípios constitucionais referentes aos direitos das trabalhadoras, sobretudo as trabalhadoras domésticas e da indústria. Para isso, organizou uma série de debates em conjunto com sindicatos e associações de algumas categorias profissionais, como bancários, metalúrgicos, servidores públicos, trabalhadores domésticos, e algumas centrais sindicais que já haviam criado departamentos femininos em resposta à pressão de suas associadas. Outra área em que atuou com prioridade, foi na dos direitos das trabalhadoras, em resposta a denúncias de violação desses direitos. Além disso, com a Legião Brasileira de Assistência e a Associação de Empregadas Domésticas, implantou o programa Profissionalizando a Empregada Doméstica, abrindo outros setores de atividade para essas profissionais.

Como relata Clara Araújo, socióloga coordenadora da Comissão de Trabalho: "No período, duas categorias em particular foram objeto de maior atenção. A dos trabalhadores na indústria de confecções e a das empregadas domésticas. A indústria de confecção empregava um grande contingente de mulheres. E um dos setores principais era a indústria de confecção de roupas íntimas. Desde o ano de 1986 surgiam denúncias sobre as condições de trabalho e, principalmente, sobre as revistas íntimas que as fábricas submetiam às trabalhadoras ao final do expediente. Em 1988, houve uma greve, na fábrica da empresa de lingerie De Millus e o Cedim se envolveu,

---

[146] A ONG Cepia, por exemplo, desenvolveu, em parceria com a Academia de Polícia do Rio de Janeiro, curso de formação em gênero e direitos humanos, para levar aos agentes de segurança uma perspectiva de respeito às mulheres como cidadãs plenas de direito. Nos anos 2000, essa formação em direitos humanos e gênero se estende a Escolas de Magistratura, e a outros órgãos do sistema de Justiça.

apoiando as trabalhadoras e lançando uma campanha, com grande repercussão, cujo slogan era "Calcinhas De Millus fazem mal à saúde das mulheres." Esse movimento também motivou denúncias em outras fábricas. A outra categoria profissional que foi objeto de ações e apoio à sua organização sindical foi a das trabalhadoras domésticas que, na Constituinte, não tinham conseguido alguns dos direitos básicos reivindicados. Apesar do grande contingente de trabalhadoras – o maior entre as profissões femininas na época – grande parte não tinha sequer a carteira de trabalho assinada. E sua organização sindical, por conta do tipo de atividade, era – e é – extremamente difícil. Houve uma aproximação importante com o sindicato das trabalhadoras domésticas do município do Rio de Janeiro e com a Federação.

A Comissão de Violência e a Comissão de Trabalho do Cedim, juntamente com o Conselho Nacional dos Direitos da Mulher, criado em 1985 e do qual falaremos em detalhes adiante, atendeu às denúncias de violação de direitos em empresas de confecção e tecelagem de roupas femininas íntimas, que, como relatou Clara Araújo, submetiam a vexaminosas revistas íntimas suas operárias. Branca Moreira Alves e Jacqueline Pitanguy (presidente do CNDM) e a deputada federal Jandira Feghali entraram em uma dessas fábricas mediante autorização judicial e flagraram os abusos. O CNDM levou o caso ao Ministério do Trabalho, único ministério a cargo de uma mulher, Dorothea Werneck, que editou normas regulando essas revistas.

Essa atuação do Cedim e do CNDM criou um precedente acendendo um sinal de alerta para outras empresas industriais que pressionavam suas trabalhadoras a fazerem laqueadura de trompas para evitar encargos relativos à licença-maternidade, violando assim a dignidade humana das mulheres no mundo do trabalho. A Comissão de Saúde da Mulher, chefiada pela médica Santinha Tavares, tinha como objetivo garantir a participação do Cedim nos órgãos governamentais relacionados à saúde da mulher, e conseguiu assento em todos os Conselhos e Comitês referentes ao tema, priorizando a implementação do Programa Integral de Saúde da Mulher, (Paism). Trabalhou também, em conjunto com o gabinete da deputada Lucia Arruda, na criação dos serviços de atendimento ao aborto legal na rede pública. Santinha fala sobre o trabalho que desenvolveu na Comissão: "Dois eventos, pouco antes da criação do Cedim, balizaram conquistas importantes para as mulheres. O primeiro foi a realização da Primeira Conferência Nacional de Saúde da Mulher, em 1986, com 4 mil mulheres do Brasil inteiro discutindo todo o universo feminino, desde a discriminação até a resistência e os avanços necessários, mas focando na melhoria efetiva, na prática de seus direitos e por uma vida saudável. Nesse mesmo ano, realizou-se a 8ª Conferência Nacional de Saúde, que criou o nosso SUS e que incorporou nossas reivindicações pela saúde da mulher, direitos sexuais e direitos reprodutivos. Com a criação do Cedim, quando os nossos espaços de atuação foram se definindo com mais clareza, passei a coordenar a Comissão de Saúde da Mulher. Lembro que visitei os 92 municípios do estado do Rio, sempre acompanhada de Cândida Carvalheira, na sua batalha pelos ostomizados e priorizando a mulher ostomizada, vítima da doença e da discriminação social e sexual. Mostrávamos que a nossa dor não poderia ser tratada apenas com comprimidos, pois ultrapassava a fronteira do corpo e se estendia pela relação médico-paciente, refletindo os preconceitos e barreiras culturais e sociais. Fazíamos palestras e oficinas com profissionais da área de saúde, e separadamente com grupos de mulheres, discutindo nossas especificidades de doenças do corpo e da alma, onde apontávamos que o mal maior se traduzia pela violência do olhar que nos via como seres inferiores."

A Comissão de Educação do Cedim, com Maria Rita Taulois e Léa Perez, atuou na publicação de materiais para utilização nos grupos de mulheres, professoras ou professores, alunos e alunas, e também, na comunidade. Os materiais produzidos (jornal, mural, cartilhas) foram distribuídos para os diferentes públicos e utilizados em encontros promovidos pelo Cedim. No trabalho de divulgação, deu-se prioridade para a discussão com professores sobre a necessidade de se promover uma educação não diferenciada. Com o objetivo de influir em outras áreas do governo com a reflexão e a análise da discriminação, a Comissão de Educação participou de debates nas áreas da saúde, do trabalho, da segurança pública, do acesso ao Poder, e integrou o Conselho Estadual de Saúde e o Comitê Estadual de prevenção de morte materna e puerperal. Em reuniões, encontros e palestras com mulheres das comunidades do Rio de Janeiro e com profissionais da saúde e educação, a equipe do Cedim levava a reflexão sobre o papel da mulher na construção da nossa sociedade.

Em convênio com a Secretaria de Educação e Cultura, o Cedim criou, em 1988, o Centro Carmen da Silva de Informação e Pesquisa sobre a Mulher, reunindo todo o acervo bibliográfico deixado por ela, então depositado na biblioteca estadual, no Centro do Rio. Carmen tinha falecido três anos antes, e sempre havia demonstrado o desejo de colocar à disposição do público seu vasto acervo, colecionado durante anos. Sua irmã, Pia Barreto, fez a doação. Por fim, o grupo lançou um programa diário com a rádio Roquete Pinto, o *Conversa de Mulher*, com entrevistas e informações sobre trabalho, violência, saúde e atividades culturais. As perguntas mais frequentes eram sobre violência, saúde e planejamento familiar.

Os trabalhos na Constituinte estavam a pleno vapor, e em todo o país conselhos estaduais e municipais se articulavam com o Conselho Nacional dos Direitos da Mulher nessa luta. O Cedim fez parte dessa rede. Com o Fórum Feminista e o apoio de deputadas e deputados feministas (além de Heloneida Studart e Lucia Arruda, um parceiro importante foi Lizt Vieira, líder do PT), o Cedim trabalhou por garantir a inserção na Constituição do Estado do Rio de Janeiro, de 1989, de menções ao movimento de mulheres e à criação da Delegacia da Mulher. À frente da Comissão de Violência, Rosane Maria Reis Lavigne testemunhou esses esforços de mobilização: "O trabalho com a Assembleia Legislativa para incluir na Constituição Estadual os temas da luta feminista foi o resultado da experiência adquirida não apenas nesses anos de militância, concretizada nas atividades unificadas do Fórum Feminista, como na articulação do Conselho Nacional dos Direitos da Mulher com os Conselhos Estaduais. Essa experiência permitiu que chegássemos ao debate com a segurança em nível nacional, expressa nas recomendações feitas aos deputados da Assembleia Nacional Constituinte. A Alerj foi um lugar onde nós levávamos a pauta de articulação institucional do Cedim. Essa articulação era muito interessante, porque se formou de forma paritária, com sociedade civil e Estado, a participação do Fórum Feminista e outros grupos e organizações. Era muito diversificada, contemplando a diversidade das mulheres do Estado do Rio de Janeiro. (...) A Constituição do Estado do Rio de Janeiro, em seus artigos 33 a 38, é a nossa cara!"[147]

Gloria Marcia, da comissão de mulheres da OAB, complementa: "A Constituinte Estadual foi fundamental para a consolidação dos direitos das mulheres no Rio de Janeiro, e teve como relatora a deputada Heloneida Studart. A gente ia incluindo o que dava da Constituinte Federal na Estadual e ainda incluímos mais propostas, que não entraram na Nacional."

Outros conselhos e órgãos semelhantes, em nível estadual e municipal, se estenderam pelo país, formando uma rede institucional. Nem todos tinham a mesma presença de feministas. Entretanto, seu compromisso com pautas comuns os tornou uma força política nacional que atuou no Conselho Nacional dos Direitos da Mulher nos anos fundamentais da Constituinte.

[147] Estes artigos contemplam o direito constitucional de "atendimento à mulher vítima de violência" (arts. 33 a 34); o direito à regulação da fecundidade "como livre decisão da mulher, do homem ou do casal" (art. 35); regula as pesquisas genéticas garantindo a participação na Comissão Estadual avaliadora de "um membro do movimento autônomo de mulheres e de um do Conselho Estadual dos Direitos da Mulher", (art. 36); institui "sistema estadual de creches e pré-escolas" (art. 37); e confere "ao homem ou à mulher ou a ambos" títulos de domínio e concessão de uso do solo (art. 38).

cons
acior
dire
mu

CAPÍTULO VII

FEMINISMO E ESTADO: CONSELHO NACIONAL DOS DIREITOS DA MULHER (CNDM)

DEBATEMOS: INOVAÇÃO OU COOPTAÇÃO?

A redemocratização do país colocou para o feminismo o dilema do que fazer frente ao Governo Federal civil, que surgia com o avanço das forças democráticas. Com os Conselhos Estaduais havíamos amadurecido nesse diálogo institucional. De fato, a ideia de um organismo nacional fazia parte dessa trajetória de ocupação de espaços de poder, já iniciada em São Paulo e Minas Gerais, com o objetivo de implementar políticas públicas e influenciar o Executivo, o Legislativo e o Judiciário, eliminando discriminações e resíduos patriarcais incompatíveis com o novo sentido de democracia que deveria ter a igualdade entre mulheres e homens no seu cerne. Jacqueline Pitanguy apresenta as questões que orientavam o debate:

"Dar esse passo de astronauta, significava participar do governo mantendo ao mesmo tempo o compromisso fundamental com o movimento social. Como criar, como dar corpo estatutário, regimental, administrativo, organizacional, a uma ideia, uma utopia política? Um passo de astronauta."

Era o momento de dar um "passo de astronauta" em direção ao Governo Federal. Essa questão levou a grandes debates, os prós e contras discutidos em encontros que varavam a noite pelo Brasil afora: o que fazer frente a um próximo governo civil, já anunciado com a formação de frentes democráticas e o enfraquecimento da ditadura militar?

Confrontaram-se no feminismo duas tendências com visões políticas e estratégicas diferentes. Havia a posição de que não seria possível avançar na garantia dos direitos das mulheres em seu sentido mais amplo – alcançando o universo feminino em sua diversidade de demandas e necessidades, em um país com a dimensão e complexidade do Brasil – sem uma ação coordenada a partir do Estado. Era preciso, então, que as mulheres participassem dessa instância de poder e nela definissem políticas públicas nacionais. Tratava-se de ocupar um espaço no Estado, que também era nosso, e do qual estávamos divorciadas depois de 21 anos de ditadura, a partir da criação de um órgão voltado exclusivamente para a defesa dos direitos das mulheres.

A crítica a essa posição argumentava que tais organismos poderiam se tornar apenas uma fachada para manipulação das propostas feministas, esvaziando-as de seu conteúdo de transformação, e que deveríamos contestar o sistema mantendo-nos "do lado de fora". Esta posição enfatizava o risco de cooptação se entrássemos no aparelho estatal.

Argumentos pró e contra a criação de um órgão federal se enfrentaram no 7º Encontro Nacional Feminista, realizado em Belo Horizonte, entre os dias 5 e 7 de abril de 1985. Leila Barsted os resume: "A própria questão do Conselho [Conselho Nacional dos Direitos da Mulher] deu quase um racha no movimento de mulheres. Porque uma parte do movimento não queria se institucionalizar, não queria que o Estado institucionalizasse a nossa movimentação. E outra parte achava que, sim, nesse momento em que o Estado se redemocratizava, era importante que ele assumisse uma pauta feminista."

O debate se repetiu em todas as reuniões em que se discutia a criação desse organismo nacional. É o que duas das mulheres envolvidas na discussão narram.

Maria Betânia Ávila, socióloga e cofundadora do SOS Corpo de Recife: "Nao sei se você lembra, Jacqueline, daquele encontro feminista nacional em Minas Gerais, que foi uma tensão. Ali foi a expressão do conflito do movimento feminista a respeito de ser contra ou a favor da relação com o Estado. Nós éramos muito críticas a essa ideia, tanto que, aqui, em Pernambuco, só nos anos 1990 entramos com a proposição de Conselho, e assim mesmo não era uma posição unitária no movimento."

Eleonora Menecucci: "Foi aí que nós começamos a conversar uma questão que eu chamo de "feminismo de Estado. (...) A institucionalidade do feminismo. Porque nós éramos um bando de anarquistas. Nós tínhamos medo do Estado. E qual era o medo? O medo de sermos cooptadas por ele. Não é nós sermos cooptadas, mas as nossas bandeiras, os nossos temas... Nós tínhamos uma ambiguidade... Aquilo era um desconhecido para nós. Queríamos políticas públicas para as mulheres, mas não tínhamos noção de como fazer essas políticas, de como elaborá-las. Porque tínhamos um dilema entre ser da sociedade civil, estar na sociedade civil e ser do Estado – os verbos *ser* e *estar* muito claros aí."

Como o feminismo não é dogma de fé, e sim ação política, posições foram revistas. A maior parte do movimento considerou que era aquele o momento de dar o passo para dentro do Estado. Apesar de nossas incertezas, medos e ambiguidades, ousamos. Atuando democraticamente, seguimos adiante com nossa agenda de conquistar esses espaços.

Maria Betânia continua o seu relato: "Quando veio o convite e a convocação para minha participação (no Conselho Nacional), tomei uma decisão, junto com minhas companheiras. Naquele momento, o SOS Corpo já estava criado, e a gente decidiu por participar. No caso, a convocação era para mim e eu aceitei. Foi uma experiência muito, muito forte."

Gloria Marcia conclui: "A gente lutava por esse espaço, uma cunha dentro dos governos, uma instância intermediária para as políticas públicas." Iniciativas reunindo mulheres que atuavam em espaços diversos alavancaram a discussão sobre a criação desse órgão. Em São Paulo, é realizado, em 1984, o seminário nacional "Mulher e Política". Organizado pela deputada estadual Ruth Escobar e por feministas que haviam participado da criação do Conselho da Condição Feminina, contou com a presença de parlamentares federais, estaduais, vereadoras e prefeitas, em uma frente ampla de diversos partidos, além de pesquisadoras e militantes, para debater a questão da criação de um organismo oficial de direitos das mulheres. Nas conclusões, é aprovada essa proposta.

Em 1985, por ocasião da 2ª Conferência Mundial da Mulher, organizada pela ONU em Nairóbi, entre 19 e 25 de junho, os estados membros das Nações Unidas aprovaram a recomendação de que fossem criados órgãos estatais para fazer avançar a condição das mulheres. Há assim uma recomendação internacional das Nações Unidas – Forward Looking Strategies, amparando a criação de espaços institucionais voltados para os direitos da mulher. Ruth participou dessa Conferência e, em seu discurso no evento, apontou o Ano Internacional da Mulher, declarado pela ONU em 1975, como o início do "movimento feminista moderno" no Brasil: "A partir daí, no país inteiro, realizam-se encontros, seminários, congressos de mulheres trabalhadoras, os 8 de março transformam-se em manifestações importantes. Brotam, por todo o país, grupos feministas dedicados a diferentes tarefas... E a década de 1980 irrompe com a vitalidade de todas essas ações."[148]

---

148   Cf. *Jornal do Brasil*, 20 jul. de 1985.

Em 1985, Edith Cresson, primeira ministra da França, e primeira mulher a ocupar o cargo, veio ao Brasil como parte da estratégia de apoio à criação de órgão semelhante aqui. Convidada por Ruth Escobar, participou de uma reunião na casa de Jacqueline Pitanguy, no Rio de Janeiro, com mulheres da academia, de movimentos feministas e parlamentares. Nesse encontro, falou sobre a importância de desenvolver políticas públicas para as mulheres e de atuar de dentro do Estado, ressaltando que o movimento feminista francês se destacava como um dos mais fortes da Europa.

Os debates sobre a criação do Conselho Nacional aconteciam em um ambiente de efervescência política. A campanha nacional por eleições diretas para a Presidência da República mobilizava o país. As Diretas Já eram um grande movimento de massas, congregando diferentes partidos, sindicatos, associações diversas da sociedade civil e movimentos sociais.

À diferença do que acontecia nos anos de chumbo da ditadura, quando a construção da frente de resistência democrática anulava a identidade dos grupos que a integravam, agora a sociedade civil já se agrega a essa grande frente sem abrir mão de suas identidades específicas, como a do movimento negro, dos ambientalistas, das feministas. Como integrante desse último movimento, Jacqueline comenta: "Foi um momento tão emocionante, marchávamos nas passeatas como feministas e como parte de uma onda gigantesca e diversa, dando um basta à ocupação do Estado pelos militares, exigindo a democratização das instituições políticas, o fim da violação dos direitos humanos, da censura. Me lembro de ir às grandes manifestações levando minha filha Andrea, uma menina então, mas ela se lembra até hoje. Respirávamos esperança, a ditadura ia acabar."

Em diversos estados, grupos de mulheres se reúnem, planejando estratégias e articulações para a criação de um órgão que, com uma estrutura ministerial em termos de acesso ao poder, autonomia administrativa e orçamentária, pudesse, em um país com o tamanho e a complexidade do Brasil, responder aos enormes desafios de institucionalizar as propostas feministas. A advogada Silvia Pimentel fala sobre os debates que culminariam na inscrição desses direitos em uma nova Carta Constitucional: "Após 21 anos da ditadura, de 1964 a 1985, nosso país foi berço de efervescência política admirável que impulsionou a sociedade civil a participar ativamente da construção de uma nova Constituição, plenamente garantidora dos direitos civis, políticos, sociais, econômicos e culturais. Vale ressaltar que o Brasil de 1985 não explodiu miraculosamente, tendo sido bravamente trabalhado por muitas e muitos durante a repressão da ditadura. Nós, mulheres brasileiras, estivemos presentes de forma articulada nesse processo."

Nesse ambiente de esperança, Ruth Escobar organiza, em 1984, uma visita a Tancredo Neves – então governador de Minas Gerais e já o nome escolhido para representar a oposição, reunida na Aliança Democrática, como candidato à Presidência da República. Dessa visita, participaram parlamentares, feministas, mulheres reconhecidas da academia e da cultura, com grande visibilidade, para negociar, com o futuro presidente civil do Brasil, seu compromisso com a criação de um órgão federal voltado para as mulheres. Maria Aparecida Schumacher, Schuma, assessora de Ruth e futura diretora-executiva do CNDM, fala sobre o evento: "O encontro? Um almoço embaixo das mangueiras do palácio, com aproximadamente quarenta mulheres, entre atrizes, escritoras, acadêmicas, ativistas feministas, juristas e parlamentares que apoiavam a proposta e viajaram até Belo Horizonte para levar ao futuro presidente a reivindicação de criação de um organismo na estrutura do Estado, voltado para as políticas para as mulheres. O grupo presente no encontro voltou esperançoso com o compromisso assumido por Tancredo de atender a tal reivindicação, naquele momento um Ministério."

Assim, com esse compromisso de Tancredo Neves, começam as discussões sobre como seria esse organismo. Eram tempos realmente de esperança. O fim da ditadura nos dava a sensação de que tudo seria possível. O país estava sendo reconstruído, e nós, feministas, seríamos protagonistas nessa reconstrução. A proposta do movimento era de um órgão com poder, um ministério ou uma secretaria, diretamente ligado à presidência.

Aconteceu o que se sabe: Tancredo Neves, apoiado pela Aliança Democrática, foi eleito presidente por voto indireto do Colégio Eleitoral em janeiro de 1985 e veio a falecer logo depois. Assumiu o cargo o seu vice, José Sarney, do partido apoiador da ditadura, Arena.

O país estava em choque diante dessa tragédia. Sarney torna-se presidente em uma posição de fragilidade e, por isso, mantém as promessas de Tancredo, os ministros por ele escolhidos, e um organismo de direitos da mulher. Conta Schuma: "Para ganhar legitimidade, Sarney começa a absorver as promessas feitas pelo Tancredo muito rapidamente. Tanto é que, num primeiro momento, ele compõe um governo com muita gente da esquerda em Brasília e passa a surpreender pela gestão mais dialogada do que supúnhamos. Com isso, acolheu a proposta das mulheres e, em seguida, constituiu, por decreto, um grupo de parlamentares encarregadas de fazer articulações e conquistar apoios no Congresso, para aprovação da proposta técnica que, paralelamente, estava sendo construída por feministas, muitas da área jurídica, e com o apoio técnico do Ministério da Justiça."

Era necessário elaborar a proposta de um projeto de lei a ser aprovado no Congresso. O caminho mais rápido teria sido um decreto presidencial, mas, como vínhamos de uma ditadura, onde o poder autocrático se exerce por decretos, queríamos que a criação desse órgão fosse estabelecida por uma lei federal. Isto valorizaria o Legislativo e daria mais força, legitimidade e sustentabilidade ao organismo, mesmo que, naquele momento, ainda não soubéssemos que tipo de órgão seria. Schuma continua: "Esse grupo de advogadas (Comba Marques Porto, Leonor Nunes Paiva, Florisa Verucci, Silvia Pimentel, entre outras), mais Hildete Pereira de Melo e eu, elaboramos a proposta, levando em consideração a aspiração das mulheres. Tratava-se de um órgão ministerial ou uma secretaria especial. Nesse momento, já havia um consenso grande de que o nome para comandar esse organismo era o da Ruth Escobar. No entanto, por ter dupla nacionalidade (brasileira e portuguesa), ela não poderia ser nomeada como ministra ou secretária especial, de acordo com a Constituição brasileira."[149]

Jacqueline analisa o momento: "Eu estava muito envolvida nesse projeto de criação do Conselho Nacional e participei desse almoço histórico no palácio da Liberdade, quando Tancredo assumiu o compromisso de criar esse órgão, caso fosse eleito presidente. Então, naquele momento, o que parecia ainda distante se transformou em um desafio que exigia respostas urgentes. E daí passamos a pensar em como seria sua estrutura interna, sua vinculação com a presidência, sua ação programática, seu quadro de pessoal, seu conselho deliberativo, enfim, mil perguntas angustiantes. O que eu acho interessante que o CNDM traz, é a experiência do pioneirismo, mas não apenas essa experiência no âmbito político, de propostas, bandeiras, plataformas políticas, é o pioneirismo do ponto de vista também organizacional e administrativo, ou seja, a de como se começa um órgão. Esse órgão não existia. Como criar? Como dar corpo estatutário, regimental, administrativo, organizacional a uma ideia, uma utopia política?"

Branca complementa: "Tudo nesse começo é tateando no escuro, aprendendo a cada passo. Foi o que fizemos, pensando juntas. Por todo o Brasil, mulheres iam criando o que seria esse algo novo. Como disse o poeta Antonio Machado: 'Caminhante, não há caminho, o caminho se faz ao andar.'"

---

[149] No grupo de juristas que assessoraram o Conselho destacamos também a colaboração das juízas do Trabalho Doris Castro Neves e Maria Elizabeth Junqueira Alves.

CONSEGUIMOS: CRIA-SE O CONSELHO NACIONAL DOS DIREITOS DA MULHER (CNDM)

A proposta partiu da sociedade civil, e essa foi a grande novidade no contexto da criação do Conselho Nacional dos Direitos da Mulher. Pretendemos inaugurar um espaço de poder que fosse mais do que uma política de governo, e que permanecesse como política de Estado – porque os governos passam.

Hildete Pereira de Melo comenta o pioneirismo desse programa: "Eu acho que o CNDM e os Conselhos Estaduais são uma novidade no fazer política no Brasil, que é essa entrada da sociedade civil dentro do Estado sem ser o Estado propriamente dito."

O Conselho Nacional dos Direitos da Mulher, CNDM, órgão federal com autonomia administrativa e orçamento próprio, foi criado através da Lei nº 7353, de agosto de 1985. Ruth Escobar foi sua primeira presidente, tendo permanecido no cargo por cerca de seis meses, quando deixou o Conselho para concorrer a deputada estadual. Jacqueline Pitanguy é então indicada pelas conselheiras e nomeada pelo presidente da República, ocupando o cargo até 1989, em seu período mais fértil, o da Constituinte.

Era confusa essa denominação de Conselho a uma estrutura com função de implementar programas, administrar recursos, com um quadro de pessoal próprio, respondendo diretamente à Presidência da República. O caráter insólito fica patente em sua própria nomenclatura pois, além de se chamar Conselho Nacional dos Direitos da Mulher, CNDM, o órgão conta também com um conselho deliberativo. Schuma fala sobre essa contradição: "Esse CNDM, embora chamado de Conselho, com tamanha estrutura e condições reais (recursos e equipe) poderia ter sido uma secretaria especial, um ministério, no entanto, acabou adotando esse nome – que confundiu muita gente que achava se tratar de um espaço de monitoramento das políticas. Porque, na verdade, ele tinha o nome de Conselho, mas a estrutura dele abrigava duas naturezas, ele era híbrido, pois tinha as conselheiras da sociedade civil participando, definindo políticas, botando o dedo ali, e uma estrutura técnica com recursos, autonomia administrativa, autonomia financeira, poder pra caramba na Esplanada naquele momento."

Na realidade se tratava de um ministério ou secretaria com funções executivas, autonomia administrativa e que contava com orçamento próprio, o Fundo Especial dos Direitos da Mulher (FEDM), que lhe permitiu um tão importante protagonismo nesse momento fundamental – fundador mesmo – da novíssima estrutura governamental democrática.

Schuma prossegue: "A presidência do Conselho era a mesma responsável pela gestão do organismo. Não se pode negar que a construção do CNDM, liderada por Ruth Escobar num primeiro momento, e por Jacqueline Pitanguy depois, teve ampla participação da sociedade civil através das conselheiras, dos movimentos de mulheres, através das câmaras técnicas dos ministérios, das parlamentares e um corpo técnico com bons quadros feministas."

E Maria Betânia Ávila conclui: "Acho que a experiência do Conselho era algo muito novo, em um momento político muito importante, mas era também experimental, e vamos ter que aprofundar muito para entender o que foi construído ali, o que foi inventado – vou usar esta palavra porque ali foi uma invenção feminista. Eu acho que, naqueles anos em que estivemos como conselheiras – e você, Jacqueline, como presidente, foram construídas muitas formas especiais dessa relação Estado – sociedade organizada."

AÇÃO PROGRAMÁTICA DO CONSELHO: AS COMISSÕES

O Conselho se organiza com uma diretoria executiva e uma diretoria técnica,[150] além da estrutura contábil e administrativa. A ação programática era implementada através de comissões atuantes nas áreas de trabalho, saúde, legislação, constituinte, mulher rural, mulher negra, educação, cultura, creche, violência. Foi criado também um Centro de Documentação, que guardava a memória e produzia informações e pesquisas, inclusive sobre fontes de financiamento para organizações de mulheres. O Conselho, através da assessoria de imprensa, mantinha abertas as portas para a mídia, e seu setor de comunicação divulgava com eficiência seus programas e os rumos da Constituinte, naqueles tempos pré-internet em uma distante Brasília.[151] Jacqueline fala sobre os múltiplos desdobramentos que o órgão assumiu: "Foram tantos os programas desenvolvidos pelo Conselho, antes, durante e depois do processo Constituinte. Não sei como conseguimos. Acho que esses programas impactavam o país e a nós mesmas, nossa consciência sobre como o patriarcado impregnava todos os campos. Organizamos grandes encontros nacionais com trabalhadoras, conferências sobre saúde, violência, creches, desenvolvemos pesquisas, publicamos, realizamos campanhas. E ainda estávamos presentes em foros internacionais, como a ONU, onde o Brasil era respeitado como um país que realmente avançava em assegurar igualdade às mulheres."

A história pouco registra a atuação do CNDM abrindo caminhos e inaugurando programas e políticas públicas em âmbito federal. Recolhemos depoimentos de mulheres que atuaram em seus diversos programas, defendendo a agenda da igualdade de gênero e,

---

150 Atuaram como diretoras da área técnica do Conselho: Marlene Libardoni, Maria Valéria Junho Pena, Celina Albano, Ana Alice Alcântara, Vera Soares, Elizabeth Garces.

151 Coordenaram a assessoria de imprensa as jornalistas Marilena Chiarelli, Silvia Caetano, Tânia Fusco.

neste processo, transformando seu olhar sobre a posição das mulheres em um país marcado pelo patriarcalismo e pelo racismo.

Maria Valéria Junho Pena, socióloga, diretora técnica: "Quando eu cheguei para assumir o cargo de diretora técnica, o espaço físico estava sendo montado, organizado pelos diferentes temas. Estavam fazendo as divisórias. Cada coordenadora de tema tinha seu espaço. Esse espaço se organizou quando eu cheguei. As pessoas no Conselho eram militantes e profissionais muito qualificadas. E dei sorte de ter a Schuma, que é uma organizadora excepcional, com uma grande inteligência administrativa. Tive uma interação fácil com todas."

Celina Albano, socióloga, também diretora técnica do Conselho, após Maria Valéria deixar o cargo: "Foi uma experiência muito desafiadora. Mas, quando cheguei lá, talvez o clima do Conselho, o clima do Brasil naquele instante da Assembleia Constituinte, me deu uma força, uma vontade de participar desse capítulo da história do país, principalmente da história das mulheres na Assembleia Constituinte. Tínhamos o desafio de participar desse momento, o desafio de defender nossos direitos em arena hostil. Não era fácil convencer deputados e deputadas dos objetivos do Conselho e interferir nesse processo de mudança tão radical em certos aspectos da vida social brasileira, da política. Mas eu encontrei pessoas tão interessadas quanto eu em trabalhar, em executar políticas."

Maria Valéria: "Queria falar uma coisa que encontrei lá. É muito fácil falar mal de servidor público. Pegue a marchinha de Carnaval 'Maria Candelária é alta funcionária, caiu de paraquedas...'. A visão comum do funcionário público é a de que não vai dar certo, não vai funcionar, e a minha experiência com o setor público — primeiro no CNDM, depois outras –, foi a de ver a dedicação das funcionárias, o seu interesse, a vontade de fazer as coisas, de se virar. O viracionismo, a capacidade que aquele lugar pequeno tinha para fazer barulho, até hoje creio que foi espetacular, foi muito barulho para muito pouca gente. Era uma dedicação pelo interesse, pelo tema. Concluí que, quando as pessoas estão interessadas, elas trabalham mais. Ninguém deu aumento salarial e a dedicação das funcionárias do Conselho era espetacular, excepcional, todo mundo se identificava com o trabalho que estava sendo feito. Eu encontrei muita competência. E todas nós nos dávamos bem, eu não me lembro de área de conflito. Retrospectivamente foi a melhor experiência profissional da minha vida."

Celina Albano: "Era um ambiente em que, apesar de termos algumas tensões, conflitos, o que era próprio de um ambiente diversificado, era alegre. Isso era importante, não era uma burocracia pesada. Dizíamos que o quinto andar do Ministério da Justiça era um oásis dentro daquele prédio austero. Nós tínhamos uma *joie de vivre*. E isso refletia nas nossas propostas, prontas para o embate."

Malu Heilborn, antropóloga, coordenadora da Comissão de Violência: "O convite para compor a equipe do Conselho Nacional dos Direitos da Mulher foi uma grande experiência de vida e de trabalho. Estava habituada ao mundo do ensino universitário e a experiências em instituições privadas. Participar de um órgão do Executivo federal representou uma abertura de horizonte sobre o trabalho em órgãos públicos e o que se poderia ser feito em termos de políticas públicas. Brasília, nos anos de feitura da Constituição de 1988, era uma cidade dinâmica, glamourosa e desafiadora. Foi uma enorme experiência de vida, que mudou muito o meu modo de refletir sobre o mundo do feminismo e da política."

Sueli Carneiro, filósofa, coordenou a Comissão da Mulher Negra: "Seu convite [de Jacqueline] chegou exatamente três meses depois da minha feitura de santo. Eu entendi como "resposta" de meu Orixá. Ogum me dando aláfia para assumir o meu lugar no mundo. Cheguei curiosa e insegura. No imaginário dos movimentos de mulheres da época, o CNDM era um palco onde desfilavam as maiores estrelas, porém fui muito bem recebida e amparada, pois a estrutura do Conselho era muito moderna, com quadros técnicos e políticos de alta competência. E uma questão que foi decisiva para mim foi a decisão da direção de escolher Elmodad Azevedo para ser minha assistente no programa e que me acolheu com o máximo de generosidade que se pode ter com alguém que está chegando em uma terra estranha, em um ambiente estranho, como é aquele de Brasília."

Iáris Ramalho Cortês, advogada, comenta sua atuação na Coordenação da Comissão de Legislação: "O Conselho Nacional dos Direitos da Mulher – CNDM significou uma mudança de valores para mim. Digo mais, mudou minha vida, mudou a forma de encarar meus relacionamentos na vida pública e na vida privada, inclusive com meus filhos e minha filha. E, uma questão muito importante, mudou minha maneira de interpretar a nossa legislação. Até então, considerava 'normais' as aberrações nela contidas. Aprendi na Faculdade de Direito que nossa legislação era resultado das tradições culturais e jurídicas do Direito romano e português, modificada apenas pelo poder do Estado. Não notava que esse arcabouço era conservador, patriarcal e antidemocrático. Quando fui convidada para atuar no CNDM, que participava diretamente no trabalho constituinte, a princípio relutei, pois não me considerava feminista. Mas aceitei o desafio. Foi um choque, principalmente porque, até aquela data, tinha aceito as justificativas sobre a necessidade daquelas diferenciações, tipo, na família, 'o homem é o chefe da sociedade conjugal porque, como todo navio precisa de um comandante, a família também precisa.'"

Tania Fusco, jornalista: "Eram tempos de muita esperança, quando, depois de vinte anos de ditadura, cultivamos entusiasmo e euforia por mudanças. Foi assim que, em abril de 1986, convidada por Jacqueline Pitanguy, cheguei ao Conselho Nacional dos Direitos da Mulher, para assumir a Assessoria de Imprensa. O CNDM era farol e janela. Pela primeira vez na nossa história, tínhamos um organismo oficial para defender e demarcar mais direitos, mais respeito às brasileiras. O CNDM ocupava espaço pequeno no imponente Ministério da Justiça. Mas, sabíamos, a causa era grande, o trabalho seria imenso. No ano seguinte, haveria uma Constituinte para conceber, gestar e dar vida a uma nova Constituição Brasileira. Fomos à luta, reunindo, ouvindo e registrando anseios e propostas, de longa data, dos movimentos de mulheres de todo o Brasil."

Gilda Cabral, economista e administradora coordenou a Comissão de Constituinte e o Centro de Documentação e fala sobre o impacto dessa experiência: "O CNDM mudou minha vida pessoal. Desde estudante, participava das lutas sociais pela Anistia, pelas Diretas Já!, e tantas outras. Foi trabalhando no CNDM, e com as feministas militantes, que entendi melhor a discriminação às mulheres, os preconceitos e o alcance do patriarcado. No Conselho descobri que era feminista desde pequenina e não sabia. Foi trabalhando no Conselho que tive a consciência da amplitude mundial que é essa luta pela autonomia e pela plena cidadania das mulheres, do combate aos preconceitos e discriminações. Foi no CNDM que me tornei cidadã do mundo e continuo na militância feminista até hoje."

Com enorme competência, o quadro técnico do Conselho desenvolveu programas pioneiros em diversas áreas prioritárias para a agenda da igualdade de gênero em suas diversas dimensões.

Zuleide Araújo Teixeira, pedagoga, coordenou a Comissão de Educação: "Destaco, entre as inúmeras iniciativas da área da educação, a criação do projeto Em dia com a mulher. Foi uma comemoração e um debate que se deu dentro das escolas de ensino fundamental e médio, em dimensão nacional, e que contou com a colaboração de várias feministas da academia, escrevendo artigos no tabloide encaminhado para cada Secretaria de Estado da Educação, com o objetivo de contribuir com as discussões, em sala de aula, no dia 08 de março. Uma coordenação foi criada em cada Secretaria Estadual para desenvolver a proposta e a repercussão foi muito positiva, inclusive o Paraná e São Paulo publicaram livros com base nos resultados desse debate."

Celina Albano: "Outra área na qual eu não tinha muita experiência e que me impressionou muito foi a de Comunicação. Eu aprendi muito. A gente ia para a mesa e ficava discutindo com as agências de publicidade, e não deixava as ideias delas se imporem. A gente discutia: 'isso pode, isso não'. Então lembro de campanhas incríveis. Como a do Dia das Mães. 'Como vamos fazer? Vão falar que somos comunistas. Que somos contra a maternidade.' E nós fizemos uma campanha linda, com uma figura linda, do Portinari: 'ser mãe: direito e opção'. Distribuímos para o Brasil inteiro, era uma mulher segurando a mão de uma criança. A campanha da mulher negra também foi linda. Aquelas campanhas arrepiavam."

Ana Liese Thurler, filósofa, atuou na Comunicação Social: "O CNDM convocava, informava, contribuía muito para as mulheres se manterem mobilizadas e se organizarem pelo país afora. Lembremos: era 1987-1988. Não contávamos com internet, redes, comunicação instantânea, sequer computadores. Nesse contexto, manter informadas mulheres e grupos pelo país significava um trabalho insano. Fui para a Comunicação Social e produzi, com alegria e entusiasmo, todas as edições do *Informe Mulher* – o Informativo do CNDM –, com exceção da primeira edição, que saiu anteriormente, em 1986. Mobilizou-me muito – e destaco – a campanha por paternidade presente e solidária, por creches como direito da criança e da família, com a chamada "Filho não é só da mãe." Homens e mulheres, todos foram provocados a pensar que filho é também do pai, que criança é responsabilidade da sociedade e do Estado. Assim, foi demandada licença-maternidade de 120 dias, licença-paternidade, creches e pré-escolas para crianças de até seis anos. Pode até ter contribuído para a inclusão na Constituição, da criança como prioridade absoluta no país."

Com um diálogo bem fundamentado, o Conselho conseguiu também que o BNDES exigisse, das empresas em busca de empréstimos, a inclusão, entre os vários documentos necessários, de um comprovante de que estavam cumprindo com a Lei de Creches. Carlos Lessa era o então diretor do BNDES que acolheu nossa sugestão.

Ana Wilheim, socióloga, coordenou a Comissão de Creches: "O ponto central e inédito da nossa abordagem era de colocar a creche como direito à educação da criança pequena. Essa perspectiva era nova e revolucionária porque questionava todas as políticas públicas até então com foco na assistência social e relacionadas às famílias. Creche era necessária para que a mãe pudesse trabalhar. Nossa proposta era de que a criança, desde o momento do nascimento, tivesse os direitos garantidos e se relacionasse com a sociedade. A qualidade e o foco do atendimento à primeira infância deveria se dar pela educação. Com esse enfoque, realizamos em Brasília um Seminário no auditório Nereu Ramos na Câmara dos Deputados, o primeiro evento nacional com o título Creche: um direito à Educação. Impulsionadas por esse posicionamento, começamos a participar de grupos de trabalho interministeriais, pré-constituintes, e viajamos Brasil afora levando o debate sobre o tema. Produzimos uma série de cinco cadernos impressos, o *Creche urgente*. Estes cadernos foram ilustrados pelo Miguel Paiva. Foram distribuídos para todos os municípios do Brasil – que, na época, eram mais de 5 mil."

AÇÃO TRANSVERSAL: DIÁLOGO COM OUTROS MINISTÉRIOS

O Conselho entendia que deveria ser também um foco de irradiação para outras instâncias do governo, de forma que as questões ligadas às mulheres não ficassem circunscritas a um único órgão. Com o objetivo de criar uma política de Estado transversal, buscou interlocução com os ministérios do Trabalho, Educação, Saúde, Cultura, Justiça, Reforma Agrária, para que incluíssem em seus programas a perspectiva de gênero e ações voltadas para os direitos das mulheres. Eram os primeiros passos para a construção de um "feminismo de

Estado" que não ficasse restrito a um órgão específico e que seria o grande impulso inovador para uma política transversal igualitária.

Nesse esforço de atuação transversal dentro do governo, o Conselho atuou no âmbito da segurança pública, buscando coordenar a atuação das Delegacias Especializadas de Atendimento à Mulher (Deams), que já se espalhavam pelo país após o pioneirismo de São Paulo. Com a legitimidade de órgão federal, o CNDM convocou, para reuniões em Brasília, as delegadas de todos os estados que já haviam implantado Deams. O objetivo era que a violência doméstica fosse tratada com protocolos semelhantes, que o país tivesse estatísticas nacionais e que essas delegacias se fortalecessem mutuamente, porque eram ainda vistas como secundárias na estrutura das polícias especializadas.

Malu Helborn comenta a experiência naquele momento: "Trabalhar com violência contra a mulher integrava as minhas preocupações. Contudo, lidar com o pessoal das delegacias de polícia especializadas era uma história completamente diferente. Os delegados de polícia e, mesmo as delegadas, não entendiam nada de violência contra a mulher naquele momento. A primeira Deam havia sido criada em 1985. Não possuíam capital cultural e simbólico para entender o porquê dessa demanda em particular.

"Refiro-me àqueles profissionais ligados à polícia que não estavam nos grandes centros do Sudeste, onde o debate sobre violência contra mulher estava mais adiantado. Havia um abismo na troca de significados nas conversas sobre o tema. Inúmeras vezes tive que argumentar que os veículos das delegacias de mulheres não deviam ser pintados de cor de rosa. Viajei por quase todas as capitais do país para esclarecer a ideia dessas delegacias especializadas no combate à violência contra a mulher. Nem sempre completamente convicta, pois o ideal seria para mim que elas fossem bem atendidas em qualquer delegacia, mediante treinamento de todos os /todas as policiais."

No âmbito da justiça, uma das preocupações do Conselho era combater a utilização da tese da legítima defesa da honra no julgamento de crimes ditos passionais, bandeira fundamental do movimento feminista. Outra barreira no acesso das mulheres à justiça era a dificuldade do Judiciário em reconhecer e punir a violência doméstica e sexual. O CNDM realizou pesquisa nacional, publicada com o título *Quando a vítima é mulher*, analisando sentenças em crimes de estupro, agressão, homicídio. Os resultados foram entregues aos juízes do Superior Tribunal de Justiça (STJ).

Representantes do Conselho participaram também de reuniões dos Conselhos Estaduais de Justiça, tentando abrir os olhos do judiciário para sua responsabilidade na prevenção e punição dessas formas de violência. Importante ressaltar a relevância de que um órgão de governo produza estudos obedecendo a critérios da ciência, que possam embasar argumentos e lutas políticas.

Ainda no que diz respeito às ações transversais, o Conselho fez convênios com o Ministério da Educação e realizou uma premiação dos livros escolares que não fossem discriminatórios nos papéis sociais atribuídos às mulheres. Produziu também cadernos escolares, cuja capa era ilustrada por meninos e meninas brincando indiscriminadamente com brinquedos ditos masculinos e femininos. Estes cadernos foram publicados e distribuídos em todo o país por este Ministério.

Celina Albano: "Hoje, quando vejo uma série de discussões, passados mais de trinta anos, vejo como eram ações muito atuais, como as que fazíamos na área da educação. Aquela discussão sobre papéis de gênero, utilizando capas de cadernos escolares com ilustrações que estimulavam o debate sobre o lugar da mulher na família e na sociedade, é o que hoje leva a toda essa discussão sobre o tema. Nos cadernos que produzíamos havia meninos e meninas com as posições trocadas, o mesmo mundo, os mesmos desafios, as mesmas tarefas e a menina jogando futebol. Isso em 1986. Éramos muito ousadas e isso influenciou a minha vida, ser ousada, criativa, corajosa. Foi o que o Conselho me ensinou."

As palavras de Celina dão a dimensão do atraso, do preconceito e da ideologização que estamos vivendo hoje no Brasil, quando até a palavra gênero está banida dos livros escolares e planos educacionais e uma ministra (da Família, Mulher e Direitos Humanos) afirma que "menina veste rosa e menino azul", na direção contrária das nossas propostas há mais de quarenta anos.

Zuleide Teixeira destaca outras ações do CNDM: "Outra iniciativa que deixou sua marca foi uma parceria com a Coordenação de Aperfeiçoamento de Pessoal de Nível Superior (Capes/MEC), para o financiamento de pesquisa sobre a presença da mulher no livro didático. Cinco foram os projetos selecionados com a colaboração do conselho acadêmico da Capes, entre os 75 projetos encaminhados de vários estados do país."

Na área da cultura, o CNDM promoveu festivais de cinema e vídeos, concurso de contos e de poesia. O então ministro da Cultura, Celso Furtado, sempre acolheu e implementou as propostas do Conselho nessa área.

Outra ação transversal importante foi com órgãos produtores de estatísticas, pois a ausência ou escassez de dados sobre as mulheres revela o pouco peso político a elas atribuído. Buscou-se, assim, uma interlocução com órgãos produtores de estatísticas nacionais, tanto demográficas, sociais e econômicas, como as produzidas pelo IBGE, relativas à representação política, assim como as levantadas pelo Tribunal Superior Eleitoral (TSE).

O Conselho se preocupou com a produção de dados confiáveis, entendendo seu papel fundamental para embasar políticas públicas e dar visibilidade a certos fenômenos, como a violência doméstica, e se deparou com a ausência de estatísticas nacionais discriminadas por sexo que permitissem ter um panorama da situação das mulheres. Dados insuficientes ou inexistentes sobre mulheres e trabalho, educação, violência doméstica, saúde, mortalidade materna, participação política, dificultavam ou impediam a realização de programas e ações afirmativas.

Gilda Cabral, também parte da equipe, confirma essa preocupação do CNDM em acionar os órgãos responsáveis por estatísticas nacionais: "Não só nas leis, mas também na atuação dos órgãos públicos o CNDM, ao negociar a produção de estatísticas e dados sobre a realidade da mulher, possibilitou a definição de políticas públicas menos discriminatórias. Antes do CNDM, praticamente não existia nenhuma estatística por sexo e cor que fosse amplamente divulgada. Estatísticas sobre candidaturas eleitorais, dados da Pesquisa Nacional por Amostra de Domicílio (PNAD) e e Censos do IBGE e outros institutos de pesquisa não traziam nenhuma informação de fácil acesso sobre a realidade da mulher no Brasil. O Conselho, com o apoio de pesquisadoras e aliados, atuou fortemente na área de produção e divulgação de estatísticas, viabilizando informações e dados que possibilitaram conhecer a real situação da população feminina. Foi o CNDM e parlamentares que conseguiram que o Tribunal Superior Eleitoral (TSE) alterasse o formulário de inscrição eleitoral colocando a variável sexo. Foi o CNDM que consolidou os dados das Delegacias da Mulher para produzir uma estatística sobre a violência contra as mulheres. Foi o CNDM que negociou com a Capes e o CNPq e fundações de apoio à pesquisa [para] incluírem termos apropriados para recuperar informações sobre as mulheres (na Capes, se colocasse "aborto" só vinham teses sobre aborto em formigas, em caprinos etc.). Se hoje, no país, se produz informações e se conhece melhor como vive a população feminina, essas sementes foram plantadas pelo CNDM. Antes, apenas se tinha informações demográficas gerais, sendo difícil quantificar a condição de vida das mulheres e subsidiar o planejamento de políticas públicas voltadas para o bem-estar das mulheres."

O trabalho desenvolvido pelo CNDM em suas comissões influenciou políticas públicas e deu uma dimensão nacional às temáticas do feminismo. Entretanto, a agenda feminista comporta temas diversos cuja legitimidade social é desigual, o que se reflete nas possibilidades e nos limites da atuação institucional. Assim, encontrávamos mais espaço de articulação com alguns ministérios e mais apoio na Casa Civil e no Congresso em pautas ligadas à violência, creches, educação.

Sobre outras temáticas, como sexualidade e reprodução, ou racismo, as portas se fechavam e as batalhas eram só nossas.

Maria Valéria Junho Pena comenta o desafio: "O tema da saúde era mais complicado porque incluía aborto e questões da reprodução. A relação foi possível até à produção de uma cartilha sobre os métodos anticoncepcionais."

Jacqueline Pitanguy complementa: "Fizemos aquela cartilha linda, *Para viver o amor*, com a Mariska Ribeiro, do Instituto de Ação Cultural (Idac), e a Angela Freitas, do SOS Corpo. As ilustrações eram do Miguel Paiva. Mas ela foi examinada por uma comissão, da qual fazia parte a Conferência Nacional dos Bispos do Brasil (CNBB) e, como a cartilha falava em DIU – e naquela época a igreja afirmava que o DIU era abortivo –, a CNBB barrou a sua distribuição. E fui falar com o Rafael Almeida Magalhães, ministro da Previdência Social, levando a cartilha. O combinado era a Previdência publicar porque o CNDM não tinha verba para imprimir milhões de cartilhas para distribuir Brasil afora, e o Ministério havia se comprometido. Então, para minha grande decepção, ele disse que não iam mais imprimir porque a CNBB tinha vetado."

A combinação tóxica de religião e política se revela novamente. Combinação que permanece ainda hoje quando se faz mais presente pelo uso político da religião e de uma pauta conservadora de moral e costumes no parlamento, no governo e no Judiciário.

Angela Freitas, comunicadora social, fala sobre a produção dessa cartilha: "Eu e Mariska Ribeiro nos conhecemos nessa ocasião. Eu, como uma das fundadoras do SOS Corpo, situado no Recife, e

Mariska, como integrante do Idac, no Rio de Janeiro. Vínhamos produzindo audiovisuais e cartilhas sobre temas da saúde e fertilidade das mulheres e o Paism (Programa de Atenção Integral à Saúde da Mulher) precisava de material didático. Foi quando entrou o Conselho Nacional dos Direitos da Mulher, presidido por Jacqueline Pitanguy. O CNDM intermediou com o Ministério da Saúde nossa participação na produção do material didático a ser usado pelo Paism, com apoio do Ministério da Previdência e Assistência Social/Inamps. Formou-se uma equipe de produção dos sonhos, com Ana Maria Franklin de Oliveira como coordenadora, pelo Dinsami/Ministério das Saúde; Mariska Ribeiro, pelo Idac (Instituto de Ação Cultural); eu pelo SOS Corpo, e o cartunista Miguel Paiva, que fez as ilustrações. Já havia conhecido Mariska em encontros feministas no Rio de Janeiro, mas nada se compara à delícia de conviver e de com ela trocar ideias dando asas largas à criatividade. As primeiras reuniões foram nas salas da Divisão Nacional de Saúde Materno-Infantil (Dinsami), em Brasília, onde justamente conspiramos para transitar da lógica materno-infantil para a lógica da saúde integral de todas as mulheres. Uma ousadia deliciosa! Para finalizar o trabalho, a mesma equipe viajou a São Paulo, onde passamos quase um mês criando, debatendo e aprovando o formato final de duas lindas cartilhas: *Para viver o amor* e *Vida de mulher*, que, infelizmente, encontraram barreiras no momento da distribuição nacional. As mesmas barreiras que tanto emperraram, e ainda emperram, a implementação do Paism. Tenho essa entre as experiências mais ricas e prazerosas da minha vida profissional, e a amizade de Mariska, essa mulher de sorriso largo, que tão cedo nos deixou, ficou para sempre."

Maria Betânia Ávila também destaca o episódio: "Se lembra da Cartilha *Para viver o amor*? Linda essa cartilha que fizemos com Mariska, nossa querida Mariska. Mas ela acabou gerando o maior problema; tinha sido liberada para publicação, depois foi vetada, tivemos mil reuniões. Houve uma convocação da Procuradoria da

República, eu e Schuma fomos discutir a cartilha com o procurador-geral da República. Naquela sala bem pomposa com o procurador – bem com aquele jeito de procurador da República: 'Bom, senhoras, sou todo ouvidos para os esclarecimentos sobre a questão da sexualidade.' Eu e Schuma olhamos uma pra outra, defendemos a cartilha, mas foi um diálogo inédito..."

Repete-se aqui o que o movimento feminista já havia experimentado na ditadura: as alianças com a igreja Católica eram impossíveis no campo da saúde e direitos sexuais e reprodutivos. Sua posição intransigente era contrária até mesmo ao uso da pílula e da camisinha, apoiando apenas os métodos naturais de contracepção, como a temperatura e o ciclo fértil, que são extremamente falhos. Por essa razão, apesar do Paism, criado em 1983, contemplar uma ampla oferta de métodos contraceptivos, foi muito difícil regulamentar esse programa. O Conselho se empenhou, mas a regulamentação só ocorreu em 1986, com o apoio de aliados no Ministério da Previdência.

Jacqueline recorda: "Me lembro bem da cerimônia de regulamentação do Paism, pois ali estavam as forças pró e contra os direitos sexuais e reprodutivos das mulheres. O dr. Hésio Cordeiro, do Ministério da Previdência, era nosso aliado. Mas também estavam presentes deputados pró e contra, e uma freira, representando o CNBB. Caminhávamos pisando em ovos, mas não deixamos de avançar."

Outra atuação importante do Conselho foi a ação para implementar, na rede pública de saúde, o atendimento às mulheres vítimas de estupro para a interrupção da gravidez. Foram incontáveis reuniões com o Ministério da Saúde e da Previdência. O Conselho deu o pontapé inicial, a partir do próprio governo, em demonstrar a hipocrisia de um Estado que faz letra morta à lei em vigor e coloca em risco a vida de meninas e mulheres.[152] Em 1986, o Conselho,

---

[152] Em 1989, no governo de Luiza Erundina em São Paulo, com a médica feminista Maria José Araújo na Coordenação da Saúde da Mulher, inaugura-se, finalmente, o primeiro serviço de aborto legal, no hospital Jabaquara.

com os diversos movimentos e instâncias que organizaram a Conferência Nacional de Saúde, lutou por incluir na pauta o tema da saúde da mulher. As conclusões dessa Conferência tiveram papel fundamental na afirmação, na Constituição de 1988, de que a saúde é um direito humano: "Saúde, direito de todos e dever do Estado."

Celina Albano destaca os esforços do CNDM em torno do tema: "O clima naquele contexto não era favorável para a questão do aborto, mas nós levantávamos a discussão. Nós não tínhamos essa coisa de 'não vamos fazer isto porque podemos perder'. Vamos fazer embora possamos perder. Isto é uma coisa que eu aprendi lá. Existem barreiras? Sim. Mas não vamos nos omitir. Vamos fazer. O clima era de conquistas, temos que abrir caminhos, temos que enfrentar."

Ainda outra atuação transversal do Conselho se deu no âmbito do programa de HIV/Aids do Ministério da Saúde. Historicamente, a sexualidade da mulher foi sempre reduzida a estereótipos que a descreviam, por um lado, como pura e recatada; e, por outro, o seu contrário, promíscua e perigosa. Isso ficou claro quando surgiram, no Brasil, os primeiros casos de HIV/Aids e o Ministério da Saúde lançou uma campanha, durante o Carnaval, que trazia uma mulher muito maquiada, fantasiada, provocadora, deixando entender que nela estava a fonte do perigo, era ela o veículo de contaminação. O CNDM reagiu fortemente a essa imagem, que, mais uma vez, repetia o papel atribuído à mulher ao longo da história, desde Eva e Pandora, como símbolo do perigo. Conseguimos, ao menos, que mensagens assim estereotipadas não fossem mais utilizadas em futuras campanhas de prevenção do HIV/Aids do Ministério da Saúde. Outra colaboração positiva com esse Ministério foi a campanha nacional de prevenção de câncer de mama, através de rádio e televisão.

A maioria das integrantes do CNDM era branca e o tema do racismo estrutural e do nosso próprio racismo – às vezes imperceptível para nós mesmas, e, por isso mesmo, ainda mais pernicioso – não tinha, naqueles anos 1980, a devida dimensão. Esse racismo não nomeado permeava os programas dos demais Ministérios. Através da Comissão da Mulher Negra, o diálogo que o CNDM travou sobre esse tema com os outros ministérios foi sempre difícil, restrito, sobretudo, à Fundação Palmares, criada em 1988, no âmbito da redemocratização e por força dos movimentos negros. Entretanto, o diálogo com a sociedade foi realizado com grande eficiência e alcance por essa Comissão.

Elmodad Azevedo: "A Comissão desenvolveu vários seminários com temas ligados ao racismo e à discriminação contra as mulheres negras e os efeitos perversos para sua inserção social. O trabalho da comissão sob a direção de Sueli Carneiro foi um grande passo para o movimento negro e, principalmente, para as mulheres negras. Sueli, mais uma vez, demonstrou sua capacidade e garra defendendo todas as políticas públicas no âmbito racial e dos direitos humanos."

A Comissão da Mulher Negra, com Sueli e Elmodad e todas que colaboraram com seus trabalhos, desenvolveu uma série de ações institucionais pioneiras na intersecção de gênero e raça. Foi realizado um diagnóstico sobre a situação da mulher negra, uma recuperação de sua história através de um calendário com resenhas biográficas de mulheres negras, programas de TV e inserções na mídia impressa sobre mulheres negras e discriminação, além de intensa participação em eventos, inclusive encontros de mulheres negras e feminismo. A Comissão teve também papel fundamental nas celebrações do centenário da abolição.

As atividades desenvolvidas nessas comissões com responsabilidade e eficiência deixaram um legado de competência técnica no desenho e na implementação de políticas públicas para as mulheres, em sua diversidade.

ADMINISTRAMOS E MULTIPLICAMOS NOSSOS RECURSOS

A legitimidade e o poder político de um órgão de governo se mede pelo seu acesso a recursos humanos e a um orçamento que viabilize sua atuação concreta na execução de seus programas. O Conselho combinava uma equipe técnica e administrativa e um Conselho Deliberativo, comprometidos e eficientes, com verbas e capacidade de execução orçamentária a partir do Fundo dos Direitos da Mulher.

Maria Valéria Junho Pena: "Tivemos também uma relação boa com outras áreas de governo, como a área econômica, que é complicada, e isto era inusitado... Na Secretaria do Tesouro, a única coisa que querem é não gastar, mas naquele momento não tivemos problemas de recursos. O Andrea Calabi era o secretário do Tesouro e nos apoiou."

Celina Albano avalia: "O Conselho tinha duas coisas fantásticas para um órgão funcionar bem: uma boa estrutura das Comissões, das conselheiras e verba. Não podemos dizer que éramos paupérrimas, que tínhamos que ficar brigando por dinheiro, eu nunca me desgastei: 'está faltando dinheiro, não vai dar para fazer isto ou aquilo'. Ao contrário. Administramos muito bem nossa verba. Não éramos perdulárias. Era tudo bem calculado. Eu não me esqueço de um dia engraçadíssimo em que fomos a uma reunião com o Brossard [Paulo Brossard, Ministro da Justiça]. Ele tinha postura muito ambígua com relação ao Conselho, e, às vezes, se expressava de forma meio irracional. Ele disse que estava muito impressionado com a nossa produtividade, 'Como é que conseguem fazer tanta coisa, seminários, campanhas publicitárias, eventos, convocam as mulheres para vir a Brasília. Como vocês fazem isto?'

"E você, Jacqueline, respondeu com sua voz bem mansa: 'Senhor ministro, nós somos educadas para administrar o lar, e o que aprendemos, passamos para a vida política. Aprendemos muitos ensinamentos na administração doméstica'. Eu me lembro dele olhando espantado para você, e eu quase desmaiando, morrendo de vontade de rir."

A atuação em consonância com as agendas dos movimentos feministas; o acesso a recursos e utilização eficiente de verbas orçamentárias; as ações transversais em programas conjuntos com outros ministérios; a interlocução estratégica com setores de Segurança e Justiça e o diálogo com instâncias de direitos das mulheres na ONU como o Cedaw, o Conselho de Direitos Humanos; ampliou a atuação do Conselho Nacional dos Direitos da Mulher e sua legitimidade nacional e internacional, e explica o seu sucesso.

AS CONSELHEIRAS

Entretanto, a atuação do CNDM não teria sido tão bem-sucedida se sua estruturação não contasse com um Conselho Deliberativo, composto por mulheres representantes de setores diversos da sociedade civil e comprometido com as mesmas causas, que apoiou sua equipe na definição de estratégias e execução programática. Atuaram como conselheiras: Ana Montenegro, Benedita da Silva, Carmen Barroso, Hildete Pereira de Melo, Jacqueline Pitanguy, Lélia Gonzalez, Maria da Conceição Tavares, Marina Colasanti, Margarida Genevois, Marina Bandeira, Maria Betânia Ávila, Maria Elvira Salles, Maria Lúcia Pizzolante, Nair Goulart, Nair Guedes, Rose Marie Muraro, Ruth Cardoso, Ruth Escobar, Sônia Germano, Tizuka Yamazaki.

Maria Betânia Ávila comenta essa composição: "Me lembro das companheiras, me lembro da Ana Montenegro, que hoje teria mais de cem anos. Ela era do Partido Comunista Brasileiro. Com sua imensa experiência de pertencimento ao partido, contava histórias incríveis, como o seu exílio na Rússia."

Essas conselheiras foram protagonistas importantes da história do Conselho, presentes em suas grandes decisões estratégicas, apoiando programas, advogando por nossas causas, caminhando conosco pelos corredores do poder. Vinham de organizações feministas, como Maria Betânia Ávila; da Academia e de instituições de pesquisa, como Carmen Barroso, Ruth Cardoso, Hildete Pereira de Melo, Maria da Conceição Tavares, Lélia Gonzalez; da Cultura, como Marina Colasanti, Tizuka Yamazaki, Rose Marie Muraro; do movimento sindical, como Nair Goulart; da igreja Católica progressista, como Margarida Genevois, Marina Bandeira; da política, como Benedita da Silva, Sonia Germano. Outros nomes como Nair Guedes e Ana Montenegro vinham de lutas e exílio. Outras se moviam no meio empresarial como Maria Elvira Salles. Todas, em sua grande diversidade, eram defensoras dos direitos humanos das mulheres.[153]

Maria Betânia: "O corpo de conselheiras era muito representativo. Não nos moldes tradicionais, mas ali tínhamos feministas do movimento de mulheres negras, representantes da organização de mulheres trabalhadoras, representantes de movimentos feministas mais ligadas a causas de direitos reprodutivos, a questão do trabalho, da violência... Nós trabalhávamos e fazíamos relações públicas muito intensas e muito imbricadas com o movimento feminista com os movimentos de mulheres. As reuniões do Conselho Deliberativo eram conflitivas, no sentido positivo do conflito, que faz avançar o pensamento. As proposições e divergências eram colocadas na mesa. Internamente tinha muita vida. Era um lugar muito fecundo para ação e pensamento feminista, para o conflito com o Estado, pensando o Estado como um espaço político institucional onde estão plantados os conflitos e as contradições da sociedade."

Ao mesmo tempo que desenvolvia sua ação programática por meio de suas diversas comissões, com o apoio estratégico de seu Conselho Deliberativo, o CNDM investia em seu grande projeto: atuar pelas mulheres na Constituinte.

---

[153] Benedita da Silva foi nomeada conselheira, mas deixou o Conselho para se candidatar à Assembleia Constituinte, em 1986.

mulb
enst
direi

CAPÍTULO VIII

AS MULHERES NA CONSTITUIÇÃO: INSCREVEMOS NOSSOS DIREITOS

Desde sua criação, o Conselho Nacional dos Direitos da Mulher assumiu o compromisso de atuar no processo Constituinte, entendendo que aquele momento significava a oportunidade única de retirar as mulheres brasileiras da condição de cidadãs de segunda categoria a que estavam reduzidas. Em 1985 inicia sua histórica ação de *advocacy*, desenvolvida ao longo de três anos, antecedendo e acompanhando a todo o processo Constitucional. O CNDM conseguiu, naquela época, sem internet e com comunicações telefônicas e correio deficitárias, mobilizar mulheres de todo o país e sensibilizar diversos setores da sociedade para a importância de atuar com força e eficiência naquele momento político.

Nas palavras de Celina Albano: "Havia uma diversidade de ideias e propostas porque o grupo [do CNDM] era muito diverso – pessoas de diferentes áreas profissionais e origens acadêmicas. Lembro do Conselho como uma fábrica de ideias, de ações. Em relação às emendas [constitucionais], a gente entrava de sola. O processo Constituinte era dividido em temas, capítulos: direitos individuais, direitos sociais, família, violência, direitos reprodutivos. Em todos esses temas nós tivemos uma participação muito importante, porque o Conselho era composto por pessoas que tinham relação direta com esses temas. O CNDM tinha uma linha de montagem de emendas."

Eleonora Menecucci, por sua vez, fala sobre o protagonismo do Conselho no processo Constituinte: "Foi quando nós mulheres 'saímos do armário' efetivamente e tivemos um protagonismo fundamental. Tudo o que tem de avanço na questão da mulher na Constituição de 1988 deveu-se a nós. Eu não tenho dúvida nenhuma."

O objetivo do Conselho era descentralizar a campanha, engajar os movimentos de mulheres de diferentes estados, e atuar em articulação com as Assembleias Legislativas e Conselhos Estaduais e Municipais.

Comba Marques Porto, que foi coordenadora da Comissão de Constituinte do CNDM, fala sobre as estratégias de mobilização adotadas pelo Conselho Nacional dos Direitos da Mulher nesse momento decisivo: "O Conselho tinha recursos orçamentários, o que tornou possível levar a ação às capitais e cidades onde já houvesse um movimento feminista organizado. Essa foi a minha incumbência: formar a rede com os estados, buscando o que houvesse de movimento de mulheres para iniciar o debate sobre os direitos a serem incluídos na Constituição. Tudo foi feito na base da máquina de escrever, carta e telefone."

Paralelamente, o CNDM lutava também por maior presença feminina no Congresso. Com uma intensa campanha, com slogans como "Constituinte pra valer tem que ter palavra de mulher" e "Constituinte sem mulher fica pela metade", influenciou as eleições de 1986, que triplicaram o número de mulheres deputadas e senadoras em relação à legislatura anterior, mesmo que essa proporção fosse vergonhosamente baixa. Foram eleitas 26 constituintes que formaram a bancada feminina.

Celina Albano: "Lembra quando começamos a trabalhar com as deputadas? Havia tanto mulheres com postura a favor do movimento feminista como contra. Tinha disso tudo, tanto de direita quanto de esquerda, e também um meio de campo de quem estava começando a entender de política. Lembra de um almoço que o Brossard, para fazer aproximação, nos convidou na semana do 8 de março? Ouvi algo que nunca esqueci: de repente a Bené [Benedita da Silva] chega perto de Márcia [Kubitschek] e diz: 'Márcia, você não está lembrando de mim? A minha mãe lavava roupa na sua casa.' E Márcia disse: 'Que bom que estamos hoje juntas na Constituinte.'"

Benedita da Silva, Bené, lembra desse encontro: "Foi muito emocionante aquele momento. A minha mãe lavava para o Juscelino, e eu ia entregar a roupa na casa dele, no Leme. E eu falei para a Márcia, coitada, a Márcia nem lembrava de nada: 'Márcia, você tinha uma boneca, numa cama que balançava, e essa boneca, o seu pai levou para a igreja dos dominicanos para o sorteio, porque estavam lá fazendo o sorteio da paróquia, e eu ganhei essa boneca.' E eu, ali explicando para ela como era a boneca: 'E todo mundo ficou danado da vida quando eu ganhei, porque eu sempre fui muito grandona, parecia gente grande e não me consideravam criança, ficaram todos revoltados que a boneca tinha sido para mim, uma revolta das outras crianças comigo, diziam: 'Mas ela é grande!' e eu dizia: 'Mas eu sou criança!' Coisas que marcam a vida da gente. Agora você vê, a filha da dona Ovídia, lavadeira, vê se eu não tinha como não me emocionar naquela Constituinte, vê se eu não tinha como não lembrar da minha mãe. Eu, a filha da lavadeira, que levava a roupa na casa da filha do Juscelino Kubitschek, estava ali, no mesmo espaço da filha do ex-presidente do Brasil."

Bené continua narrando a sua experiência na Constituinte: "Um dia o Ulysses Guimarães falou: 'Hoje quem vai presidir o trabalho vai ser a Benedita'. Um dia histórico. E eu ali sentada, dizendo: 'Meu Deus, eu não acredito, eu não acredito'. Sabe o que eu tinha na minha frente? A minha mãe, a dona Ovídia, com um lencinho amarrado na cabeça, como era o dela, sabe? E, naquele momento, eu até me emociono, eu queria tanto que ela estivesse viva. Eu queria tanto, porque aquela mulher sofreu tanto, tanto, tanto, que ela merecia ver aquela filha dela ali. Sabe? Ela merecia. E ali, tirando um pouco da minha timidez, de chegar no meio daquelas pessoas e poder participar, eu senti um crescimento em mim. A Constituinte trouxe pra nós muitas experiências e exemplos. Eu tenho certeza que me tornei uma pessoa melhor. Me tornei uma pessoa melhor, dividindo com as outras que estavam na Assembleia. E hoje eu digo: 'Eu fui constituinte, vocês estão fazendo isso, isso, isso e isso, e nós fizemos isso, isso, isso e aquilo na Constituinte.' Eu falo porque eu fui deputada constituinte."

Apesar das diferenças políticas e ideológicas entre as constituintes, as conquistas do Conselho se viabilizaram com o apoio fundamental da bancada feminina. Foi um trabalho articulado, de parceria e cumplicidade. Diante de um poder político masculino e machista, elas se reconheceram como mulheres na luta pela igualdade de gênero. É o que comenta Anna Maria Rattes: "Cheguei em Brasília, eu era uma das 26 deputadas. A Bete Mendes depois saiu, foi ser secretária de Cultura em São Paulo. Então ficamos 25 mulheres muito diferenciadas, com ideologias, partidos diferentes, vindas de todos os cantos do país, com educação e histórias de vida completamente diversas, que se estranharam um pouco. Não nos conhecíamos. Mas nos sentíamos um gueto diante dos 513 homens, e a reação deles para conosco foi o que nos fez buscar uma união, deixando de lado nossas divergências, e focar no que tínhamos em comum e que nos unia: o fato de sermos mulheres e estarmos ali representando as mulheres."

Bené aprofunda o comentário sobre sentir-se minoria no ambiente do legislativo: "A gente chega com medo, é preciso que as pessoas saibam que a gente tem medo. Vindo das comunidades, do Chapéu Mangueira, fiquei um pouco assustada, a única mulher negra da Constituinte. Mas, ao mesmo tempo, eu me senti muito protegida. Confesso que encontrei muita, muita força na bancada feminina, que foi muito coesa, muito companheira, até porque nós tínhamos uma bancada de militantes que vinha de muitas outras batalhas, além dos direitos das mulheres como a das liberdades democráticas, a da luta para eleições diretas, batalhas que nós lutamos contra a ditadura."

Naquele ambiente dominado e ocupado por séculos pelos homens, essas mulheres fizeram a diferença.

Ao mesmo tempo que lutavam por grandes causas, como os direitos humanos das mulheres, encontravam outras barreiras que atestavam o quanto tinham sido excluídas daquela casa. Enfrentaram algo tão corriqueiro quanto exigir que fosse construído um banheiro feminino naquele recinto. Elas comentam o episódio:

Anna Rattes: "A coisa culminou com a história do banheiro, que hoje pode parecer piada. Tão anacrônico você reivindicar um banheiro, mas, naquela época, era uma necessidade extrema, não tinha banheiro feminino no plenário do Congresso Nacional. Até aquele momento, a casa só tinha tido oito deputadas. (…) Sentimos a diferença de ser mulher num ambiente masculino de poder. Ficou claro como o poder era masculino. Não fazíamos parte desse poder. Tivemos que cavar nosso espaço nesse ambiente masculino."

Bené: "Nós lutamos pelo banheiro, para a mulher, que não havia no plenário, só banheiro masculino. 'Não, não tem lugar para a mulher aqui', e depois nós exigimos que tivesse banheiro em nosso gabinete, e aí nós fomos para o anexo quatro, porque nós nos recusamos a usar um gabinete em que a gente não tinha banheiro."

Se a arquitetura excluía as mulheres parlamentares, isso não impediu que elas marcassem seu lugar nos trabalhos realizados nas diversas comissões e no plenário da Constituinte. Fizeram história.[154]

---

[154] Constituintes eleitas: Abigail Feitosa, Anna Maria Rattes, Benedita da Silva, Beth Aziz, Beth Mendes, Cristina Tavares, Dirce Tutú Quadros, Eunice Michiles, Irma Passoni, Lídice da Mata, Lúcia Braga, Lúcia Vânia, Márcia Kubitschek, Maria de Lourdes Abadia, Maria Lúcia, Marluce Pinto, Moema São Thiago, Myrian Portella, Raquel Cândido, Raquel Capiberibe, Rita Camata, Rita Furtado, Rose de Freitas, Sadie Hauache, Sandra Cavalcanti, Wilma Maia.

Bené: "Pois é, nós nos impusemos, porque não foi uma coisa fácil. Aquela história da mulher bonita, da mulher disponível, toda essa história que nos acompanha. Nós temos lutado pelo nosso direito, direito do nosso corpo, o direito de nossas escolhas, o direito de você ser mulher sem precisar estar disponível, ser violentada ou coisa dessa natureza. Porque nós enfrentamos isso, é bom que as pessoas saibam que teve assédio, é bom que as pessoas saibam que existia o machismo ali. Existe até hoje, mas nós nos impusemos."

A pauta com as reivindicações apresentadas pelo Conselho não foi imposta de cima para baixo. Foi construída com os vários movimentos, associações, sindicatos, grupos feministas que, em comunicação direta com o CNDM – por carta, telegrama, fax –, enviavam as propostas que queriam ver incluídas na nova Carta, como detalha Jacqueline Pitanguy: "Construímos nossa pauta de propostas e reivindicações para a Constituinte de forma horizontal, solicitando às mulheres de todo o país que enviassem suas sugestões ao CNDM, onde um grupo de trabalho separava o joio do trigo, ou seja, descartava propostas que não tinham nada a ver com a Constituição, e organizavam as demais demandas e propostas em função dos capítulos discutidos na Assembleia Constituinte. Esse material foi também analisado por um grupo de advogadas que, trabalhando *pro bono* junto com a nossa Comissão de Legislação, deu forma legal a essas demandas."

Iáris Ramalho Cortês, que trabalhava na Comissão de Legislação do CNDM na época, aborda também a proximidade que se estabeleceu entre as mulheres que trabalharam nesse projeto: "No processo de elaboração da Carta, a Comissão de Legislação tinha a atribuição de separar por temas, todas as reivindicações chegadas, não só do movimento de mulheres como também de órgãos representativos, como assembleias legislativas e/ou câmaras de vereadores, sindicatos e associações diversas. Todos os dias, quando saía do Conselho, meu pensamento ficava lá, não pensava em outra coisa a não ser no que tinha lido, escutado, discutido durante o expediente. Sempre era uma emoção diferente. Aquelas mulheres que nos escreviam deixavam de ser *qualquer mulher* e passavam a ser *a mulher*, minha companheira, minha irmã. Foi no Conselho que aprendi o verdadeiro significado da palavra sororidade."

Branca Moreira Alves reforça a importância da experiência: "Participei dessa comissão de juristas e lembro ainda com emoção do clima de companheirismo, de militância política. Estávamos ali com a mesma confiança, com a firmeza e a consciência de estarmos fazendo, realmente, história. Há muito orgulho nos relatos de cada uma das muitas que participaram desse momento de construção do futuro."

Leonor Nunes de Paiva, advogada, integrou esse grupo de juristas: "No que me diz respeito, eu e outras advogadas ficamos encarregadas de redigir e justificar as emendas. (...) E não havia como redigir as emendas e as justificativas sem ouvir o murmúrio do Congresso Constituinte. Lá, tudo era negociado, como deve ser a essência da política quando há várias pretensões antagônicas. Para isso nós tínhamos que estar em Brasília. No meu caso, eu trabalhava no Rio de Janeiro e, na sexta-feira à tarde, embarcava para Brasília e ia direto para o CNDM, que ficava em um prédio muito bonito no Ministério da Justiça – que, por sua vez, ficava ao lado de outro prédio mais bonito ainda, que era o Itamaraty. Às vezes, dava para ver o sol se pondo e apreciar toda a beleza do entardecer no cerrado. Só isso já espantava o cansaço. Fazíamos as reuniões para saber qual era o clima, as dificuldades e as facilidades."

Leonor explica como funcionava a Assembleia Constituinte: "O Regimento Interno da Assembleia Nacional Constituinte previa, para elaborar o projeto da Constituição, um número de oito Comissões, cada uma integrada por 63 membros titulares e o mesmo número de suplentes. Por sua vez, estas Comissões eram divididas em Subcomissões, compostas de 45 membros titulares e o mesmo número de suplentes. Além dessas havia as Comissões de Sistematização. Podem ter ocorrido alterações nessas disposições, o que em nada modifica a percepção de que era muita gente, e todo mundo pensando de forma diferente. Então dá para sentir o universo por onde deveria circular o "*lobby* do batom". Estes relatores redigiam o seu projeto no prazo de trinta dias, submetiam às subcomissões onde tinham sido feitas as audiências públicas, em que pessoas representativas da sociedade civil davam os seus depoimentos. O anteprojeto do relator era distribuído sob a forma de avulsos para os demais membros das Subcomissões, que tinham cinco dias para receber as emendas, discuti-las e votá-las."

Ana Liese: "A Assembleia Nacional Constituinte foi instalada em março de 1987. Cheguei ao CNDM, no mês anterior, (...) mãe solo de duas pré-adolescentes, grata por estar nesse lugar sonhado por mim, lugar de lutas pela cidadania das mulheres. A metodologia proposta pela Assembleia Nacional Constituinte, com oito Comissões temáticas e 24 Subcomissões, previa ampla participação. As mulheres, organizadas, aproveitaram as possibilidades de se fazer ouvir, de estar presentes nessa construção. Durante todo o processo aconteceram incontáveis negociações, audiências públicas, apresentação de emendas – supressivas, substitutivas, aditivas."

O ritmo de trabalho do Conselho, tanto de sua equipe como de todas as que, de forma voluntária, construíram esse novo patamar legal de igualdade entre mulheres e homens no Brasil era frenético e ditado pelas urgências políticas. Porque não havia modelo, como diz Schuma: "A gente não tinha um espelho, não tinha uma referência de qual era o melhor caminho a perseguir, entendeu? Sabia que queria monitorar, vigiar, propor, denunciar o que não estava correto. Era quase, assim, uma imitação do que a gente fazia no movimento social, isso que é, na verdade."

Jacqueline Pitanguy reforça: "Quando penso nesses anos, me dá a impressão de um desses filmes em que as figurinhas disparam. Era um corre-corre e ao mesmo tempo não comportava erros. Tínhamos que ter a emenda certa, no momento certo e entregue à pessoa certa. Não sei como fazíamos. Além do mais, muitas de nós tínhamos família, casa, maridos, companheiros. Não sei como dávamos conta. Eu tinha três filhos, Andrea, Rodrigo e Rafael, uma adolescente e duas crianças, e pude contar com o seu pai, que acudia no dia a dia. Sem o Carlos Manuel, não teria sido possível. Mas me sentia sempre culpada, preocupada com o dever de casa da escola em que não tinha ajudado porque estava pelos corredores do Congresso."

Em agosto de 1986, o CNDM organizou o Encontro Nacional Mulher e Constituinte, em Brasília, no Congresso Nacional, que foi o coroamento de todo o processo de consulta, desde 1985, às bases organizadas dos movimentos autônomos, aos sindicatos, associações e partidos políticos. A Carta das mulheres aos constituintes, elaborada nesse histórico encontro, foi, portanto, um documento coletivamente redigido.

Jacqueline narra o feito: "Me lembro como se fosse hoje desse grande encontro, de sua organização, da angústia de que tudo desse certo, de minha enorme responsabilidade como presidente do CNDM, de estar ali, naquele momento histórico, coordenando aquele evento. A aprovação da carta abriu uma nova página. Agora íamos lutar por incluir na Constituição uma plataforma de direitos construída pelas mulheres, para as mulheres."

Leila Barsted: "Estava claro pra nós que possuíamos inimigos muito fortes, e que não podíamos nos dar ao luxo também de nos fragmentar. Então, essa Carta das mulheres aos constituintes, também representou um documento de consenso, em que se procurou discutir exaustivamente cada proposta, e fazer com que essas propostas entrassem na carta. E depois, a luta para que essa carta pudesse realmente influenciar a Constituição."

Schuma Schumaher: "O CNDM convidava muitas pessoas que não eram conselheiras nem estavam no corpo técnico e eram feministas maravilhosas, inteligentes, com ação, que estavam atuando em outros lugares. Então elas também eram muito chamadas pra essas consultorias, pra opinar. E assim foi sistematizado esse material e feito um primeiro rascunho para ser discutido no Encontro Nacional 'Mulher e Constituinte', em Brasília. Lá foram 2 mil mulheres que vão debater e aprovar a Carta das mulheres brasileiras aos constituintes."

Silvia Pimentel: "A Carta das mulheres brasileiras aos constituintes, fruto dessa articulação, em meu entender, representou e representa a mais ampla e profunda articulação reivindicatória das mulheres brasileiras. Nada igual nem parecido! Representa um marco histórico da práxis política das mulheres, grandemente influenciada pela teoria e práxis feministas da década de 1975 a 1985. Mais de 1.500 mulheres, 'dos quatro cantos' do Brasil, trouxeram suas reivindicações, após debates em suas respectivas localidades e regiões. É com grande orgulho que resgato esse ato político histórico das mulheres brasileiras."

ESCREVEMOS UMA CARTA

"Aos Constituintes de 1987
Assembleia Nacional Constituinte
Congresso Nacional

"Para nós, mulheres, o exercício pleno da cidadania significa, sim, o direito à representação, à voz, e à vez na vida pública, mas implica ao mesmo tempo a dignidade na vida cotidiana, e que a lei pode inspirar e deve assegurar, o direito à educação, à saúde, à segurança, à vivência familiar sem traumas. O voto das mulheres traz consigo essa dupla exigência: um sistema político igualitário e uma vida civil não autoritária."

A carta traz reivindicações fundamentais para a cidadania das mulheres, alcançadas graças à mobilização do movimento atuando em conjunto com o CNDM. Destacamos algumas:

- plena igualdade entre os cônjuges e entre os filhos, não importando o vínculo existente entre os pais;
- proteção da família instituída civil ou naturalmente;
- acesso da mulher rural à titularidade de terras, independentemente de seu estado civil;
- dever do Estado de coibir a violência nas relações familiares;
- extensão de direitos trabalhistas e previdenciários às empregadas domésticas e trabalhadoras rurais;
- proteção à maternidade e ao aleitamento, garantindo o emprego da gestante;
- extensão do direito à creche para crianças de zero a seis anos,
- licença aos pais no período natal e pós-natal;
- licença no momento da adoção;
- direito ao marido ou companheiro de usufruir benefícios previdenciários da mulher;
- garantia de assistência integral à saúde da mulher;
- garantia da livre opção pela maternidade;
- garantia do direito de interromper a gravidez;
- garantia ao acesso gratuito aos métodos contraceptivos.
- criminalização de qualquer ato que envolva agressão física, psicológica ou sexual à mulher, dentro ou fora do lar;
- eliminação da lei penal da expressão "mulher honesta" e do crime de adultério.
- Prestação, pelo Estado, de assistência médica, jurídica, social e psicológica à mulher vítima de violência;
- reconhecimento do estupro como crime, independente da relação do agressor com a vítima;
- enquadramento dos crimes sexuais como crimes contra a pessoa e não contra os costumes. Propõe ainda a responsabilidade do Estado em criar delegacias especializadas, albergues.

A carta das mulheres brasileiras foi apresentada pela bancada feminina e pelo Conselho, em março de 1987, ao deputado Ulysses Guimarães, presidente do Congresso, em um ambiente de emoção. Convidamos a sufragista Carmen Portinho para fazer a entrega. Ao mesmo tempo, cópias do documento foram entregues nas Assembleias Legislativas Estaduais do país.

Ana Liese narra o episódio: "Participei da entrega da Carta das mulheres à Assembleia Nacional Constituinte, aqui em Brasília, quando a sufragista Carmen Portinho, nos representando a todas, entregou nossa Carta ao deputado Ulysses Guimarães. Nesse memorável 26 de março de 1987, nós, mulheres, éramos maioria absoluta no Congresso Nacional: no plenário, nas galerias, nas tribunas, nos corredores. Uma grande festa."

Branca acrescenta: "Tinha mesmo de ser um momento de emoção. Desde a eleição de governadores da oposição em 1982, os movimentos sociais vinham com a euforia de acreditar naquela democracia nascente, a euforia pelo fim dos vinte anos de repressão. Acreditávamos que, afinal, seria possível criar um país solidário, desde que as leis expressassem as demandas sociais."

A cerimônia da entrega da carta no Congresso Nacional foi um momento emocionante, em que a bancada feminina marcou a sua presença como força política. Ulysses Guimarães, presidente do Congresso, deu a palavra às parlamentares, que reafirmaram, para os constituintes e para as mulheres de todo o país que lotavam as galerias, seu compromisso com as demandas da carta, e em atuar, mesmo que de forma suprapartidária, para sua incorporação à Constituição.[155]

Deputada Irma Passoni, São Paulo: "Senhores Constituintes, (...) para nossa alegria, hoje nós temos representantes de todos os estados brasileiros aqui presentes. Mulheres que fizeram um ano de

---

[155] Trechos dos discursos das constituintes na cerimônia de entrega da Carta das mulheres brasileiras. Disponível em: <https://www.youtube.com/watch?v=JS9000IY.>

discussão intensa no Brasil inteiro, com todos os setores da sociedade, e encaminharam e entregaram já ao presidente desta Constituinte, doutor Ulysses Guimarães, a Carta das mulheres, coordenada pelo Conselho Nacional dos Direitos da Mulher. (...) A Carta vai ser entregue a cada parlamentar, foi entregue ao presidente, e gostaria de registrar que as mulheres podem ter certeza que nós, as constituintes desta casa, lutaremos, batalharemos para introduzir as demandas que a luta das mulheres fez chegar a esta casa, à Constituição, pelas várias comissões. Saberemos honrar a luta de vocês."

Deputada Beth Azize, Amazonas: "Vamos começar dizendo a vocês que não foi em vão a luta da mulher quando, com todos os percalços e sacrifícios, até mesmo contrariando posturas de partidos políticos que discriminam a mulher, porque a discriminação contra a mulher começa dentro dos partidos políticos. Nós chegamos aqui, chegamos em minoria. Não era isso que nós queríamos. Nós queríamos que mais da metade dessa constituinte fosse composta de mulheres, porque a mulher brasileira representa a maior fatia do eleitorado brasileiro. Mas eu quero dizer a todas vocês que, apesar de sermos minoria nessa Assembleia, as nossas propostas, com certeza absoluta, irão fazer coro forte, firme, corajoso e altivo na consciência de todos os constituintes desta Casa, e nós não vamos aceitar que ninguém aqui diga que, por questões partidárias ou ideológicas, se deixe de lado a questão da mulher brasileira, que é prioritária."

A apresentação visual da Carta, um envelope com a barra verde e amarela, espelha um novo modo de fazer política. Como remetentes, apenas nomes de mulheres. Era como se todas as Marias, Joanas, Joaquinas, Raimundas a tivessem escrito. Remetentes: "Nós, mulheres brasileiras."

Schuma analisa: "Era um novo jeito de fazer política. Um jeito de fazer política das mulheres, das feministas. Foi feito com o dinheiro do governo federal, foi feito com dinheiro público e a carta não tem o selo do governo federal, ela não tem a marca, o logo do

Conselho Nacional, ela tem a marca das mulheres brasileiras. Então, eu acho que isso é muito radical, é muito revolucionário, é muito anárquico, é tudo misturado."

Anna Maria Rattes: "A carta não se diz feminista, mas todas as que abraçaram aquele glossário eram feministas sem perceber que estavam sendo. Essa é a grande riqueza daquele processo, porque o feminismo enquanto palavra era um cancro, naquele momento até apavorava algumas mulheres – 'Você não é feminista, é feminina.' E eu dizia 'Sou feminista.' 'Mas como?' Era um escândalo. Ser feminista era depreciativo. Muito estranho. Era uma grande confusão."

NÓS NOS CORREDORES DO CONGRESSO: O *LOBBY* DO BATOM

A Carta das mulheres brasileiras aos constituintes, na realidade, fecha e abre um ciclo. Ao ser entregue a Ulysses Guimarães, tem início o processo de defesa de suas propostas, que implicava percorrer diariamente os corredores e gabinetes do Congresso, conversando com os líderes de todos os partidos, deputados, senadores, assessores, formando uma base de apoio entre os parlamentares, em um trabalho articulado pelo Conselho, que só se encerraria em outubro de 1988, com a promulgação da Constituição Federal.

A aliança com a bancada feminina e o trabalho de sensibilização de outros constituintes foi fundamental para que fossem garantidas a maior parte das reivindicações das mulheres, tornando essa Constituição uma das mais progressistas, nessa área, no mundo.[156] Suas integrantes comentam como se articulou e atuou o grupo:

---

[156] O trabalho de *advocacy* realizado pelo Conselho contou com o apoio decisivo de alguns homens parlamentares, como José Paulo Bisol, do PMDB do Rio Grande do Sul; Roberto Freire, do PCB da Bahia; Marcelo Cordeiro, do PMDB da Bahia; Arthur da Távola, do PMDB do Rio de janeiro.

Bené: "O Conselho, na verdade, era nossa grande, vamos dizer assim, assessoria legislativa. Nós nos reuníamos e íamos defender nossos direitos. O que nós colocávamos era pertinente, nós levamos temas como aborto, LGBT, a questão das terras, da reforma agrária e o papel da mulher nesse contexto. O que nós fizemos foi uma coisa que surpreendeu também porque, eles acharam que nós mulheres iríamos brigar internamente, que não iríamos nos entender, mas nós nos entendemos, mesmo com mulheres mais da direita, estávamos ali todas juntas."

Anna Maria Rattes: "Nossa identidade de grupo era sermos mulher e tivemos a inteligência de começarmos a deixar de lado nossas diferenças. E aí surgiu a Assessoria do CNDM. Passei a coordenar a bancada das mulheres e a articulação da bancada com o CNDM."

Schuma: "Foi tão forte a bancada feminina, elas ficaram tão unidas, que todos os temas que tivessem a ver com a agenda das mulheres elas votaram em conjunto, mesmo se fosse contra seu partido, sob pena de perder poder dentro da estrutura partidária. Elas colocaram em jogo as suas lideranças, o seu poder partidário, pela agenda das mulheres."

Bené: "A possibilidade de contar com o Conselho foi importante para que nós pudéssemos ter propostas que avançaram. Eu falo dentro dos meus limites de militante do movimento negro, das mulheres da favela, oriunda do trabalho de comunidades eclesiais de base. Vimos como era rico o processo da Constituinte, exatamente por essa presença das mulheres, a presença das mulheres feministas, das mulheres quilombolas, mulheres empregadas domésticas, mulheres indígenas, mulheres trabalhadoras, mulheres de favelas, mulheres trabalhadoras rurais, mulheres intelectuais, mulheres empresárias. Eram as mulheres do Brasil. Isso foi marcante para mim."

Leonor Paiva: "Na época da instalação e elaboração da Constituição da República, o clima no país era de uma festa só, de norte a sul. Ou íamos para Brasília, para as audiências públicas ou elas, vinham até nós. Nessas audiências, eram colhidas ideias sobre o que se pensava e o que se queria para o Brasil, que saía de um longo período de ditadura militar. O Conselho também já tinha colhido, pelo Brasil afora, o que pretendíamos nós, mulheres. Em plena Constituinte, o CNDM formou o *lobby* do batom, cuja proposta era levar aos Constituintes as reivindicações das mulheres."

Bené: "Nós tivemos na Constituinte um grande momento de encontro com a nossa história, em que conhecemos mulheres de outros estados, com outras situações. A nossa responsabilidade era muito grande, mesmo sendo minoria, éramos a voz daquelas que lá não estavam. O que nós conseguimos por meio do Conselho Nacional da Mulher. Esse Conselho era fantástico, com Jacqueline, que foi a nossa grande presidenta."

Sem esse órgão inserido na estrutura administrativa do Governo Federal, não teria sido bem-sucedido o esforço das mulheres. O que marcou esse trabalho foi a capacidade de articulação, pelo Conselho, de entidades, movimentos, congressistas, sindicatos, feministas, juristas, e de, apesar da grande diversidade que caracterizava esses grupos, conseguir atuar de forma consensual, respeitando as diferenças e construindo pontes no que unia a todos: o reconhecimento de que era o momento de inscrever a igualdade das mulheres na Constituição.

Ana Liese Thurler, que trabalhou na assessoria de comunicação do CNDM no período da Constituinte também enfatiza o intenso trabalho, feito em alianças com o Congresso: "O processo Constituinte foi vivido pelas mulheres com muita coragem, entusiasmo e determinação. Estive lá, em tempo integral, diversas vezes pela madrugada, algumas vezes com taquicardia. Éramos mulheres da sociedade civil, do movimento social, do próprio Conselho Nacional dos Direitos da Mulher, nossa bancada feminina da Câmara Federal, diversos parlamentares do Congresso Nacional. O CNDM fazia mediações permanentes e imprescindíveis entre todos esses protagonistas."

Leonor Paiva, da equipe jurídica, dá uma ideia das dificuldades vencidas com competência e enorme dedicação: "Pelas disposições regimentais, o ritmo do trabalho era frenético. O *lobby* do batom, para sua eficiência, devia ter quem conhecesse o regimento interno. Quem estivesse todo dia no Congresso e quem redigisse as emendas e suas justificativas, para serem entregues às constituintes mulheres, que se comprometeram com os princípios inseridos na Carta aos constituintes. Após ser assinado pelas mulheres constituintes, tínhamos que acompanhar as nossas emendas e os embates que em decorrência delas aconteciam. Tudo isso no espaço imenso do Congresso Nacional. Cada subcomissão ficava em um local, e haja integrante do *lobby* do batom que soubesse onde tudo se localizava para andar de lá para cá. O que popularmente se pode definir como 'haja sola do sapato'".

O CNDM se preocupou também em dialogar com a sociedade, através dos meios de comunicação, em uma estratégia de mão dupla, porque, ao mesmo tempo que informava sobre a agenda feminista, influenciava as e os constituintes. Usou televisões e rádios, imprensa escrita, outdoors em todas as capitais divulgando a mesma mensagem, que acompanhava os trabalhos das comissões temáticas do Congresso. Era preciso que as mulheres de todo o Brasil soubessem por que e como lutávamos em Brasília.

Assim, se o tema era a família, lançamos uma campanha com uma foto de uma família de 1916 (ano do Código Civil ainda vigente) e os dizeres: "As leis da família são tão atuais quanto essa foto. Mas a família não é mais aquela, o mundo não é mais aquele."

Quando se discutiam leis e benefícios trabalhistas, a imagem era de uma equilibrista em uma corda bamba, para mostrar como as mulheres viviam se equilibrando entre as várias ocupações profissionais e domésticas em suas vidas.

Essa área de comunicação era fundamental para angariar o apoio da população às propostas apresentadas às e aos constituintes.

O Conselho fez campanhas pela extensão da licença-maternidade, pelo direito de ser mãe como uma opção e não um destino, para assegurar os direitos trabalhistas e benefícios sociais das trabalhadoras domésticas e mulheres rurais; contra a violência doméstica.

A imprensa considerou o *lobby* das mulheres como um dos mais atuantes e bem-sucedidos em todo o período da Constituinte. O slogan surgiu justamente de um deputado que, ao ver as mulheres em pé de guerra, sem trégua, diariamente, acompanhando no Congresso as votações, reunindo-se com parlamentares, disse em tom de gozação: "Lá vem o *lobby* do batom." As "lobistas" a quem foi dirigido o comentário perceberam a força da expressão e reverteram seu sentido, transformando-a no nome do seu trabalho junto ao Congresso, aquele trabalho feito de confrontos e negociações cotidianos. O feitiço virou contra o feiticeiro, porque, com sua intenção de ridicularizar as mulheres, o parlamentar deu o slogan que ganhou as ruas.

Schuma Schumaher comenta: "O batom como metaforicamente a boca, a nossa voz e os nossos direitos. E somos mulheres, e somos feministas e não nos envergonhamos de nada disso. Aí no *lobby* do batom estávamos todas nós, todas, todas as mulheres que se mexeram pra fazer, pra defender as propostas avançadas na Constituinte."

Gloria Marcia segue: "Fizemos o chamado *lobby* do batom. Eram quase duas mil mulheres num ativismo mesmo muito grande. Avançamos muito, pelo menos no texto da lei. Existem palavras nossas, de todas nós, naquele texto constitucional."

Ana Liese: "No Congresso Nacional, as mulheres eram míseros 4,6% na Assembleia Nacional Constituinte. Mas com o protagonismo das mulheres pelo país, com a coordenação do CNDM – e, naquele período, com a competência, habilidade, trânsito de Jacqueline Pitanguy na presidência –, fomos muitíssimo guerreiras e colhemos frutos."

Eleonora Menicucci, participante dos movimentos feministas, comenta: "Mas ainda bem que nós tínhamos o Conselho porque era o espaço físico de acolhimento para o movimento feminista nacional e o movimento de mulheres, para nós levarmos as nossas reivindicações para a Constituinte. Mas ali foi o início dessa institucionalidade muito complicada pra nós. Porque nós custamos a entender. E era mesmo para custar a entender. Recém-saídas de ditadura, construindo uma Constituinte no Brasil – uma Constituição, aliás, fortemente feminista."

Uma das principais conquistas do *lobby* do batom se resume a uma frase curta e cujo teor colocou as mulheres em outro patamar de igualdade. Finalmente, a questão, já levantada pelas revolucionárias francesas, pelas sufragistas estadunidenses e pelas pioneiras brasileiras estava colocada: a palavra "homens", entendidos como cidadãos, precisava ser discriminada para, de fato, garantir a cidadania plena das mulheres: artigo 5º, inciso I: "Homens e mulheres são iguais em direitos e obrigações, nos termos desta Constituição." As celebrações a essa inclusão aparecem em relatos de muitas das mulheres com quem dialogamos.

Iáris Ramalho Cortês: "De forma suprapartidária e unida ao CNDM e ao movimento de mulheres de todo o Brasil, [o *lobby*] conseguiu incluir cerca de 80% das suas reivindicações. Logo no início foi incluída a frase 'Homens e mulheres são iguais em direitos e obrigações" seguindo o "Todos são iguais perante a Lei". O *todos* nas nossas constituições anteriores nem sempre significava homens e mulheres. Partindo dessa premissa é que a igualdade foi permeando todos os capítulos que tratavam, de alguma forma, das relações entre as pessoas ou entre essas e o Estado. Enfim, podemos considerar que este tripé – Conselho Nacional dos Direitos das Mulheres, movimento de mulheres brasileiras e bancada feminina constituinte – formou um grupo dominante, em um processo revolucionário, pois buscou – e conseguiu – mudar o marco das relações entre homens e mulheres no Brasil."

Comba Porto, assessora técnica do CNDM e atuante junto à Constituinte, pontua: "Até que conseguimos escrever o princípio 'homens e mulheres são iguais em direitos e obrigações'. Os deputados diziam assim: 'Para que botar isso? Tinha que deixar que todos são iguais perante a lei, como sempre foi, homem, mulher, todo mundo'. E a gente dizia: 'Não é bem assim, deputado. Teve uma época em que as mulheres tentavam se inscrever como eleitoras e os Tribunais Regionais Eleitorais indeferiam dizendo que a Constituição dizia *todos são iguais*, ou seja, todos os homens.'"

Tânia Fusco completa: "E no histórico palco da Constituinte demarcamos o possível e o impossível. Principalmente, no artigo 5, do título II, da Constituição de 1988, conseguimos sacramentar: 'Homens e mulheres têm iguais direitos e deveres sob os termos desta Constituição'. Na Lei maior do país, assentamos a igualdade."

Outra grande conquista foi assegurar a igualdade de direitos e responsabilidades entre homens e mulheres na sociedade conjugal, demanda antiga das feministas. A posição de subalternidade no casamento era inaceitável, legitimava a violência doméstica e constituía um rebotalho do Código Civil de 1916. Essa igualdade entre homens e mulheres foi celebrada pelo Conselho em sua comunicação social pós-1988, com um vídeo para a TV. A peça mostra um homem que parece ser um funcionário público de alguma agência e que bate à porta de uma casa. A porta é aberta por uma mulher, e ele diz algo assim: 'Gostaria de falar com o chefe da família'. A mulher responde: 'Pode falar comigo mesma, aqui não tem chefe.'"

Gilda Cabral, coordenadora da Comissão Mulher e Constituinte, do CNDM, resume a importância da campanha: "A atuação do Conselho significou a oportunidade das mulheres terem uma vida melhor. O CNDM mudou a realidade da mulher brasileira. Foi a atuação do Conselho, em conjunto com as feministas e muitos grupos organizados de mulheres Brasil afora, que conseguiu a ampliação dos direitos das mulheres na Constituição cidadã e em inúmeras normas legais que viabilizaram o real exercício da cidadania pelas mulheres. A Carta das mulheres aos constituintes e o *lobby* do

Batom, liderado pelo CNDM, foram instrumentos decisivos para a ampliação do conceito de família e dos direitos da mulher. A estabilidade da gestante, a igualdade no mercado de trabalho, direito das trabalhadoras domésticas e das rurais, direito ao planejamento familiar e o atendimento ao aborto legal e o reconhecimento pelos governos de sua responsabilidade para a erradicação da violência doméstica são alguns exemplos de como o CNDM contribuiu para mudar e melhorar a vida das brasileiras."

Ana Wilheim acrescenta: "O CNDM, no quesito creche, posicionou pela primeira vez o equipamento como um direito à educação da criança e, dessa forma, nos juntamos a diversas organizações nacionais que se alinhavam a esse pensamento. Nos unimos ao movimento que contribuiu com os diversos artigos da Constituição de 1988 que tratam do tema, no capítulo dos direitos dos trabalhadores, das famílias e no famoso artigo 257 que sintetiza todos os direitos das crianças e que será a base do Estatuto da Criança e do Adolescente."

A aliança da comissão de creche do CNDM com os mais diversos setores envolvidos em assegurar esse direito alcançou ainda uma vitória importante no Dispositivo Constitucional que diz, em seu artigo 7, inciso XXV: "são direitos dos trabalhadores urbanos e rurais (...) assistência gratuita aos filhos e dependentes desde o nascimento até 5 (cinco) anos de idade em creches e pré-escolas." Celina Albano, da direção do CNDM, menciona as articulações com a classe trabalhadora que deram origem a esse texto: "O clima era de conquistas: 'temos que abrir caminhos, temos que enfrentar'. Não estávamos sozinhas. Coordenamos encontros de mulheres dos mais diversos segmentos sociais para conversar com sindicatos de trabalhadoras rurais, com sindicalistas do ABC, com associações de trabalhadoras domésticas, com mulheres negras. Então tudo isso replicava, não eram ideias partidas. O Conselho tinha uma visibilidade política e social muito grande, apesar dos embates que também refletiam muitas vezes os conflitos dos movimentos sociais, que, naquela época, também estavam muito fortalecidos. Foi uma conjuntura que nos ajudou muito para fazer o que pretendíamos e executar nossas propostas."

Outra categoria de trabalhadores, majoritariamente feminina e negra, é a de empregadas domésticas. Até a Constituição Federal elas não tinham direitos trabalhistas nem benefícios sociais equivalentes aos de outras categorias. Era um trabalho sem limite de horário, invisível e isolado nos espaços atomizados das residências particulares. Sem um sindicato que as representasse, estavam organizadas em associações. Foram guerreiras em todo o processo constituinte e o CNDM as apoiou em sua luta por dignidade e direitos trabalhistas. O tema recebeu a atenção de Bené e Maria Betânia.

Bené: "Essa luta que a gente travou pelas trabalhadoras domésticas na Constituinte tem que ficar conhecida. A maioria dos trabalhadores domésticos são mulheres, e são mulheres negras. Foi uma grande batalha. E, nesse contexto da Constituinte, as parlamentares e o Conselho tiveram um papel muito importante."

Maria Betânia: "Outra coisa a ressaltar é a questão do trabalho doméstico. As trabalhadoras domésticas daquela geração sempre se referem ao apoio do Conselho, que foi um marco fundamental na história delas. Porque conquistaram outro patamar de direitos, e conquistaram também seu reconhecimento como trabalhadoras. Elas eram organizadas em associações e conseguiram a categoria de sindicato na Constituição. E nós asseguramos a presença delas lá no Congresso. Elas tiveram grandes lideranças."

Esse processo de vitórias e embates culmina com a Constituição promulgada em outubro de 1988, que traz a marca da luta do movimento de mulheres em sua diversidade: feministas, sindicalistas, estudantes, profissionais, acadêmicas, mulheres negras, mulheres rurais e indígenas. Um capítulo vitorioso na história da luta das mulheres por seus direitos, e que se encerra quando cerca de 80% das proposições daquela Carta foram incorporadas ao texto constitucional. Levaram, também, a mudanças posteriores nos Códigos Civil, Penal, em leis complementares, e à criação de novas leis, políticas públicas e serviços.

São muitas as proposições que marcam um patamar de igualdade na Constituição e que afirmam direitos fundamentais para o exercício da cidadania das mulheres, como a extensão da licença-maternidade para 120 dias; a licença-paternidade; o direito das mulheres em situação prisional de amamentarem seus filhos; o direito da mulher rural à propriedade da terra; os direitos trabalhistas e benefícios sociais de empregadas domésticas; o reconhecimento, por parte do Estado, de sua própria responsabilidade em coibir a violência intrafamiliar; o direito da mulher a decidir, sem coerção, sobre ter filhos e a obrigação do Estado em fornecer informação e meios contraceptivos; a igualdade de direitos na sociedade conjugal. Essas proposições vão levar a leis que regulamentam esses dispositivos constitucionais, como a Lei do Planejamento Familiar, a Lei Maria da Penha, e a mudanças em legislações trabalhistas e políticas públicas.

Eleonora Menicucci conclui: "O caminho foi percorrido. Então eu acho importante o resgate dessa institucionalidade do Conselho, pois eu acho que nós fomos pioneiras nesse sentido da institucionalidade das lutas no país. Acho, não! Nós fomos pioneiras na institucionalidade."

O QUE NÃO CONSEGUIMOS

As nossas vitórias não foram apenas pelo o que foi incluído na Constituição, mas também pelo que impedimos que fosse incluído, e que implicaria em retrocessos. Maria Betânia pontua: "O Conselho era uma construção política superimportante da democracia participativa, uma forma de ampliar decisões, uma forma mais democrática de relação com o Estado. Eu acho que o que não conseguimos conquistar no processo constituinte também significa uma conquista, porque foram questões que reverberaram e se tornaram da esfera pública. Questões importantes do movimento feminista deram um salto, e se transformaram em conflitos da esfera pública brasileira."

Uma dessas interdições está nas dificuldades em se estabelecer o direito ao aborto. Havia, no Brasil, um movimento para impedir o exercício do direito à interrupção da gravidez em qualquer circunstância e que se propunha a incluir no texto constitucional a expressão "direito à vida desde a concepção". Assim não seria mais possível interromper a gravidez em casos de estupro ou de risco de vida da gestante, casos que não são criminalizados pelo Código Penal de 1940. Seria uma proibição total. Esse movimento conservador se intitulava Pro-Life e era internacional. Acabara de ter sucesso nas Filipinas, onde conseguira influir na sua Constituição, e desembarcava no Brasil com recursos e aliados internos religiosos e laicos. Tinha apoio de igrejas Evangélicas e da igreja Católica. Era poderoso.

Com o conhecimento profundo que o CNDM havia adquirido sobre o perfil dos constituintes, sabíamos que havia no Congresso um grupo ideológico a favor da proibição total do aborto, poucos defensores de sua descriminalização e uma massa de parlamentares que se sentia incomodada com esse debate, e que não se comprometeria em assegurar o direito à interrupção da gravidez. Para eles, esse tema era uma batata quente que não queriam segurar. O *lobby* atuou, então, para que o texto constitucional não apresentasse o chamado discurso pró-vida.

Jacqueline comenta a polêmica questão: "Elaboramos, então, uma estratégia bem-sucedida no sentido de que a questão do aborto não fosse matéria constitucional. Estávamos – nós do Conselho e os movimentos feministas – conscientes de que seria praticamente impossível passar uma emenda de descriminalização do aborto e muito assustadas com a possibilidade de inclusão da defesa da vida desde a concepção. As feministas desenvolveram uma campanha para apresentar uma emenda popular pela descriminalização como um contraponto à proposta de banir totalmente essa prática. Ao mesmo tempo, o CNDM trabalhava pelo caminho do meio, ou seja, que nada constasse na Constituição."[157]

Leonor Paiva acrescenta: "Na área dos direitos individuais, a batalha foi terrível, porque o *lobby* religioso queria que se aprovasse uma emenda em que se garantiria o direito à vida desde a concepção, eliminando-se a possibilidade de que o aborto fosse praticado em casos de estupro e para salvar a vida da mulher, como já era previsto no Código Penal. Aliás, essa emenda, se não me falha a memória, voltou ao plenário. Todas nós fomos em peso para essa votação. Conversamos com um número grande de constituintes, lideranças, vice-presidentes e quem mais fosse necessário. Naquele momento, não teríamos nada a ganhar. Já estava claro que a permissão do aborto era matéria perdida. Havia mais chances de se aprovar a emenda com a ressalva desde a concepção. Por isso centramos em não perder o que já tínhamos no Código Penal. No dia da votação, as galerias estavam cheias de religiosos, inclusive freiras e outros. Mas, ao fim, acabou saindo vitoriosa a tese de que a matéria aborto deveria ser tratada em lei ordinária. A tese 'desde a concepção' foi derrotada."

Essa estratégia manteve o aborto fora da Constituição e assegurou o direito de recorrer ao abortamento voluntário nos casos de risco de vida e estupro, já previstos no Código Penal, e de abrir outras circunstâncias futuramente. Gloria Marcia conclui: "Não obtivemos algumas bandeiras importantíssimas, por causa do con-

---

[157] Ainda hoje, o Brasil tem uma das legislações mais restritivas do mundo com relação ao aborto. Além disso, como discutimos neste livro, as mulheres encontram mil empecilhos quando procuram os serviços de saúde para exercerem um direito assegurado desde 1940.

servadorismo, como é a questão da despenalização do aborto. É inexplicável que o Brasil esteja ainda nessa posição, nessa situação."

Não conseguiríamos incluir o direito ao aborto na Constituição porque temas ligados à sexualidade e à reprodução eram um território em disputa, com adversários poderosos como as igrejas, além de uma moral secular que insistia em negar autonomia, prazer, respeito às mulheres.

Outra pauta que não foi incluída na Constituição, a da orientação sexual, representou uma derrota. No entanto, o tema enfrentou fortes barreiras e preconceitos. No início dos anos 1980, era ainda tímido o movimento LGBT no Brasil, mas à medida que avança o HIV/Aids e o estigma social sobre a população homossexual, crescem a resistência, voz e o impacto desse movimento. Um dos grupos então muito presentes nessa luta, era o Triângulo Rosa, que também atuava fortemente junto aos constituintes. Entretanto, a orientação sexual não foi inscrita na nova Carta como parte dos direitos humanos, como comenta Bené: "Outra coisa muito interessante, e que eu defendi na subcomissão em que eu estava, foi a questão LGBT. Chamei o Triângulo Rosa, nós fizemos discussões e eu e Genoino [deputado pelo PT] defendemos na Constituinte a orientação sexual. Na subcomissão, aquele pessoal da igreja Católica, todo de preto, pátria, família, pastores e todo mundo, quase acabaram comigo. Eu disse 'Não, nós estamos numa Constituinte, nós temos que ouvir todos os segmentos. Por que nós não vamos ouvir o Triângulo Rosa? Vamos ouvir o Triângulo Rosa, e eu vou colocar essa emenda, e colocamos.'"

resis
mites
estad

CAPÍTULO IX

RESISTIMOS:
OS LIMITES DO ESTADO

Nossas conquistas puseram em xeque e ameaçaram estruturas patriarcais seculares de poder, porque denunciavam o racismo, quando se celebrava o mito da democracia racial, denunciavam a violência no campo e a violência no lar e demandavam autonomia sexual e reprodutiva para as mulheres.

À medida que o Conselho avançava em suas propostas e em sua inovadora e democrática forma de fazer política, ganhava em legitimidade e se fortalecia como uma instituição eficiente na conquista de seus objetivos. Mas não navegava em mares tranquilos. Seu sucesso era inversamente proporcional à oposição que ia crescendo nos setores conservadores do governo e da sociedade. O Brasil patriarcal, oligárquico, racista e conservador reagia aos ventos da redemocratização e da Constituinte que sacudiram e desorganizaram estruturas seculares de poder. Embaladas por esses ventos, entramos, confiantes, nos corredores e rituais do poder institucional, como comentam nossas companheiras, destacando o dissenso que presenciaram ao atuarem no CNDM.

Jacqueline Pitanguy analisa essa posição: "Nossas vitórias foram alcançadas porque nosso compromisso era com a agenda dos direitos das mulheres. Vivíamos uma espécie de esquizofrenia. Éramos um órgão de governo, mas era nosso compromisso com os movimentos de mulheres que guiava nossos passos pelos corredores e gabinetes do Congresso. Caminhávamos pelo Congresso vestidas de governo, mas representando a sociedade civil."

Maria Betânia Ávila comenta: "Como subjetividade, não nos sentíamos confortáveis ali dentro [no Estado], tanto que éramos constantemente questionadas e colocadas sob tensão pelo lado de lá. Era um lugar em que havia um estranhamento. Isso era muito importante porque mostrava que, de fato, não houve fusão."

Schuma Schumaher também fala desse lugar ocupado pelo CNDM: "Nosso comportamento era muito de movimento social lá dentro da estrutura do Estado. Tínhamos uma liberdade imensa e total para criticar muito o Estado ao qual nós pertencíamos. Então a gente fazia com grande tranquilidade porque nunca na vida se imaginou que tínhamos que ter certo cuidado."

Maria Betânia reitera: "Acho que, no Conselho, havia uma coisa própria do sujeito político radical. A gente era e não era, entendeu? A gente estava dentro daquele órgão, em uma instância que fazia parte da democratização do Estado, mas negamos nosso pertencimento àquele Estado que era patriarcal, machista, racista."

Eleonora Menicucci complementa lembrando a orientação política de grande parte das integrantes do CNDM: "E nós todas que abraçamos o feminismo, nós viemos da luta de esquerda. Nós somos do campo de esquerda. Então era uma ambiguidade."

Não há um momento exato para definir a oposição ao CNDM por parte do governo federal. Mas é possível identificar alguns temas cruciais que o colocaram em risco: racismo, violência no campo, direitos e benefícios sociais e trabalhistas.

Se as iniciativas do CNDM já eram recebidas com críticas e suas vitórias vistas com temor pelo governo, o seu compromisso com agendas da sociedade civil e distanciamento da posição oficial ficou evidente na comemoração dos cem anos da Abolição da Escravidão em 1988. Enquanto o governo, temeroso de levantar o tema do racismo em um país que construíra o mito da democracia racial, celebrava com festas essa data, o CNDM desenvolvia atividades de reflexão e denúncia, demonstrando que o racismo que marca a trajetória de vida das mulheres negras não era uma questão periférica, e sim central. Sueli Carneiro aponta para essa tônica: "Acho que, para todas nós que atuamos nesses órgãos de promoção de igualdade de gênero e raça, fica sempre claro, em determinado momento, que o compromisso e apoio da liderança política às politicas públicas para a promoção de mulheres e negros é parte essencial da possibilidade de sucesso da nossa agenda nas instituições públicas. Outro determinante fundamental é o apoio e a parceria com os movimentos e organizações de mulheres."

Com esse comprometimento, a Comissão programou uma série de eventos para denunciar e analisar o racismo no Brasil: campanha de comunicação, seminários e um tribunal simulado. A campanha para a televisão, veiculada também em cartazes e outdoors, trazia a imagem de uma mulher negra que trançava o cabelo de uma menina, que perguntava: 'Mãe, o que vou ser quando crescer?' 'Você vai ser uma mulher negra, linda e livre, vivendo em um país que vai te respeitar como negra e como mulher.'"

Os seminários, realizados na Faculdade de Direito do largo do São Francisco, São Paulo, apresentavam dados e evidências sobre a condição das mulheres negras em diversas dimensões, como trabalho, cultura, imagem, saúde e educação. Sueli descreve as atividades: "Desenvolvemos, ao longo de todo o ano de 1988, um conjunto de seminários que aprofundaram as diferentes dimensões em que o racismo e a discriminação contra as mulheres negras se manifestam, produzindo efeitos perversos para a sua inserção social, ou melhor, denunciando as condições que determinam a sua radical subalternidade social. (...) Esse conjunto de seminários encontraria o seu ápice no júri simulado concebido para julgar a Lei Áurea e os cem anos da abolição e a sua capacidade ou não de inclusão social, sobretudo das mulheres negras." O tribunal, que ganhou o nome de Winnie Mandela, foi organizado como um júri simulado, com texto de autoria de Joel Rufino dos Santos, que descrevia o racismo vivido por uma mulher negra de mais de cem anos. Sueli narra os acontecimentos em torno do evento: "Grandes momentos, embates, desafios e conquistas. Entre os muitos embates que tivemos que fazer, sem dúvida o tribunal Winnie Mandela foi o mais desafiador. Colocou em xeque todo o posicionamento político do Conselho em relação ao centenário da abolição, que motivou a proposta de criação do Programa Nacional da Mulher Negra, concebido, desde sempre, como a oportunidade de visibilizar as desigualdades raciais e de gênero enfrentadas pelas mulheres negras cem anos após a abolição da escravidão. Propomos dar o nome de Winnie Mandela a este tribunal, o que provocou uma verdadeira hecatombe no Ministério da Justiça, sobretudo no Itamaraty que, de diferentes maneiras, nos pressionou a desistir do nome por tudo que ele associava à situação das mulheres negras sul-africanas sob o jugo do apartheid, tudo que contrariava o tom celebrativo que o governo pretendia dar ao centenário da abolição e tudo o que nós, ativistas negros, pretendíamos afirmar naquele contexto: que a abolição permanecia uma obra inconclusa, perversa e injusta, sobretudo para as mulheres negras. E a Jacqueline [Pitanguy] foi o alvo principal de todos os ataques e ameaças vindas da cúpula do Ministério da Justiça e do Ministério das Relações Exteriores. E o Tribunal Winnie Mandela só aconteceu, e com o sucesso extraordinário que foi, por sua firmeza, coerência política e impressionante dignidade ao enfrentar aquelas autoridades e assegurar a sua realização, da maneira, e com toda a radicalidade, com que ele estava desenhado pelo Programa Nacional das Mulheres Negras."

Ainda com relação ao evento, Sueli afirma: "A ideia do tribunal era fazer o julgamento simbólico da Lei Áurea, ver no que ela resultou e discutir isso. (...) Ele teve expoentes como o Cláudio Mariz de Oliveira, um dos advogados que fizeram o júri simulado; Rodolfo Konder, da Anistia Internacional. Nós chamamos grandes personalidades, como: Lélia Gonzalez, Benedita da Silva e Eliane Potiguara. Foi uma iniciativa portentosa, mas foi um elemento de muita fricção na relação do Conselho com o Estado"[158]

Acreditávamos estar construindo uma nova democracia, em que o reconhecimento do racismo era fundamental para esse ideal de igualdade que queríamos que fosse afirmado na Constituição e incorporado ao nosso cotidiano.

Mas não era assim.

Jacqueline relembra o seu embate com o ministro da Justiça Paulo Brossard: "Eu me lembro como se fosse hoje. Atravessei a esplanada e fui ao Itamaraty, falar com o embaixador Paulo de Tarso Flecha de Lima, que era o secretário-geral, para dizer, com muita alegria, que íamos organizar esse tribunal e queríamos que o Itamaraty facilitasse o visto para Winnie Mandela. Ele foi cordial. Fui a pé e atravessei de volta para o CNDM contente, admirando o entardecer. Pouco depois, sou chamada ao gabinete do ministro da Justiça. Ao entrar na sala, me deparei com um homem enfurecido que me recebeu aos gritos, dizendo que 'o Conselho era subversivo e queria instaurar o racismo no Brasil, único país do mundo que tinha uma democracia racial', e citou, como exemplo, o fato de Machado de Assis ter sido presidente da Academia Brasileira de Letras. Ainda descontrolado, ameaçou me destituir do cargo, ao que respondi que 'o cargo está à disposição do presidente da República, que foi quem me nomeou', e que o programa seria levado adiante, a não ser que o presidente me destituísse. Disse ao ministro: 'Peço

---

[158] Sueli Carneiro citada por H. B. de Hollanda (org.), op. cit., p. 456.

por favor que não grite, tenho muita dificuldade em ouvir gritos', e pensava em minha mãe, que detestava gritos e dizia que gritaria empobrecia a argumentação. Fiquei calma, mesmo tremendo por dentro, porque tinha a segurança da minha posição. Estava claro para mim de que não continuaria como presidente de um Conselho que não podia denunciar e fazer uma reflexão sobre a discriminação racial contra as mulheres negras. Foi assim um embate tremendo."

Esse embate mostrou claramente os limites da democracia que se estava construindo. Algumas agendas não se encaixavam naquele jogo de poder. Algumas peças tinham que ficar fora do tabuleiro para que o jogo continuasse. O racismo era uma dessas peças.

Ficou evidente a contradição entre um órgão oficial, como o Conselho, que incluía o racismo na equação democrática, e um governo que não o aceitava, porque temia a sua força e seu impacto.

Jacqueline relembra um episódio que corrobora com a constatação de que o CNDM andava na direção contrária à do governo: "Fui chamada por uma pessoa próxima dos militares que me disse: 'Cuidado, você não sabe onde está pisando. Você está se metendo na área de segurança nacional. É uma área perigosa.' Em todos os momentos em que tive medo, e foram muitos, em que me senti ameaçada, senti nosso projeto perigando, eu tive o apoio de minha mãe, Stael: 'Quando for conversar ou discutir com o presidente, o ministro, qualquer autoridade, lembre sempre que são seres humanos como você, são também inseguros, têm insônia e dor de barriga, e também temem você e o que você representa.' Sábia Stael."

Outro grande embate do CNDM com o governo foi a questão da terra e da violência no campo. Novamente ficou explícito o jogo desigual de forças. Um grupo de antropólogos do Ministério da Reforma Agrária coletou um dossiê sobre a violência contra mulheres e crianças nas disputas entre latifúndios e reforma agrária. Bem-fundamentadas, as denúncias demonstravam a vulnerabilidade e o desamparo de mulheres e meninas, e o descaso do governo. Como não encontraram espaço político no Ministério da Reforma Agrária para publicá-lo, os autores procuraram o CNDM, que publicou e divulgou o dossiê, inclusive o enviou à ONU. Era clara a contradição: um órgão de governo dá visibilidade e denuncia a agressão aos direitos humanos, enquanto outro órgão desse mesmo governo fecha os olhos.

Jacqueline fala sobre a publicação: "Organizamos o lançamento desse dossiê no Congresso Nacional com a presença de sindicatos de mulheres rurais. Me emocionei com a força dessas mulheres que participavam cantando, com seus rostos marcados de terra e sol. Então havia um novo ministro da Reforma Agrária, Marcos Freire, que compareceu ao lançamento, apoiando essa nossa iniciativa."

Mas, novamente, o embate no Ministério da Justiça foi duríssimo. Fomos de novo tachadas de subversivas. O governo não era um bloco monolítico, e as disputas internas refletiam os interesses conflitantes da sociedade. Assim como o racismo, a agenda da reforma agrária era também uma carta fora do baralho, uma peça que não se encaixava no xadrez das forças políticas que configuravam a Nova República. Não surpreende que esse tenha sido o primeiro ministério extinto no governo Sarney.

Mas com ou sem Ministério, uma vitória importante do CNDM foi garantir que, na Constituição, fosse incluída uma reivindicação antiga das mulheres rurais: o direito à propriedade da terra, que, no caso da mulher casada, só era conferido ao marido. Esse direito foi assegurado na Constituição Federal de 1988, em seu artigo 189, parágrafo único: "O título de domínio e a concessão de uso serão conferidos ao homem ou à mulher ou a ambos, independentemente do estado civil..."

Direitos e benefícios sociais dos trabalhadores em um país marcado pela desigualdade sempre foram um campo minado e uma zona de conflito na relação capital/trabalho. Outro exemplo da distância entre o CNDM, o governo e o empresariado é a bem-sucedida campanha pela extensão da licença-maternidade para 120 dias, quando a posição oficial era de 90 dias. Schuma Schumaher lembra que o jornal *Folha de S.Paulo* pôs a claro essa contradição e questionou: "Afinal de contas, quem manda no governo?"

Houve uma reação concatenada de setores empresariais. Clamavam que a economia ia desabar com essa licença-maternidade prolongada. Afirmavam, também, que as mulheres seriam as grandes perdedoras, porque ninguém iria contratar uma mulher para trabalhar, para depois engravidar e ficar quatro meses em casa, recebendo salário. Mas o CNDM seguiu com o *lobby* do batom, e campanhas nacionais, com o apoio de sindicatos, associações profissionais, grupos feministas e movimentos de mulheres, foram realizadas. E conseguimos. A Constituição assegura, em seu capítulo dos Direitos Sociais, artigo 7, inciso XVIII: "licença à gestante, sem prejuízo do emprego ou do salário, com a duração de cento e vinte dias".

Outra vitória fundamental do Conselho, que já havia feito a campanha "Filho não é só da mãe", foi a inclusão do direito à licença-paternidade. Essa frase, no inciso XIX do artigo 7º, "licença-paternidade, nos termos fixados em lei", reflete outra grande luta e representa uma mudança cultural radical para aquela época, rompendo com a associação unilateral da figura da mulher com a reprodução humana. Não foi fácil. Os setores empresariais reagiram: "Agora é que o país vai parar mesmo. As mulheres quatro meses em casa e os homens de licença-paternidade tomando cerveja nos bares!"

Jacqueline comenta: "Nos corredores do Congresso, fomos ridicularizadas: 'Mas o que querem essas mulheres? Que coisa absurda essa licença-paternidade. Onde é que elas querem parar? Sem cabimento!' A ideia de que a economia ia parar era alardeada. Então argumentamos com humor e informação, alertando os deputados para a queda na taxa de fecundidade, então em uma média de menos de três filhos ao longo da vida reprodutiva de uma mulher. E calculamos que em cada campeonato mundial de futebol, entre as oitavas, quartas de finais, semifinal e final, os homens passavam mais tempo diante da televisão vendo os jogos do que ficariam desfrutando a licença-paternidade. Uma brincadeira, mas que funcionou."[159]

E a economia não desabou nem as mulheres ficaram desempregadas. Jacqueline reflete sobre a conquista: "Avançamos muito. E tivemos conquistas que mudaram a condição das mulheres brasileiras. Mas criamos um descompasso com o resto do governo, cada dia mais conservador. Havíamos posto o carro na frente dos bois. E não tínhamos mais condição política de continuar a avançar. Sabíamos que corríamos contra o tempo, não no sentido cronológico, mas no sentido político."

Apesar das pressões e embates com o governo, o Conselho Nacional dos Direitos da Mulher era um órgão com grande visibilidade na sociedade, boa acolhida na mídia e apoio de movimentos, associações, sindicatos em todo o país. Não era fácil a sua destruição. Assim, seguiu atuante em meio a ataques de todo tipo. Em 1989, na campanha para a escolha direta do primeiro presidente civil pós--ditadura, colocou, pela primeira vez, a agenda de direitos das mulheres em uma campanha presidencial. Organizou um debate, em cadeia nacional na TV Manchete, em que os candidatos (Aureliano Chaves, Leonel Brizola, Lula, Mário Covas, Paulo Maluf, Roberto Freire, Ulysses Guimarães) compareceram e responderam a perguntas relativas aos direitos das mulheres, inclusive sobre sua posição com relação ao aborto. Fernando Collor de Mello não compareceu.

Jacqueline conta detalhes sobre a realização do programa: "Esse debate presidencial foi único. Nunca se repetiu. E acho que demonstrou a capacidade do Conselho em trazer a temática dos direitos das mulheres para a pauta política. E a força dos movimentos em pau-

---

159 Nesse processo de conseguir a licença-paternidade, o CNDM teve o apoio da bancada feminina e de poucos parlamentares homens, destacando-se o apoio do deputado Alcenir Guerra, que havia sido ministro da Saúde.

tar esse tema na sociedade. Conduzi o programa com a jornalista Marilena Chiarelli, que coordenava a nossa assessoria de imprensa, e me lembro com emoção de ver os candidatos respondendo às mais variadas perguntas, formuladas por organizações de mulheres de todo o país, e tentando acertar. Uma única pergunta foi dirigida igualmente a todos: sua posição com relação ao aborto."

Mas, apesar de sua visibilidade pública, apoio dos movimentos sociais e de suas conquistas – ou talvez por causa delas –, cada vez mais o Conselho se tornava um corpo estranho em um governo agora pautado por forças conservadoras.

O confronto final vem com o novo ministro da Justiça, Oscar Dias Correia, como narra Jacqueline Pitanguy: "Fui à posse de Oscar Dias Correia como novo ministro da Justiça. Poucos dias depois, ele me chama em seu gabinete e declara que, como o CNDM havia alcançado 80% das demandas das mulheres na Constituição, ele se encarregaria de diminuir o orçamento e a ação programática do Conselho em 80%."

Decidido a cortar a independência do Conselho pela raiz, retira-lhe orçamento e interfere em seu quadro de pessoal, em sua autonomia financeira e administrativa, sem as quais tornou-se impossível dar continuidade ao trabalho, uma vez que, como diz Hildete Pereira de Melo: "Na administração pública, se você não tiver recursos, você não existe." As integrantes do Conselho sentiram fortemente as consequências dos cortes.

Maria Betânia Ávila comenta: "A situação já estava ficando mais pesada. Antes, mesmo com conflitos, fazíamos as coisas. Tínhamos ainda um espaço de construção, mesmo que com mais dificuldade. Com a entrada do Oscar, isso se fechou."

Maria Valéria Junho Pena avalia os efeitos da mudança orçamentária no CNDM: "É mais fácil destruir do que fazer. Tem muita negociação, tem que abrir mão de algumas coisas por outras, se constrói aos poucos, e para destruir basta cortar... Fazer toma muito tempo. Precisa-se de muito esforço para construir, é muito aos poucos. Para destruir, basta cortar a verba, 'não nomeio, não assino, pronto, acabou!' Pensando *ex-post*, o momento grande do CNDM terminou ali."

Com o intuito de esvaziar politicamente o Conselho, foram nomeadas doze novas conselheiras, sem qualquer consulta ao CNDM, aos movimentos de mulheres, sindicatos e outras organizações da sociedade civil. Sem recursos, sem autonomia, estava selado seu destino. Nesse momento, havia uma certeza compartilhada por todas: continuar significava cooptação. Em protesto, a presidente, as conselheiras, a maior parte da equipe, com apoio do movimento feminista, pede demissão coletiva.

Maria Betânia relembra: "Fizemos um ato político de demonstração de repúdio. Essa radicalidade [do Conselho] fica evidente, porque quando a autonomia foi ameaçada de restrição, nós, coletivamente, apresentamos nossa ruptura com aquele governo, nossa renúncia, e isso foi fundamental, porque mostrava qual era nossa perspectiva política, e dela não abríamos mão."

Sueli Carneiro: "Durante algum tempo, o CNDM foi o órgão mais respeitado da administração pública do governo Sarney, com amplo apoio da sociedade civil, que extrapolava os movimentos e organizações de mulheres, pela credibilidade e competência com que agenciou as demandas das mulheres. E, por fim e sobretudo, são decisivas a firmeza de propósitos e princípios na ação cotidiana em defesa das mulheres nesses órgãos, e a disposição inegociável de abandonar esses espaços públicos quando não há mais condições políticas e operacionais de cumprir a agenda que para lá nos levou – que foi a decisão radical que tomamos ao renunciar coletivamente aos nossos mandatos e cargos, visto que essas condições já não estavam asseguradas. O abraço final que demos ao prédio do Ministério da Justiça simbolizou e reafirmou a nossa fidelidade e compromissos inegociáveis com os direitos das mulheres. Ou seja, devemos tentar, propor e sustentar sempre que possível a incidência de políticas públicas em prol das mulheres nas instâncias institucionais, e também devemos ser capazes de desistir desse protagonismo quando os seus princípios forem desvirtuados ou manipulados, como assistimos muitas vezes depois."

Essa renúncia coletiva, em 1989, é um fato inédito e pouco conhecido. Em solidariedade, mulheres vindas de diversas partes do país, de grupos feministas, sindicatos, da academia, presidentes dos conselhos estaduais, marcharam junto com a presidente, conselheiras e funcionárias, desde o Ministério da Justiça até o Palácio do Planalto, onde Jacqueline Pitanguy entregou sua carta de demissão.[160]

OF/PRESI/Nº 286/89   Brasília, 21 de julho de 1989.

Excelentíssimo Senhor
Dr. José Sarney
Presidente da República

Participei ativamente do processo de criação do Conselho Nacional dos Direitos da Mulher (CNDM), na certeza de que a redemocratização do país significava também a luta contra as discriminações de sexo e de raça que ainda estabelecem profundas e inaceitáveis hierarquias em nossa sociedade.

Fui indicada pelo Movimento Feminista do Rio de Janeiro e pelo PMDB-Mulher, para o cargo de Conselheira deste órgão, tendo sido nomeada por Vossa Excelência, em 10 de setembro de 1985.

Desde então, minha vida tem se confundido com o CNDM, ao qual me dediquei, com grande entusiasmo, ao longo desses quase quatro anos. Em março de 1986, ao tomar posse como Presidente deste Conselho, o fiz com a certeza da dignidade de suas atribuições e com a preocupação de traduzir tais atribuições em ações programáticas eficientes.

---

[160] A carta de demissão de integrantes do Conselho Deliberativo. Foi assinada por Lélia Gonzalez, Hildete Pereira de Melo, Tizuka Yamasaki, Marina Colasanti, Maria Betânia Ávila, Rose Marie Muraro, Jacqueline Pitanguy.

Acredito ter honrado a confiança em mim depositada por Vossa Excelência. De fato, maximizando os recursos orçamentários e humanos, contando com o apoio do Conselho Deliberativo, do corpo técnico e administrativo do CNDM, e sobretudo, com o apoio do movimento de mulheres, logrei conduzir o Conselho sem que, em nenhum momento, tenha sido questionada a legitimidade de sua atuação.

O CNDM inaugurou uma nova relação entre o Governo e a sociedade civil, na qual o fortalecimento do poder do Estado está intrinsecamente relacionado ao fortalecimento do poder da cidadania.

A articulação permanente com os inúmeros grupos de mulheres de todo o país que expressam a diversidade da inserção da mulher em nossa sociedade, tem pautado nossa atuação. Ao longo desses anos, trabalhando nas áreas de Saúde, Educação, Cultura, Creches, Trabalho e Mulher Rural, Mulher Negra, Legislação, Combate à Violência e, implantando o Centro de Informações e Documentação, desenvolvemos inúmeros programas conjuntos com outros Ministérios e órgãos de governo, apoiamos Encontros e Seminários e produzimos relevante material informativo. Sem dúvida avançamos consideravelmente no conhecimento das diversas discriminações que ainda caracterizam a vivência do feminino no Brasil, atuando decisivamente na construção de uma sociedade onde diferenças de sexo não impliquem desigualdade sociais.

Ao mesmo tempo, o CNDM tem representado o Brasil em diversos foros internacionais, demonstrando claramente às Nações Unidas o empenho do Governo Brasileiro em eliminar todas as formas de discriminação contra a mulher.

Tive a oportunidade histórica de presidir o Conselho no processo de elaboração da nova Constituição e de comprovar, mais uma vez, a eficiência da aliança entre sociedade civil e órgão de governo que resultou na inclusão de cerca de 80% das reivindicações das mulheres no texto da nova Carta.

Entretanto, desde que o Senhor dr. Oscar Dias Correia, ministro de Estado da Justiça, assumiu a pasta, diversos acontecimentos impuseram um panorama preocupante quanto ao futuro do Conselho Nacional dos Direitos da Mulher.

Acredito que tais acontecimentos, como o corte orçamentário da ordem de 70% realizado pelo Ministério da Justiça sem qualquer consulta ou discussão, a exigência e efetivação imediata da redução de nosso já pequeno quadro de funcionários, a devolução para órgãos de origem de funcionários que ocupavam cargos de confiança – DAS – desta Presidência e a interferência nos procedimentos de indicação das novas conselheiras, longe de serem decisões meramente administrativas, fazem parte de um processo de esvaziamento político deste órgão.

Esse conjunto de medidas arbitrárias culminou ao sermos surpreendidas pela publicação, no Diário Oficial de 10 de julho p.p., da nomeação, por Vossa Excelência, de 12 novas Conselheiras.

Essas nomeações desconsideraram indicações anteriormente encaminhadas a Vossa Excelência, provenientes de legal, criteriosa e democrática consulta ao movimento de mulheres, visando garantir neste colegiado, diversas expressões da inserção da mulher em nossa sociedade, como empregadas domésticas, trabalhadoras, mulheres negras, empresárias, acadêmicas, além da representação de diferentes grupos dos vários movimentos de mulheres.

Creio, Senhor Presidente, que a credibilidade de um órgão como o CNDM foi seriamente abalada pelo seu distanciamento do movimento de mulheres, do qual sou proveniente e com o qual reafirmo, neste momento, meu compromisso, ao colocar à disposição de Vossa Excelência, em caráter irrevogável, o cargo DAS-6 de Presidente do Conselho Nacional dos Direitos da Mulher.

Atenciosamente
Jacqueline Pitanguy

O confronto desigual com as forças conservadoras significou o fim daquela história de sucesso, mas não de suas conquistas. Essas ficaram gravadas na Constituição e em leis e políticas que, mesmo sendo ameaçadas e ignoradas por governos transitórios, estabelecem um patamar de cidadania das mulheres brasileiras, embora ainda não plenamente exercida por todas em sua diversidade. A estratégia de participação política no Estado se revelou positiva e conseguiu imprimir uma marca de igualdade de gênero.

Os avanços na Constituição e em políticas públicas quanto à igualdade na família, à violência doméstica e sexual, saúde e aos direitos reprodutivos, creches, maternidade, racismo, direitos trabalhistas e benefícios sociais, mulheres rurais, empregadas domésticas, foram garantidos por meio de uma ação coordenada e eficiente, com muito empenho, militância e compromisso, muita briga e indignação, mas também com muita estratégia, paciência, criatividade, persistência e, necessariamente, diplomacia. Assim se faz a política e as mulheres brasileiras: nesses poucos anos, se fizeram ouvir e representar, e construíram um patamar de igualdade legal.

Isso por si só vale e merece registro.

Terminamos essas memórias com as palavras de Mariska Ribeiro: "E que desperte, em todas nós, mulheres, a consciência do caminho percorrido, do que falta percorrer e, sobretudo, do privilégio que tivemos nascendo e vivendo neste século, em que o mundo mudou por causa da mulher."[161]

---

161 M. Ribeiro, *Rádio do coração*.

as
entrev

AS ENTREVISTADAS

ANA LIESE THURLER (SANTA MARIA, RS, 1944)
Graduada e mestre em Filosofia e doutora em Sociologia, com estágio na Universidade Paris-8. Autora dos livros *Em nome da mãe, O não reconhecimento paterno no Brasil* e *Pós-patriarcado, um tempo em construção*. Esteve presente em espaços governamentais – tais como o Conselho Nacional dos Direitos da Mulher (CNDM), a assessoria de comunicação no período Constituinte e o Conselho dos Direitos da Mulher do Distrito Federal (CDM-DF), na condição de conselheira. Na sociedade civil, participou, por mais de duas décadas, do Fórum de Mulheres do Distrito Federal e Entorno. Atualmente, integra a #partidA. *"Meu encontro com o feminismo foi um processo em que fui passando a olhar o mundo com outras lentes. Pela lente do feminismo, vemos as mulheres com amor e generosidade. Com a lente do feminismo, assumimos cotidianamente a prática da sororidade, do #NósPorNós. E mesmo em tempos muito adversos, o feminismo nos abastece com alegria, com esperança, nas lutas para superarmos o patriarcado."*

ANA WILHEIM (SÃO PAULO, SP, 1957)
Socióloga. Formou-se em Sociologia pela Universidade de São Paulo (USP), em 1982. Na década de 1970, acompanhara o movimento pela redemocratização do país, assim como os movimentos feministas na Europa e no Brasil, nutrindo forte admiração pela esfera da disputa política e pelas mulheres que atuavam nessa luta. Com o nascimento de seu filho, envolveu-se na luta por creches como política pública, atuando com essa agenda no Conselho Nacional dos Direitos da Mulher. Sobre o tema da maternidade feminista, comenta: *"Militância, maternidade e direito à informação foram os caminhos para me forjar feminista democrata de esquerda."*

ANGELA FREITAS (RIO DE JANEIRO, RJ, 1949)
Socióloga. Trabalha como comunicadora social. Na década de 1980, motivada pelo contato com o movimento feminista estadunidense, participou da criação do SOS Corpo (então Grupo de Saúde da Mulher), no Recife, organização que está entre as pioneiras da luta feminista por saúde sexual e reprodutiva no Brasil. Por dezesseis anos, desenvolveu estratégias comunicacionais do grupo, produzindo cartilhas, materiais audiovisuais, livros, vídeos e apresentações de teatro de rua. Participou da construção da Rede Feminista de Saúde e da Articulação de Mulheres Brasileiras. Sócia-fundadora do Instituto Patrícia Galvão, foi

editora do blog *Mulheres de Olho* e desenvolve projetos com diversas ONGs e coletivos feministas. *"Acho que sou feminista desde criança, pois sempre fui rebelde em relação à formação familiar de submissão e recato das meninas e mulheres. O uso de calças e biquínis foi, na minha casa, uma conquista minha e das minhas duas irmãs. Eu era a mais nova das três meninas e fiz parte dessas incansáveis negociações."*

ANNA BRITTO DA ROCHA ACKER (RIO DE JANEIRO, RJ, 1928)
Juíza do Trabalho aposentada. Comenta que, na época de seu ingresso na faculdade de Direito, em 1947, havia apenas cinco mulheres em uma turma de 120 pessoas. Após a formatura no curso de graduação, trabalhou como advogada e, em 1959, foi aprovada em concurso público. Afirma ter sido a única juíza do TRT-1 que se tentou julgar por "subversão" na ditadura. Sobre sua condição de mulher no ambiente do Poder Judiciário, declara: *"Em 1978, fui eleita a primeira mulher presidente da Associação dos Magistrados da Justiça do Trabalho (AMATRA). É sempre um desafio. Deu muito trabalho até porque nenhuma mulher havia sido presidente antes. Não havia tanta mulher assim no Judiciário."*

ANNA MARIA RATTES (RIO DE JANEIRO, RJ, 1939)
Advogada. Foi militante em movimentos estudantis já no colégio. Enquanto cursava a faculdade de Direito, casou-se com um fazendeiro e foi viver no campo. Atuou como secretária de Apoio Comunitário em Petrópolis, na região serrana do Rio de Janeiro. Foi eleita deputada constituinte em 1996, contribuindo para a promulgação de uma Constituição democrática após anos de autoritarismo no Brasil. Foi também presidente do Conselho Estadual da Mulher por dois mandatos, e participou da criação da Subsecretaria Estadual dos Direitos da Mulher. Define como compromisso de vida o seu envolvimento com o feminismo, em suas palavras: *"Trabalhando naquilo em que acredito ser a única maneira de termos um mundo mais justo e igualitário, onde homens e mulheres possam se respeitar e se olhar como quem tem os mesmos direitos, as mesmas oportunidades apesar de todas as diferenças."*

BENEDITA DA SILVA (RIO DE JANEIRO, RJ, 1942)
Formada em Serviço Social e de Estudos Sociais. Deputada federal e assistente social. No campo da política institucional, foi vereadora e deputada constituinte pelo Partido dos Trabalhadores. Única mulher negra no Congresso nessa época, lutou, junto com o Conselho Nacional dos Direitos da Mulher (CNDM), pela garantia dos direitos da mulher na Constituição. Foi senadora de 1995 a 1988, e governadora do Rio de Janeiro entre 2002 e 2003. *"Cheguei ao feminismo descobrindo a mulher como um ser humano capaz de vencer barreiras, se organizar, ter sonhos. Assim me descobri mulher – eu, uma menina estuprada aos sete anos, e quando isso acontece com uma criança, ela volta para o útero. Mas encontrei comigo mesma naquelas rodas de conversa, de formação, primeiro sobre filhos, escola (que não tinha na favela); depois, começamos a falar de nossos corpos, de como era importante cuidar deles, entender nossos sonhos, de ter uma vida própria."*

CARMEN BARROSO (SÃO JOÃO DA BOA VISTA, SP, 1944)
Socióloga, atuou como pesquisadora na Fundação Carlos Chagas, participando de ações e estudos pioneiros sobre gênero no Brasil, e, a partir dos anos 1970, como professora na Universidade de São Paulo (USP). Dirigiu o Programa de Populações e Saúde Reprodutiva da Fundação MacArthur e se tornou diretora da International Planned Parenthood Federation para o Hemisfério Ocidental, em Nova York. Em 2016, recebeu o prêmio Populações das Nações Unidas, que reconhece trabalhos notáveis nas áreas de população e saúde. É membro do Grupo Independente de Especialistas da Estratégia Global da ONU sobre Saúde, Mulher, Crianças e Adolescentes. *"Das minhas múltiplas identidades, há uma que é central: a de feminista. Encontrei as ideias de Simone [de Beauvoir] e de Carmen [da Silva] somente em 1963, e elas deram nome aos sentimentos de inconformismo e rebeldia que eu nutria desde muito cedo."*

CELINA ALBANO (BELO HORINZONTE, MG, 1944)
Doutora em Sociologia e professora. Participou de grupos de reflexão sobre feminismo enquanto cursava o doutorado na Inglaterra (1980). No Brasil, também em 1980, foi uma das fundadoras do Centro de Defesa dos Direitos da Mulher, pioneiro na luta das feministas contra a violência. Ainda nessa década, fez parte da direção do Conselho Nacional dos Direitos da

Mulher, durante os trabalhos da Constituinte. Como professora dos cursos de graduação e pós-graduação da Faculdade de Filosofia e Ciências Humanas da Universidade Federal de Minas Gerais (Fafich-Ufmg), introduziu em suas grades curriculares a questão de gênero. *"Minha compreensão sobre a importância do feminismo foi se desenvolvendo de forma gradual. Sendo assim, precisar com segurança como me descobri feminista não é uma tarefa fácil. Com o passar dos anos, as ideias sobre a importância da liberação feminina tornaram-se mais nítidas, mais maduras. Mas para essa constatação foi fundamental a leitura o livro O segundo sexo, de Simone de Beauvoir, com sua frase contundente e sábia: 'Ninguém nasce mulher; torna-se mulher'. Essas palavras ficaram para sempre gravadas na minha memória e construíram as bases da minha postura feminista."*

CLARA ARAÚJO (TEOFILÂNDIA, BA, 1958)

Socióloga. Professora do curso de Ciências Sociais da Universidade do Estado do Rio de Janeiro (Uerj). Ingressou na universidade em período de efervescência da luta contra a ditadura militar, mergulhando em debates e no ativismo. Em 1982, tornou-se a primeira presidente da União Nacional dos Estudantes (UNE). Cursando o mestrado, participou do primeiro corpo de conselheiras do Conselho Estadual dos Direitos da Mulher (RJ), onde também trabalhou. Seu envolvimento com o feminismo se deu conforme participava de debates políticos. *"Descobri diferenças de tratamentos e de retórica que, mesmo não agressivos, vinham acompanhados dos marcadores de gênero. Creio que foi nesse processo que me tornei feminista. Primeiro mais intuitivamente do que por uma "consciência" crítica. Em seguida, já numa junção de sentimentos, experiências e "consciência crítica classe". A vida cotidiana e seus detalhes, as atividades profissionais e os estudos aos quais me dedicava mais e mais iam consolidando esse "sentido de ser feminista na vida". Quanto mais pesquiso e dou aulas, mais me convenço de que o feminismo é algo mais amplo, é um projeto emancipatório e humanista."*

COMBA MARQUES PORTO (RIO DE JANEIRO, RJ, 1945)

Graduada em Letras e em Direito, é juíza aposentada e presidente do Conselho Diretor da ONG Cepia Cidadania - Estudos, Pesquisa, Informação, Ação. No curso de Letras, ao fim da década de 1960, engajou-se no movimento estudantil, vinculando-se ao Partido Comunista Brasileiro. Na década de 1970, formada em Direito, recebeu o convite de Branca Moreira Alves a participar da criação do Centro da Mulher Brasileira. Foi assessora técnica do Conselho Nacional dos Direitos da Mulher, tendo atuado na Constituinte. *"Os amigos do PCB não aprovaram tal envolvimento. A eles dei um gentil bye bye e abracei a causa feminista. Foram anos de ativismo feminista e de reflexões sempre sintonizadas com a realidade das mulheres brasileiras. Passei a atuar pela remoção do lixo discriminatório contido em nossa legislação, sobretudo durante o período da Constituinte. A partir de 1995, em virtude da aprovação em concurso para a magistratura, estive por um tempo obrigatoriamente ausente. Após a aposentadoria, respirando novos ares, reconectei-me ao movimento. Decidi pesquisar sobre a vida e a obra da escritora Carmen da Silva, do que resultou a publicação do livro* A arte de ser ousada: uma homenagem a Carmen da Silva.*"*

DINORAH MARIA DO CARMO (SANTO ANTÔNIO DO MONTE, MG, 1943)
Comunicadora social e escritora memorialista. Ex-presidente do Sindicato de Jornalistas Profissionais de Minas Gerais (1999-2002), declara ter sido a primeira mulher presidente de um sindicato no Brasil. Foi diretora do Centro de Defesa dos Direitos da Mulher (1980-1983). É a atual conselheira da Casa do Jornalista de Minas, que também presidiu entre 1987 e 1890. *"Atravessei minha existência lutando por igualdade, por reconhecimento de valores femininos, defendendo-me e defendendo mulheres conhecidas e desconhecidas. Burilada pelos livros, cinema, teatro, meios de comunicação e gente feminista, hoje, aos 78 anos, digo em silêncio e aos brados:* "Assim é. Assim tem sido!"*"*

ELEONORA MENICUCCI DE OLIVEIRA (LAVRAS, MG, 1944)
Professora titular na Universidade Federal de São Paulo (Unifesp), ex-ministra da Secretaria de Políticas para as Mulheres no governo Dilma Roussef (2011-2016). Militou no Partido Comunista Brasileiro (PCB) e no Partido Operário Comunista até, em 1971, ser presa junto com o marido, na Operação Bandeirantes-Oban-Doi-Codi. Na prisão em que esteve por três anos, em São Paulo, sofreu severas torturas. Após ser solta, retomou o curso de graduação em Ciências Sociais, fez mestrado na Universidade Federal da Pa-

raíba (Ufpb), doutorado em Ciência Política na Universidade de São Paulo (USP) e pós-doutorado na Faculta de Medicina di Milano. Sua relação com o feminismo ganhou força enquanto vivia a violência do período ditatorial: "*Na tortura, eles ameaçavam de torturar minha filha na minha frente o tempo todo. Isso fez com que eu resignificasse toda a minha visão de mundo na perspectiva feminista, uma vez que só fizeram isso comigo e não com o pai dela. A ressignificação foi impulsionada pela seguinte pergunta que eu me fazia; por que só fizeram comigo? E a resposta veio imediatamente: por eu ser mulher. (...) Nesse momento, o feminismo tomou conta de minha vida.*"

ELIZABETH FLEURY-TEIXEIRA (CURITIBA, PR, 1955)
Socióloga, jornalista e poeta. Neta de imigrantes poloneses, vê em sua família um exemplo de rebeldia e voz política. Esteve entre as organizadoras, em 1975, do seminário Mulher Brasileira em Debate. Em celebração ao Ano Internacional da Mulher, o evento contou com grande adesão, reunindo nomes da intelectualidade da época e estudantes. Anos depois, em 1980, participou da criação do Movimento "Quem ama não mata", em Belo Horizonte, e se orgulha de vê-lo ressurgir em anos mais recentes. "*Eu poderia contar de várias maneiras a mesma história sobre como me tornei feminista: porque não suportava a dominação; porque sempre tínhamos muito a perder; porque tínhamos muito a ganhar (...). Algumas de nós rompemos com a ordem porque sonhávamos com tudo o que as mulheres poderiam obter de sua luta. Eu fui uma delas.*"

ELMODAD AZEVEDO (MACEIÓ, AL, 1947)
Jornalista e funcionária pública aposentada do CNPq. Trabalhou no Conselho Nacional dos Direitos da Mulher, e deixou o posto por escolha. Mudou-se, então, para São Paulo para, junto de Sueli Carneiro, trabalhar no Geledés. Narra que se aproximou do feminismo em sua rotina, marcada pelo racismo, e também ao se integrar ao movimento negro: "*Me aproximei do feminismo através do movimento negro, principalmente por influência da Sueli Carneiro. (...) Naquele tempo o feminismo não era forte dentro do movimento negro. Hoje, sim, as mulheres feministas negras mais jovens deram um* **upgrade** *ao movimento negro.*"

EUNICE GUTMAN (RIO DE JANEIRO, RJ, 1941)

Cineasta. Para ajudar sua mãe, viúva, a manter a casa, começou a trabalhar antes da adolescência e logo se tornou professora. Estudou Ciências Sociais na Faculdade Nacional de Filosofia (FNFi) e cinema na Bélgica. Trabalhou em produções no exterior e, ao regressar para o Brasil, nos anos 1970, começou a se reunir com grupos de reflexão. Participou, então, das atividades do Centro da Mulher Brasileira, do Coletivo de Mulheres do Rio de Janeiro e do Conselho Nacional dos Direitos da Mulher. Nas preparações para a Constituinte de 1988, foi até Brasília para filmar as 26 mulheres eleitas deputadas federais no Congresso Nacional. Em relação à sua história com o feminismo, narra: "*Desde que eu era estudante, pensava na situação da mulher na sociedade. Li os livros de Simone de Beauvoir, principalmente O segundo sexo, ainda antes de entrar na universidade. Era muito intenso, e fiquei impressionada com a frase "Não se nasce mulher, torna-se mulher." Com mais leituras, pesquisas, cheguei a uma clareza do que era o patriarcado. E daí uma luta sem parar, na vida e no trabalho com o cinema.*"

EVA BLAY (SÃO PAULO, SP, 1937)

Socióloga e ex-senadora (1992-1995). De família judia, contou com o incentivo de familiares para se dedicar aos estudos. Assim, cursou graduação, mestrado e doutorado em Sociologia, e pós-doutorado em Ciências Sociais em Paris. Na Universidade de São Paulo (USP), criou o primeiro curso de graduação e pós-graduação sobre a mulher. Publicou os livros *Trabalho domesticado*, *Mulher, escola e profissão*, *Eu não tenho onde morar: vilas operárias na cidade de São Paulo*, *Assassinado de mulheres e Direitos Humanos*, entre outros. Conta que abraçou o feminismo durante os Anos de Chumbo no Brasil: "*Logo veio a ditadura. Entrei de cabeça no movimento feminista. Não era partidário. Eram reuniões. Tinha uma grande liderança da Ruth Escobar. Ela fazia almoços na casa dela. Ou a gente se encontrava no teatro. No fundo, a gente vai fazendo o que precisa ser feito, não mede o custo, encontramos empecilhos, superamos – juntas, separadas, trazendo mais jovens, ou mais velhas.*"

GILDA CABRAL (FORTALEZA, AL, 1948)
Economista, administradora e especialista em planejamento governamental. Seu envolvimento com a política teve início na juventude, quando participou de movimentos estudantis de combate à ditadura e ao AI-5. Após concluir seu mestrado, foi aprovada em concurso público e passou a trabalhar como gestora para Sistema de Planejamento do Governo Federal (1973). Em 1985, ingressou no Conselho Nacional dos Direitos da Mulher (CNDM), onde atuou como coordenadora da Comissão Mulher e Constituinte e do Centro de Estudos, Documentação e Informação sobre a Mulher (Cedim). Atuou na área de Reforma e Modernização Administrativa do Serviço Público até aposentar-se pelo Ipea. Com quatro ex-integrantes do CNDM, fundou o Centro Feminista de Estudos e Assessoria (Cfemea), onde trabalha até hoje. *"Ironia do destino, foi como burguesa e militante feminista que descobri como contribuir para um mundo melhor (...). Aproximei-me do feminismo no Conselho, onde tive a consciência da amplitude mundial que é essa luta pela autonomia e plena cidadania das mulheres, e pela erradicação de preconceitos e discriminações. E continuo nessa estrada até hoje."*

GLORIA MARCIA PERCINOTO (RIO DE JANEIRO, RJ, 1948)
Advogada, aposentada pelo Ministério Público do Estado do Rio de Janeiro e pela Universidade do Estado do Rio de Janeiro (Uerj). Da escola à pós-graduação, estudou apenas em instituições públicas de ensino, e considera que sua formação passa também pelo fato de ter sido bandeirante por cerca de dez anos. Na década de 1960, viveu o movimento estudantil de 1968 e a prisão política. Participa das reivindicações por direitos humanos fundamentais e, em especial, das lutas feministas. Em companhia de colegas, fundou a OAB-Mulher e integrou os Conselhos da OAB-RJ e os Conselhos Estadual e Nacional dos Direitos da Mulher. Comenta seu vínculo permanente com o movimento de mulheres: *"O feminismo me encontrou no mercado de trabalho, na advocacia, e dele não me separei mais."*

HILDETE PEREIRA DE MELO (PORTO REAL DO COLEGIO, AL, 1943)
Professora na Faculdade de Economia da Universidade Federal Fluminense (UFF). Envolveu-se com a política na década de 1960, participou da resistência estudantil para garantir a posse do vice-presidente da República João

Goulart. Tornou-se militante estudantil e, ao mudar-se para a França, assistiu ao movimento contracultural de 1968. De volta ao Brasil, encontrou o feminismo na vida acadêmica e na resistência ao regime militar. Foi, então, integrante do Conselho Nacional dos Direitos da Mulher (CNDM) nos anos de 1985-1989, e atuou como gestora da Secretaria de Políticas para as Mulheres da Presidência da República nos governos Lula e Dilma Rousseff. Como professora na pós-graduação, desenvolve uma pesquisa feminista, publicando livros e outros textos sobre economia e feminismos. Narra como permanente o seu envolvimento com a luta política: *"A partir de 1976, mergulhei de cabeça na militância feminista (...). Militei também no MDB, partido de oposição. E desde então a mocinha dos anos 1960 trilha este caminho, da vida acadêmica à política, numa jornada em torno da construção de uma sociedade justa e igualitária."*

IÁRIS RAMALHO CORTÊS (MOSSORÓ, RN, 1940)

Advogada. Em 1977, foi convidada para assistir à votação da Lei do Divórcio no Congresso Nacional, e relata que teve a sua primeira visão de um movimento de mulheres ao ver o número delas que torciam pela aprovação do projeto. Trabalhou no Conselho Nacional dos Direitos da Mulher (CNDM), de 1985 a 1988. Na Comissão de Legislação, durante a Constituinte, encontrou a base para que, juntamente com outras quatro mulheres, formasse uma organização feminista e antirracista – o Cfemea. Hoje integra o colegiado do Cfemea, o Consórcio da Lei Maria da Penha e o grupo de advogadas feministas Mariettas Badernas. Trabalha também como ceramista. Sobre o feminismo, comenta: *"Quando fui trabalhar no Conselho Nacional dos Direitos da Mulher, escutando as feministas descobri que eu era uma delas, pois pensava com minha cabeça, procurava decidir meu destino e buscava interferir nos assuntos da minha casa, minha cidade, meu país e do planeta Terra."*

INGRID STEIN-KRIER (PETRÓPOLIS, RJ, 1944)

Formada em Letras. Concluiu a graduação no Ceará, em 1969, e, em 1975, participou do Seminário na ABI, no Rio de Janeiro, experiência que considera decisiva por ter lhe mostrado que partilhava a luta com muitas outras mulheres. Em 1982, doutorou-se na Alemanha. Trabalhou como professora de Alemão e Português e publicou o livro *Figuras femininas em Machado de Assis*. Narra que seu primeiro contato com o feminismo se deu pela leitura de uma entrevista de Leila Diniz ao jornal *O Pasquim*, em 1969. *"A Leila Diniz dizia claramente, com todas as letras, que era dona do seu nariz. Senti, de alguma maneira, que aquela entrevista era uma bomba. E foi mesmo. Ainda mais em tempos de plena ditadura. Foi por essa época que comecei a refletir melhor sobre a situação da mulher. Sobre o papel que a sociedade reservava à mulher, e por conseguinte, a mim. Decisivo para mim foi a participação no seminário da ABI no Rio em 1975. Lá percebi que nao estava sozinha nesta luta."*

LEILA ARAÚJO (SÃO GONÇALO, RJ, 1964)
Professora e técnica de administração em saúde, associada ao Programa em Gênero, Sexualidade e Saúde, do Instituto de Medicina Social da Universidade do Estado do Rio de Janeiro (IMS-Uerj). Aos 23 anos, começou a trabalhar no Conselho Estadual dos direitos da Mulher, onde ficou por onze anos. Depois de assessorar Branca Moreira Alves, Ligia Doutel de Andrade e Anna Maria Rattes, ocupou a presidência do órgão, sua última função no Cedim. Seguiu a carreira profissional como gerente de projetos no Centro Latino-americano em Sexualidade e Direitos Humanos (Clam-IMS-Uerj), atuou por quinze anos. Orgulha-se de suas escolhas de vida e de seu ativismo feminista no Cedim. *"Fui forjada no feminismo e, sendo de uma família em que as mulheres sempre assumiram o protagonismo das suas vidas, a minha atuação profissional só ratificou aquilo no que eu sempre acreditei."*

LEILA LINHARES BARSTED (RIO DE JANEIRO, RJ, 1945)
Formada em Direito, é professora emérita da Escola da Magistratura do Estado do Rio de Janeiro (Emerj). Envolveu-se com o movimento estudantil no colégio, e a participação na política teve continuidade enquanto frequentava a faculdade. Em 1973, ingressou no mestrado em Ciência Política e, em 1975, participou da organização do seminário de nome O papel e o comportamento da mulher na sociedade brasileira, na sede da ABI. No mesmo ano, foi uma das fundadoras do Centro da Mulher Brasileira. Junto com Branca, Mariska, Sandra e Jacqueline criou o grupos feminista Ceres, que se mantém através dos tempos. Participou do processo de redemocratização do país,

contribuiu para a inclusão dos direitos das mulheres na Constituição de 1988. É fundadora e coordenadora-executiva da Cepia Cidadania – Estudos, Pesquisa, Informação, Ação, junto com Jacqueline Pitanguy. Integra também a Comissão de Especialistas do Mecanismo da OEA, que acompanha a implementação da Convenção Interamericana para Prevenir, Punir e Erradicar a Violência contra a Mulher (Mesecvi). Faz parte do grupo de operadoras do Direito, que elaborou o texto base da Lei Maria da Penha. Foi editora da *Revista Estudos Feministas* e diretora de pesquisa e documentação da OAB-RJ. Sobre o feminismo, declara: *"Creio que sempre fui feminista e esquerdista."*

LEILAH BORGES DA COSTA (URUGUAIANA, RS, 1935)

Advogada. Formou-se em Direito em 1971. Colaborou como advogada do Conselho Estadual dos Direitos da Mulher, no Rio de Janeiro, e do primeiro Conselho Nacional dos Direitos da Mulher. Trabalhou no quadro auxiliar da Ordem dos Advogados do Rio de Janeiro (OAB-RJ) e, com colegas feministas do Rio de Janeiro e de São Paulo, fundou a OAB-Mulher. Quanto ao seu primeiro contato com o feminismo, relata: *"Trabalhei como secretária-executiva do presidente da Olivetti. Durante esses cinco anos, fiz brotar em mim, sem que me desse conta, o feminismo que ainda desconhecia conscientemente. Não tolerava o mando vertical a que nós mulheres éramos submetidas pelos diretores da empresa. Em 1972, comecei a advogar como profissional autônoma, e nunca mais parei até hoje. No meio da advocacia, e liderada por colegas feministas, adotei o Movimento de Mulheres como meu norte."*

LEONOR NUNES DE PAIVA (RIO DE JANEIRO, RJ, 1950)

Advogada e procuradora do Estado do Rio de Janeiro. Participou do movimento estudantil na faculdade, até se formar, em 1974. Seu primeiro contato com o movimento feminista deu-se em 1975, na luta geral contra a ditadura militar, quando companheiras do movimento estudantil a convidaram para assistir ao célebre Seminário da ABI. Em 1977, já participava de reuniões e do grupo Mulher e Trabalho no Centro da Mulher Brasileira (CMB). Foi uma das integrantes do escritório de advocacia feminista, que, na década de 1980, prestava atendimento à comunidade. Na época do *lobby* do batom, participou do grupo de advogadas formado pelo Conselho Nacional dos Direitos da Mulher (CNDM), para atuar nas Constituintes, nas matérias dos interesses das mulheres, com propostas e justificativas das emendas que, em sua maioria, formam o atual texto da Constituição de 1988. Para falar sobre seu primeiro contato com o feminismo, recorre à rememoração de sua história familiar: "*A verdade é que nos criaram com a ideia de que devíamos estudar, ter uma profissão e sobrevivermos dela. O casamento, na minha avaliação, não era a meta ideal. Sou muito grata aos meus pais por essa orientação. Daí até a militância feminista foi um pulo.*"

LUIZA MIRIAM RIBEIRO MARTINS (JEQUIÉ, BA, 1944)

Professora e pedagoga. Iniciou sua vida profissional aos 13 anos, na Bahia, trabalhando com a convicção da importância de uma educação humanizadora, emancipadora e não sexista. Ingressou no movimento feminista na década de 1970. Representou o jornal *Brasil Mulher* no Rio de Janeiro e foi uma das fundadoras da Associação Liberdade Mulher-RJ. Participou das lutas pela inserção dos direitos das mulheres na Constituição de 1988, da criação de políticas públicas para as mulheres em âmbitos municipal, estadual e federal, e da fundação dos conselhos em defesa das mulheres. Foi Conselheira do Conselho Estadual dos Direitos da Mulher (Cedim-RJ). Participa até hoje, aos oitenta anos de idade, do Fórum Feminista-RJ e do Grupo Tortura Nunca Mais-RJ. Quanto ao feminismo, relata: "*Casei 'de véu e grinalda', e vim para o Rio. Mas minha inquietação já estava grande demais para ficar naquela vida de dona de casa e mulher de marido conservador. Me separei e criei três filhos, sozinha, trabalhando como professora primária, e participando do PCdoB, alfabetizando em favelas. Desde muito cedo, tive pensamentos comunistas e feministas.*"

MADALENA GUILHON (BELÉM, PA, 1943)

Formada em jornalismo. Ingressou no movimento feminista em virtude de convites de companheiras do grupo político clandestino no qual estava integrada. Participou ativamente da retomada da oposição à ditadura e da luta pela Anistia no coletivo Brasil Mulher. Nos anos 1970, participou também de encontros de feministas latino-americanas e do Caribe, de conferências da ONU e de seminários relativos ao tema da mulher no Brasil e no exterior. Na redemocratização, foi assessora parlamentar da deputada Lúcia Arruda, uma das primeiras feministas eleitas no país, inaugurando o primeiro mandato coletivo a serviço dos movimentos sociais. Nos anos 1990, foi cofundadora e cocoordenadora de comunicação da ONG carioca Cemina, na qual dirigiu projetos com foco em comunicação e mulheres. Foi coordenadora editorial do programa de rádio *Fala mulher* e uma das responsáveis pela criação da Rede de Mulheres no rádio. É cofundadora do ELAS + Doar para Transformar, primeiro fundo no Brasil que investe exclusivamente em projetos de grupos e organizações de mulheres. Atua como consultora independente para o terceiro setor. *"Meu encontro com o feminismo se deu na vivência prática, no meu cotidiano de mulher sozinha, trabalhando, criando dois filhos, numa sociedade capitalista, machista e racista. Daí para a consciência sobre o papel reservado às mulheres na sociedade patriarcal, a discriminação, a opressão e a desvalorização sofrida por todas foi um pulo."*

MARIA BETÂNIA ÁVILA (CAPELA, AL, 1948)

Socióloga e pesquisadora. No início dos anos 1970, tomou a decisão de sair do Brasil pelas circunstâncias políticas de autoritarismo que vivia o país. Vivendo na França, uniu-se ao Círculo de Mulheres Brasileiras em Paris e passou a estudar a teoria e a prática do feminismo. Foi conselheira do Conselho Nacional dos Direitos da Mulher (CNDM) durante o período da Constituinte e uma das Fundadoras do SOS Corpo – Instituto Feminista para a Democracia. É ativista feminista da Articulação de Mulheres Brasileiras (AMB) e da Articulação Feminista Marcosul (AFM). Integra o Grupo de Trabalho "Feminismo, Resistências e Emancipação" do Conselho Latino-Americano de Ciências Sociais (Clacso). *"A chegada do feminismo à minha vida, ou a minha chegada ao movimento feminista, foi um marcador de uma nova etapa na minha trajetória profissional e política. Além disso, me situou de uma outra forma no mundo, alterando também a minha maneira de viver, de sentir e de agir no cotidiano. (...) O feminismo chegou como um novo horizonte, um compromisso político mais radicalmente crítico, e um outro jeito de ver a realidade social. Uma reconstrução do sentido da utopia."*

MARIA LÚCIA VIDAL (RIO DE JANEIRO, RJ, 1947)

Psicóloga e diretora de teatro. Com o incentivo de uma mãe trabalhadora, pôde frequentar boas escolas, o que garantiu sua formação em Teatro e Psicologia. Escreveu e atuou no teatro profissional e dirigiu grupos de mulheres em espaços feministas e em projetos sociais. Em 1989, viveu a experiência de escrever e dirigir a encenação teatral da obra *Missa Fêmea*, apresentada no Centro, na cidade do Rio de Janeiro, tendo, como atrizes, mulheres feministas de várias origens que não tinham experiência teatral anterior. Em 2004, concluiu o mestrado em Estudos Interdisciplinares de Psicossociologia das Comunidades e Ecologia Social (Eicos-Ufrj). Sua experiência com o feminismo tem início com o exemplo da mãe: *"Foi com ela que aprendi a primeira noção de direito à própria vida."* O contato com o feminismo organizado se deu, por sua vez, em 1982, no Festival Internacional de Mulheres nas Artes, em São Paulo. Sua comoção com o ambiente de partilha e escuta, em que cada mulher podia apresentar a própria história, a leva a declarar: *"Ali tinham voz aquelas que foram historicamente caladas. Ali eu entendi a diferença que fazia o feminismo."*

MARIA LUISA (MALU) HEILBORN (RIO DE JANEIRO, RJ, 1954)

Professora no Instituto Medicina Social da Universidade do Estado do Rio de Janeiro (IMS-Uerj). Em 1973, ingressou na faculdade de História da Pontifícia Universidade Católica do Rio (PUC-Rio) e, ao ler Simone de Beauvoir, envolveu-se no movimento feminista. Juntou-se, então, ao grupo de mulheres que deu o pontapé inicial ao debate público sobre a condição da mulher na sociedade brasileira, em histórico evento na ABI (1975). Fez parte do Centro da Mulher Brasileira e depois do Coletivo de Mulheres. Escolheu estudar Antropologia para entender a situação de mulheres em diferentes culturas, e assim cursou mestrado e doutorado no Museu Nacional-Ufrj. Em sua trajetória, combinam-se ativismo feminista e produção acadêmica, que se traduzem na pesquisa e nas atividades de professora que se volta à temárica de gênero. Define, então: *"Feminismo é para mim contestar uma suposta ordem natural do mundo; é escolher um olhar crítico para as inequidades de classe, gênero, raça/etnia e propor formas de vida societária que, de fato, possibilitem a democracia."*

MARIA MALTA CAMPOS (SÃO PAULO, SP, 1940)

Professora aposentada no Programa de Pós-Graduação em Educação na Pontifícia Universidade Católica de São Paulo (PUC-SP). Graduou-se em Pedagogia em 1961 e, alguns anos depois, começou a trabalhar em um ginásio estadual experimental. Em 1970, diante das ameaças e perseguições da repressão, mudou-se para os Estados Unidos com a família. Em 1982, no Brasil, concluiu o doutorado em Ciências Sociais. Foi presidente da Associação Nacional de Pós-graduação e Pesquisa em Educação e participou do Comitê Assessor de Educação do CNPq. Comenta que sua relação com o feminismo se desenvolveu desde o período que passou na Califórnia e se estende até o dia de hoje: *"Em Berkeley, vivia-se um clima de contestação, de experimentação de novas formas de vida, de discussão de projetos alternativos de sociedade. Essa experiência, marcante na minha vida, ajudou--me a amadurecer como pessoa e como mulher. Talvez tenha sido lá que eu me identifiquei como feminista. Digo "talvez", porque até hoje, sinto que ainda evoluo nessa direção."*

MARIA RITA TAULOIS (RIO DE JANEIRO, RJ, 1943)

Pedagoga. Foi professora da rede estadual, funcionária do Departamento de Cultura do Estado do Rio de Janeiro e participou da equipe técnica do Cedim-RJ desde a sua criação. Trabalhou com Mariska Ribeiro no projeto Mulher (Idac), assim como no projeto Saúde da Mulher, desenvolvido na periferia de Paraty (RJ) e destinado a proporcionar a reflexão e crítica sobre sexualidade, reprodução e identidade de mulheres. *"Como me aproximei do feminismo? Comecei a me interessar não pelo feminismo, que desconhecia. O que eu não gostava, na verdade, é o padrão que a Tijuca, que era um bairro tradicional, impunha às adolescentes daquela época. Mas a vida me levou a viver outras situações. (...) A questão da mulher começou para mim quando fui trabalhar no Departamento de Cultura. Ali conheci pessoas que tinham outra cabeça."*

MARIA VALÉRIA JUNHO PENA (BELO HORIZONTE, MG, 1945)

Economista. Graduou-se na Faculdade de Ciências Econômicas da Universidade Federal de Minas Gerais (Face-Ufmg), onde obteve também o grau de mestre em Ciência Política. Completou o doutorado na Universidade de São Paulo (USP), com a tese *Mulheres e trabalhadoras*, que recebeu a medalha do então Ministério da Cultura. Lecionou no Departamento de Ciências Sociais da Pontifícia Universidade Católica do Rio (PUC-Rio) e no Instituto de Economia da Universidade Federal do Rio de Janeiro (IE-Ufrj). Foi diretora do Conselho Nacional dos Direitos da Mulher, diretora-adjunta do IBGE e Cientista Social Líder no Banco Mundial em sua sede em Washington, DC. No Banco Mundial, introduziu o programa de empréstimos exclusivamente dedicados a questões de gênero, trabalhando em conjunto com governos da Argentina e do México. *"Meu passo ao feminismo se faz pelo encontro quase deliberado entre o racismo, que não reconhece na negritude uma cidadania igualitária; a exploração do trabalho da mulher, que lhe nega renda e a indecência impune de um patriarcalismo que viola a mulher quando não a mata com uma constância assombrosa."*

MIRIAN CHRYSTUS (CURITIBA, PR, 1951)

Jornalista, é professora na Universidade Federal de Minas Gerais (Ufmg), coordenadora do movimento feminista Quem ama não mata e participante do movimento de defesa dos animais. Concluiu a graduação em Comunicação Social no ano de 1979, também na Ufmg, universidade em que cursou o mestrado e o doutorado em Letras. Comenta como os estudos feministas interferiram em sua relação consigo e com as pessoas ao seu redor: *"Li, em 1971, A mística feminina, de Betty Friedan, e a sua ideia do "mal sem nome" – a insatisfação de muitas mulheres com o único papel social prestigiado, o de ser esposa e mãe. Aí entendi minha irmã, eu mesma e muitas outras mulheres. Ela não precisava ser homem para ser feliz: bastava apenas ser uma mulher livre. Com ou sem filhos. Por causa dela, da sua revolta sem nome, me tornei uma feminista."*

RITA DE CÁSSIA LIMA ANDREA (ARACAJU, SE, 1947)

Socióloga, formada na Escola de Sociologia e Política da Universidade de São Paulo (USP). Cursou a pós-graduação na Universidade Paris 1- Sorbonne, e, de volta ao Rio de Janeiro, em 1978 participou do Comitê Brasileiro pela Anistia (CBA). Assessorou a deputada estadual Lucia Arruda, do Partido dos Trabalhadores, em dois mandatos. Participou, simultaneamente, da criação do Grupo Feminista SOS Mulher do Rio de Janeiro e do Fórum Feminista do Rio de Janeiro. Em 1986, na gestão do prefeito do Rio de Janeiro Saturnino Braga, criou, junto com a equipe em que trabalhava, o programa de rádio *Fala mulher*. Colaborou na gestão da prefeita Lídice da Mata, no Programa Cidade Mãe, coordenando o projeto de implantação das

Casas de Acolhimento Provisório, destinadas a meninas e meninos de rua, numa parceria com o projeto Axé. Convidada, em 1996, pelo governador do Amapá João Alberto Capiberibe, criou o Centro de Formação de Recursos Humanos (Ceforh), e coordenou o projeto pioneiro Programa de Polícia Cidadã e de Policiamento Comunitário, que formou e aperfeiçoou operadores de segurança pública do estado. O projeto foi diversas vezes premiado, destacando o Prêmio Claudia e o Prêmio Internacional de Melhores Práticas da ONU. *"Todas essas vivências nas esferas de governo e projetos sociais aumentam minha convicção da importância do feminismo na minha vida e na vivência prática política."*

ROSANE MARIA REIS LAVIGNE (UBÁ, MG)
Advogada e defensora pública do Estado do Rio de Janeiro. Cursou MBA e mestrado em Política Judicial na Fundação Getulio Vargas (FGV-RJ) e encontrou o feminismo quando participou de um grupo de consciência. Foi conselheira do Cedim, onde dirigiu a Comissão de Violência Contra a Mulher. Participou do Fórum Feminista do Rio de Janeiro e atualmente integra o Fórum Justiça, o Coletivo Mulheres Defensoras Públicas do Brasil e outras articulações. *"Hoje, posso afirmar que sou constitutivamente feminista. Minhas escolhas no mundo da vida, na esfera pública e privada, via de regra, se dão pelas lentes da perspectiva de gênero. Haveria contradições? Por certo, uma decorrência da condição humana. Nessa linha, sigo em movimento, na política com afeto, por um mundo mais justo, economicamente solidário e sustentável."*

ROSISKA DARCY DE OLIVEIRA (RIO DE JANEIRO, RJ, 1944)
É jornalista e ocupa a cadeira 10 da Academia Brasileira de Letras, sendo uma das nove mulheres eleitas em toda a história da instituição. Foi exilada pela ditadura militar por denunciar as torturas contra presos políticos. Passou quinze anos na Suíça, onde encontrou um grupo de consciência de mulheres ligado ao nascimento do movimento feminista suíço. Escreveu então, em francês, seus primeiros livros, o *Feminino ambíguo* e *A cultura das mulheres*. Ao regressar ao Brasil, juntou-se ao movimento brasileiro, participando do Projeto Mulher do Idac. Presidiu a Coalizão de Mulheres Brasileiras, pela qual organizou, por ocasião da Eco-92, um evento chamado O planeta fêmea, que contou com a presença de 1500 mulheres do mundo

inteiro. Tornou-se presidente do Conselho Nacional dos Direitos da Mulher e cochefiou a delegação brasileira à Conferência Mundial sobre as Mulheres, em Pequim. Foi embaixadora do Brasil na Comissão Interamericana de Mulheres na OEA. Depois, regressou ao Rio de Janeiro e criou o Celim, um centro de formação de lideranças para mulheres. Lançou, então, mais nove livros, e publicou mais de uma centena de artigos de jornal, retomando a carreira de jornalista e escritora. Sobre seu envolvimento com o feminismo, afirma: *"Minha primeira luta feminista foi, aos 5 anos, pelo direito de entrar no galinheiro e procurar os ovos, o que só era permitido aos meninos. Ganhei. Jornalista no começo da vida, desde então lutei pelos direitos das mulheres e pelos direitos humanos."*

SANDRA MACEDO (PORTO ALEGRE, RS, 1946)
Socióloga, trabalha atualmente como artista plástica. Em 1971, mudou-se para o Chile, onde militou tanto em organizações brasileiras quanto naquelas que propunham a deter o golpe que todos viam se aproximar e que derrubaria Allende. Com essa deposição, refugiou-se em Buenos Aires e então foi para Paris, em 1974. Lá descobriu o movimento feminista e participou da criação, em 1977, do Círculo de Mulheres Brasileiras, reunindo-se com refugiadas e estudantes que moravam em Paris. Narra ter descoberto, assim, o movimento autônomo de mulheres, os grupos de reflexão e um novo tipo de militância que articulava reivindicações específicas com as lutas contra a ditadura, em defesa das presas políticas. *"Me tornei feminista quando estava exilada na França, ao trocar experiências de vida com outras mulheres e descobrir, no movimento feminista, a possibilidade de uma luta política transformadora, realmente revolucionária."*

SANDRA MARIA DA MATA AZERÊDO (BELO HORIZONTE, MG, 1945)
Professora aposentada do Departamento de Psicologia da Universidade Federal de Minas Gerais (Ufmg). Passou a se considerar feminista em 1971, quando morou nos Estados Unidos. Ao retornar ao Brasil, em 1973, entrou para o grupo Ceres, participando da publicação do livro *O espelho de Vênus*. Após estudar teorias feministas com o objetivo de escrever o livro, tomou a decisão de fazer doutorado no Programa de História da Consciência, na Universidade da Califórnia. Concluiu essa etapa da pós-graduação em 1986,

passando a atuar na área de Psicologia Social. *"Gradualmente fui tomando consciência da minha própria condição de miscigenada – filha de uma mulher negra e de um homem branco –, e isso tem sido fundamental para o desenvolvimento de minha perspectiva feminista, que busca entender as relações de privilégio e dominação entre pessoas brancas e negras no feminismo. A grande mudança que o feminismo fez na minha vida foi que, por meio dele, comecei a ver a amizade como alguma coisa revolucionária."*

SANTINHA TAVARES (BACABAL, MA, 1944)

Médica sanitarista. No curso superior, encontrou impedimentos para especializar-se em cirurgia, por ser mulher e negra. Cursou mestrado em Medicina Social e militou pelo Partido Comunista Brasileiro. Foi uma das fundadoras do Centro da Mulher Brasileira e participou da elaboração do Programa de Atenção Integral à Saúde da Mulher (Paism) em 1983, assim como da organização do primeiro Encontro de Saúde da Mulher em 1984. Foi coordenadora da Comissão Intersetorial de Saúde da Mulher (Cismu), do Conselho Nacional de Saúde e da Comissão de Saúde do Conselho Estadual dos Direitos da Mulher (Cedim-RJ). *"Fui me deparando com realidades que se entrelaçavam – o comunismo e o feminismo – e fui me dando conta de que os ideais feministas ultrapassavam todos os anseios de mudanças por um mundo libertário, igualitário e fraterno. O feminismo quer esse mundo, sim, mas o feminismo quer mais. Ao longo do tempo, venho buscando trabalhar de forma entremeada essas mudanças, mostrando que a emancipação da mulher é condição necessária para a emancipação do ser humano."*

SCHUMA SCHUMAHER (AMÉRICO DE CAMPOS, SP, 1952)

Pedagoga. Filha de lavradores, começou na labuta da terra ainda criança. Acompanhava a colheita de algodão, de café, arroz, assim como ordenhava os animais, dividindo o tempo entre o trabalho no roçado e os estudos no curso primário. Aos 18 anos mudou-se para a capital paulista em busca de outras condições de vida. No fim da década de 1970, em São Paulo, conheceu o Centro da Mulher Brasileira, primeira organização feminista da qual fez parte, e que reunia mulheres com experiências diversas no enfrentamento à ditadura militar e na luta por democracia. Integrou o grupo que fundou o primeiro SOS Mulher do país, com o objetivo de atender as mulheres vítimas de violência. Atualmente, pesquisa sobre o papel das mulheres na história brasileira, sendo autora e organizadora de importantes livros sobre o tema. É coordenadora-executiva da Redeh (Rede de Desenvolvimento Humano) e integrante da AMB (Articulação de Mulheres Brasileiras). *"Para mim, feminismo é um projeto político que visa transformar o mundo e a nós mesmas, através de novas práticas de fazer política. (...) Sou do feminismo que cuida de si, das outras e do nosso movimento, que defende a liberdade religiosa, que defende a legalização do aborto, que questiona os privilégios da branquitude, que luta contra o racismo, o capacitismo, a lesbotransfobia e pelo fim das desigualdades. O feminismo inspira meus passos, meus gestos, meus sonhos."*

SILVIA PIMENTEL (BELO HORIZONTE, MG, 1940)

Professora na Faculdade de Direito da Pontifícia Universidade Católica de São Paulo (PUC-SP). Integrou e presidiu o Comitê sobre a Eliminação da Discriminação contra as Mulheres (Cedaw - ONU), de 2005 a 2016. É coordenadora do Grupo de Pesquisa em Direito, Discriminação de Gênero e Igualdade e integra o Comitê Consultor do Comitê Latino-Americano e do Caribe pela Defesa dos Direitos da Mulher (Cladem). Aproximou-se do feminismo enquanto pesquisou o movimento de mulheres em sindicatos do ABC de São Paulo (Santo André, São Bernardo e São Caetano), em partidos políticos (o PMDB e o PT) e no feminismo. *"Minha tese sobre* **A evolução dos Direitos da Mulher: norma, fato, valor** *me levou a estudos na área do Direito Constitucional, Direito Civil e Direito do Trabalho, mas não apenas, pois nunca entendi o Direito como uma superestrutura apartada da sociedade. Aprendi que a discriminação contra as mulheres é não apenas histórica, mas que estava presente, de forma acentuada, no ordenamento jurídico brasileiro e na vida concreta das mulheres."*

SUELI CARNEIRO (SÃO PAULO, SP, 1950)

Filósofa e doutora em Educação pela Universidade de São Paulo (USP). De 1983 a 1987 foi conselheira e secretária-geral do Conselho Estadual da Condição Feminina de São Paulo, órgão do governo do estado. Atuou como coordenadora do Programa da Mulher Negra, do Conselho Nacional dos Direitos da Mulher (1988-1989). É coordenadora-executiva do Geledés, Instituto da

Mulher Negra, organização da qual é uma das fundadoras e que há 33 anos é seu espaço de militância cotidiana, contra o racismo, o sexismo e pela valorização e promoção social das mulheres negras. Sua relação com o feminismo é inseparável de sua definição como mulher: "*Sou uma mulher negra, filha mais velha de um casal com sete filhos, que cresceu em comunidades proletárias de bairros periféricos de São Paulo. Que durante toda a infância e adolescência experimentou situações de discriminação racial, sobretudo na escola. Que conheceu a violência de gênero em casa e desenvolveu em relação a essas questões de violência racial e de gênero uma grande dose de indignação, que foi me direcionando ao encontro dos movimentos sociais que politizaram esses temas – notadamente o movimento negro e o movimento feminista, com os quais fui desenvolvendo e conformando minha visão do mundo, minha visão política e as escolhas que fui fazendo ao longo da vida em termos de ativismo social e de interesse intelectual.*"

TÂNIA FUSCO (CAMBUCAIA, MG, 1951)
Comunicadora social. Educada em uma cidade conservadora de Minas Gerais, ingressou no curso superior em São Paulo, nos anos 1970, e logo se engajou naquilo que chama de causa das rebeladas. Formada pela escola de Comunicação da Faap, trabalhou em diversas revistas femininas – fosse como freelancer, repórter ou como editora: *Capricho*, *Claudia*, *Nova* e *Marie Claire*. Foi repórter especial no *Jornal do Brasil*, na revista *IstoÉ* e no *Correio braziliense*. Faz pesquisa e roteiro para documentários, e escreve artigos para o *Blog do Noblat*. Trabalha com o acervo do Arquivo Histórico do Senado Federal e fez parte do Conselho Nacional dos Direitos da Mulher, o CNDM, sobre o qual relembra: "*Em momento histórico ímpar, trabalhamos institucionalmente com mulheres, pelas mulheres. Pressão e descrença eram intensas. Quem são? Sérias? O que querem? Como e o que farão? O CNDM respondeu marcando a história. Inesquecível para todas nós. Seguimos parceiras. Somos as mesmas moças valentes, as atrevidas, que encaram pressão e desditas sem arredar pé de nossas causas. Inconformadas. Rebeladas.*"

WANIA SANT'ANNA (RIO DE JANEIRO, RJ, 1961)
Historiadora. É ativista do movimento negro e de mulheres negras. Participou da organização do I Encontro Nacional de Mulheres Negras, em 1988,

na cidade de Valença (RJ) – um evento histórico para sua geração, e uma vitória coletiva na construção de sujeitos políticos autônomos. Foi secretária de Direitos Humanos do Rio de Janeiro na gestão Benetida da Silva. Cursa o doutorado em História na Universidade Federal do Rio de Janeiro (Ufrj) e trabalha como consultora em políticas públicas, direitos humanos, responsabilidade social e áreas afins. *"Cheguei ao movimento feminista em 1981 e, desde então, o mundo e a experiência das mulheres se transformou em uma visão política sobre como era possível, e necessário, lutar por liberdade, autoconhecimento, autodeterminação, autonomia. O bairro de Madureira me ensinou muitas coisas, minha mãe (dona Juracy) e minha avó (dona Henriqueta) mais ainda. Mas amigas feministas, brasileiras e de muitas outras partes do mundo, me inspiraram novos sonhos e propósitos ainda mais desafiadores."*

ZULEIDE ARAÚJO TEIXEIRA (PEDRO VELHO, RN, 1942)
Formada em Direito e Pedagogia, aposentou-se como analista de desenvolvimento científico e tecnológico do CNPq. No Rio Grande do Norte, trabalhou no Instituto Federal de Educação Tecnológica e na Secretaria de Educação do estado. Já em Brasília, trabalhou no Ministério da Educação. Foi Coordenadora da Educação no Conselho Nacional dos Direitos das Mulheres e participou dos trabalhos da Constituinte de 1988. Atuou como secretária de planejamento da Secretaria da Mulher e como assessora técnica em planejamento e pesquisa do Instituto de Planejamento e Pesquisa (Ipea). Prestou assessoria técnica também a parlamentares do Partido dos Trabalhadores na Câmara dos Deputados e à liderança do PT no Senado. Sobre a sua relação com o movimento feminista, comenta: *"Sem dúvida, o feminismo mudou minha forma de conviver nas relações sociais e de entender a necessidade forte da presença da mulher no desenvolvimento dos vários setores que fazem nosso cenário social."*

as
utora

AS AUTORAS

BRANCA MOREIRA ALVES (BOSTON, EUA, 1940)
Formada em Direito e História, essa última pela Universidade da Califórnia, Berkeley, onde começou seu engajamento no movimento feminista. De volta ao Brasil, cursou mestrado em Ciências Políticas e Direito. Em seu mestrado, concluído em 1976, conheceu pessoalmente grandes nomes do feminismo ao pesquisar o movimento sufragista brasileiro. Indicada pelo movimento feminista carioca, foi a primeira presidente, em 1987, do Conselho Estadual dos Direitos da Mulher do Rio de Janeiro (Cedim). Em 1992, inaugurou e dirigiu o escritório para o Brasil e Cone Sul do Fundo de Desenvolvimento das Nações Unidas para a Mulher (Unifem). Sobre relação com o feminismo, ela diz: "*A aproximação ao feminismo veio como um relâmpago. Danda Prado me escreveu uma carta em que fazia a simples pergunta: 'O que você acha do feminismo?' Eu não achava nada, e, naquele momento, passei a achar tudo! Entendi meu lugar no mundo. Daí não teve volta, minha vida ganhou significado.*"

JACQUELINE PITANGUY (RIO DE JANEIRO, RJ, 1945)
Socióloga. De família mineira com valores liberais e humanistas, aos 16 anos foi estudar nos Estados Unidos, aos 19, na Europa, na Universidade de Louvain, Bélgica, e, aos 22, formou-se em Sociologia no Chile. Ingressou doutorado em Ciência Política na Universidade de São Paulo (USP), e foi professora na Pontifícia Universidade Católica do Rio (PUC-Rio) e, posteriormente, na Universidade de Rutgers (EUA). Participou do grupo Ceres e, desde os anos 1970, envolveu-se no feminismo como ativista. Como presidente do Conselho Nacional dos Direitos da Mulher, teve papel fundamental na inscrição dos direitos das mulheres na Constituição. Foi fundadora e é coordenadora-executiva da Cepia Cidadania – Estudos, Pesquisa, Informação, Ação, junto com Leila Barsted. Tem publicado extensamente sobre direitos das mulheres e participa de diversas organizações internacionais. Comenta que seu encontro com o feminismo se deu por meio de seus estudos: "*Ao fazer uma pesquisa na PUC-Rio descobri a subalternidade das mulheres no mercado de trabalho. Vivíamos a ditadura e a luta pela democracia. Mas, ao tomar consciência da posição das mulheres, foi como se tivesse encontrado um continente submerso. Junto com a resistência ao regime militar, me engajei no movimento feminista. Isso mudou minha vida.*"

eferê
biblio

REFERÊNCIAS BIBLIOGRÁFICAS

ALVES, Branca Moreira. *Em busca da nossa história: o movimento pelo voto feminino no Brasil, 1919/1932, fatos e ideologia.* Dissertação de Mestrado, IUPERJ, 1977.

ALVES, Branca Moreira. *Ideologia e feminismo. A luta da mulher pelo voto no Brasil.* Petrópolis: Vozes, 1980.

ALVES, Branca Moreira; *Espelho de Vênus: Identidade social e sexual da mulher.* São Paulo: Brasiliense, 1981.

ALVES, Branca Moreira; PITANGUY, Jacqueline: *O que é o Feminismo.* São Paulo , Brasiliense 1981

ATHAYDE, Austregésilo de. *Perfil da Mulher Brasileira.* Rio de Janeiro: Livraria Francisco Alves, 1923.

BEAUVOIR, Simone de. *O segundo sexo.* Rio de Janeiro: Nova Fronteira, 1989.

BARROS, Vidal. *Precursoras Brasileiras.* Rio de Janeiro: A noite, s/d.

BORBA, Ângela., FARIA, Nalu. e GODINHO, Tatau.(orgs.) *Mulher e política - Gênero e feminismo no Partido dos Trabalhadores.* São Paulo: Fundação Perseu Abramo, 1998.

BASSANEZI, Carla. "Mulheres dos Anos Dourados". In: DEL PRIORE, Mary (org.). *História das Mulheres no Brasil.* São Paulo: Contexto, 2004.

Cadernos da Associação de Mulheres, n. 3: O movimento de mulheres no Brasil. São Paulo, ago. 1979.

CÂMARA CASCUDO, Adauto da. *História de Nísia Floresta.* Rio de Janeiro: Irmãos Pongetti, 1941.

CASTRO, Mary Garcia. "Controle da natalidade, legalizaçao do aborto e feminismo". *Encontros com a Civilização Brasileira*, Rio de Janeiro, no. 26, 1980.

CIVITA, Laura (org.). *O melhor de Carmen da Silva.* Rio de Janeiro: Rosa dos Tempos, 1994.

COLLINS, Gail. *When Everything Changed: the Amazing Journey of American Women from 1960 to the Present*, Nova York: Little, Brown and Company, 2014.

COELHO, Mariana. *Evolução do Feminismo: subsídios para sua História.* Rio de Janeiro: Imprensa Moderna, 1933.

COSTA, Ana Alice de Alcântara. "O feminismo brasileiro em tempos de ditadura militar". *Labrys, Estudos Feministas*, jan./dez. 2009.

DELIMAUX, Jean. *La Peur en Occident*. Paris: Faillard, 1978.

DUBY, Georges; PERROT, Michele. *A History of Women in the West*. Cambridge, Mass.: Harvard University Press, 1992.

ENGELS, Friedrich. *A origem da família, da propriedade privada e do Estado* [1884]. São Paulo: Boitempo, 2019.

FARIA, Nalu; GODINHO, Tatau. "Homenagem". In: *Mulher e política, gênero e feminismo no Partido dos Trabalhadores*. São Paulo: Perseu Abramo, 1998.

FRAISE, Geneviève; PERROT, Fraise (eds.). *A History of Women: Emerging Feminism from Revolution to World War*, vol.IV, Cambridge, Mass: Harvard University Press, 2000.

ESTALLACHILD, Vivian. *Dear Sisters*. In: COLLINS, Gail. *When Everything Changed: the Amazing Journey of American Women from 1960 to the Present, a Keepsake Journal*. Nova York: Little, Brown and Company, 2014.

FERNANDES, Fernanda. *A História da Educação Feminina*. Rio de Janeiro: Multirio, 2019.

FONSECA, Romy Medeiros da. "Justiça social e aborto". In: CARVALHO, Nanci Valadares (org.), *A condição feminina*. São Paulo: Vértice; Editora Revista dos Tribunais, 1988.

FREEMAN, Jo. "On the Origins of the Women's Liberation Movement". In: COLLINS, Gail. *When Everything Changed: the Amazing Journey of American Women from 1960 to the Present, a Keepsake Journal*. Nova York: Little, Brown and Company, 2014.

FRIEDAN, Betty. *The Feminine Mystique*. Nova York: W.W. Norton, 1963. [Ed. Bras.: *A mística feminina*. Rio de Janeiro: Rosa dos Tempos, 2020.]

HAZEMBALD, Carlos; GONZALEZ, Lélia. *Lugar de negro*. Coleção 2 Pontos. Imperatriz: Marco Zero, 1982.

HANISCH, Carol. Introdução a "The Personal is Political" (1969). Edição independente, Truthtellers, 2006.

HEIGHT, Dorothy. "We wanted the voice of a woman to be heard". In: COLLINS, Gail. *When Everything Changed: the amazing journey of American women from 1960 to the present, a keepsake journal*. Nova York: Little, Brown and Company, 2014.

HOLLANDA, Heloisa Buarque de (org.). *Explosão Feminista*. São Paulo: Companhia das Letras, 2018.

HOPER, Trevor. "HR Witch and Witchcraft an Historical essay". *Encounter*, maio/jun. 1967.

KELLY, Linda. *Las Mujeres de la Revolución Francesa*, tradução de Aníbal Leal do original *Women of the French Revolution*. Buenos Aires: B Argentina, 1987.

KRAEMER, Heinrich; SPRENGER, James. *Malleus Maleficarum*. Nova York: Dover, 1971.

LERNER, Gerda. *The Creation of Feminist Consciousness: from the Middle Ages to Eighteen-seventy*. Nova York: Oxford University Press, 1993.

LIMA, Lana Lage da Gama; BARBOSA, Leonardo Mendes. "A intervenção policial na violência de gênero no Estado do Rio de Janeiro: da criação das Delegacias Especializadas à Lei Maria da Penha", XXVI Simpósio Nacional de História – Anpuh, 2011.

LINS E SILVA, Evandro. *A defesa tem a palavra: o caso Doca Street e algumas lembranças*. Rio de Janeiro: Aide Editora, 1991.

MEAD, Margaret. *Sex and Temperament in Three Primitive Societies*. Nova York: William Morrow and co., 1935.

MELO, Hildete Pereira de; SCHUMACHER, Schuma. "Feminismo pós 1975 – a segunda onda feminista no Brasil" In: SCHUMACHER, Schuma; VITAL BRASIL, Érico. *Dicionário de Mulheres do Brasil*. Rio de Janeiro: Zahar, 2000.

MESQUITA, Cecília Chagas de; TOSCANO, Moema. "Uma visão de feminismo no Centro da Mulher Brasileira (fins dos anos setenta início dos anos oitenta)", Anpuh -XXIII Simpósio Nacional de História, Londrina, 2005.

MICHELET, Jules. *Sobre as Feiticeiras*. Lisboa: Afrodite, 1974.

MILLETT, Kate. *Sexual Politics*. Nova York: DoubleDay and Co, 1970.

MILLER, Arthur. *As Bruxas de Salem*. Lisboa: Presença, 1961.

MITCHELL, Juliet. *Women's State*. Londres: Harmondsworth, Penguin, 1971.

MORGAN, Robin (ed.). *Sisterhood is Powerful: an Anthology of Writings from the Women's Liberation Movement*. Nova York: Vintage Books, 1970.

MOTT, Luiz. *Bahia, Inquisição e Sociedade*. Salvador: Edufba, 2010.

MUCHEMBLED, Robert. *La Sorcière au Village*. Paris: Gallimard, 1979.

MURARO, Rose Marie. *Memórias de uma mulher impossível*. Rio de Janeiro: Rosa dos Tempos, 2004.

NOVINSKY, Anita. *A Inquisição*. São Paulo: Brasiliense, 1982.

NECKEL, Roselane. Entrevista com Heloneida Studart. *Estudos Feministas*, v.16, n.1, Florianópolis, jan./abr. 2005.

OLIVEIRA, Cícera Fernandes de; PRADO, Danda. *Cícera: um destino de mulher*. São Paulo: Brasiliense, 1981.

PORTO, Comba Marques. *A arte de ser ousada: uma homenagem a Carmen da Silva (1919-1985)*. Rio de Janeiro: Vieira e Lent, 2015.

_____. "Homem é homem. Mulher é mulher". *Claudia*, out. 1975.

RIBEIRO, Mariska. *Ter filhos: uma escolha consciente*. Rio de Janeiro: IDAC, 1986.

ROMANI, Carlos Manuel; *Mão de Obra no Brasil: um inventário crítico*. Petrópolis: Vozes, 1977.

ROMÃO, Jeruse. *Antonieta de Barros: professora, escritora, jornalista, primeira deputada catarinense e negra do Brasil*. Florianópolis: Cais, 2021.

ROSSI, Alice (org.). *The Feminist Papers: from Adams to de Beauvoir*. Nova York: Bantam, 1974.

ROWBOTHAM, Sheila. *Women, Resistance and Revolution: a History of Women and Revolution in the Modern World*. Nova York: Vintage Books, 1974.

SAFFIOTI, Heleieth. *A mulher na sociedade de classes: mito e realidade*. São Paulo: Quatro Artes, 1967.

SCHNEIR, Miriam. *Feminism: the Essential Historical Writings*. Nova York: Vintage Books, 1972.

SILVA, Carmen da. *Histórias híbridas de uma senhora de respeito*. São Paulo: Brasiliense, 1984.

_____. Coluna "A arte de ser mulher", *Claudia*, São Paulo: Editora Abril, 1963.

TANNER, Leslie B., *Voices from Women's Liberation Mentor Book*. Nova York: New American Library, 1970.

TELES, Maria Amelia de Almeida. *Breve história do feminismo no Brasil*. São Paulo: Brasiliense, 1993.

TELLES, Norma. "Escritoras, escritas, escrituras". In: DEL PRIORE, Mary (org.), *História das mulheres no Brasil*. São Paulo: Unesp, 2004.

TOSCANO, Moema; Goldemberg, Miriam. *A revolução das mulheres e o balanço do feminismo no Brasil*. Rio de Janeiro: Revan, 1992.

WOLLSTONECRAFT, Mary. *A Vindication of the Rights of Women (1972)*. Londres: Penguin, 1992.

image

IMAGENS

Passeata 8 de março, 1983. Da esquerda à direita: Santinha Tavares de noiva grávida; Branca Moreira Alves de mulher recatada e a cineasta Célia Resende de mulher livre segurando um cartaz com a frase: "As duas faces da mulher". Jacqueline Pitanguy de debutante; Comba Marques Porto de "a outra", com nomes de motéis na saia e cartaz escrito: "Nunca aos sábados, domingos e feriados"; Leila Linhares Barsted de mãe enlouquecida, com lista de tarefas a fazer e cartaz "Ser mãe é desdobrar fibra por fibra o coração".
ACERVO JORNAL DO BRASIL

O príncipe encantado e sua
princesa: Branca Moreira Alves,
Santinha Tavares e Rosangela
Célem na passeata do
8 de março. Rio de Janeiro, 1989.
FOTO CLAUDIA FERREIRA

Mulheres reivindicam aumento da licença maternidade, na passeata do Dia Internacional da Mulher, 8 de março. Rio de Janeiro, 1989.
FOTO CLAUDIA FERREIRA

Reunião de equipe do Cedim: Santinha Tavares, Branca Moreira Alves, Eunice Gutman, Leila Araújo, Maria Rita Taulois e Rosane Maria Reis Lavigne. Rio de Janeiro, 1989.
FOTO CLAUDIA FERREIRA

Despedida do mandato da equipe do Cedim: Leila Araújo, Maria Rita Taulois, Clara Araújo, Maria Helena Loureiro, Sonia Fassini, Branca Moreira Alves, Santinha Tavares, Rosângela Celém, Rosane Maria Reis Lavigne, Maria Augusta Pessanha, Zuleika Lopes, entre outras. Rio de Janeiro, 1990.
FOTO CLAUDIA FERREIRA

Apresentação da peça *Missa Fêmea*,
da diretora Maria Lúcia Vidal, no
teatro Rival. Rio de Janeiro, 1989.
FOTO CLAUDIA FERREIRA

Primeira reunião do conselho deliberativo do Conselho Nacional dos Direitos da Mulher (CNDM), presidido por Ruth Escobar. Brasília, 1985.
FOTO J. LACERDA/ EMPRESA BRASILEIRA DE NOTÍCIAS / ACERVO CNDM

Posse de Jacqueline Pitanguy como presidente do Conselho Nacional dos Direitos da Mulher (CNDM). Brasília, 1986.
ACERVO CNDM

Encontro Nacional Mulher
e Constituinte. Brasília, 1986.
FOTO ANDRÉ DUSSEK/ AGIL
FOTOJORNALISMO / ACERVO CNDM

Reunião no CNDM com lideranças feministas negras para discussão da campanha "As mulheres negras ainda lutam pela abolição dos preconceitos". Entre as presentes estão Lélia Gonzalez, Luiza Bairros, Maria das Graças Santos, Conceição Lopes e Schuma Schumaher. Brasília, 1987.
FOTO GUILHERME ROMÃO / ACERVO CNDM

Mulheres manifestam em Brasília. A licença maternidade de 120 dias foi um direito social garantido pela Constituição de 1988. Brasília, 1988.
FOTO PAULA SIMAS / AGÊNCIA F4

Manifestação de mulheres
no Congresso Nacional.
Brasília, 1988.
ACERVO CNDM

Plateia do tribunal Winnie Mandela, organizado pela Programa da Mulher Negra do CNDM no centenário da abolição. São Paulo, 1988.
ACERVO CNDM

Cartaz "O julgamento do século".
Tribunal Winnie Mandela, 1988.
ACERVO CNDM

Campanha CNDM "Ser mãe
direito e opção." 1987.
ACERVO CNDM

Campanha CNDM "Mulheres negras ainda lutam pela abolição dos preconceitos." 1988.

ACERVO CNDM

Campanha "Ter ou não ter filhos. Uma escolha." 1989.

ACERVO CNDM

Deputadas Constituintes.
Brasília, 1986.
ACERVO CNDM

Este livro foi editado pela Bazar do Tempo em fevereiro de 2022, na cidade de São Sebastião do Rio de Janeiro, e impresso no papel Pólen Soft 80g/m² pela gráfica Rotaplan. Foram utilizados os tipos Minion, Meta e Din.